빛의 메시지

빛의 메시지

기타 말라스 기록

방혜자 · 알렉상드르 기유모즈 옮김

열화당 영혼도서관

영혼의 스승과의 대화

이 책은 제이차세계대전 중인 헝가리에 독일 나치군이 쳐들어왔을 당시, 1943년부터 이듬해까지 십칠 개월 동안, 잔악하고 비극적인 전쟁 상황에서 고통으로 신음하는 네 명의 예술가들이 새로운 세계를 알리는 영혼의 스승과 나눈 대화를 기록한 것입니다.

한나 달로츠, 요셉 크로이, 릴리 슈트라우스, 기타 말라스, 이 네 명의 예술가 친구들은 전쟁의 혼란 속에서 파멸에 직면하고 있음을 느꼈으며, 이로 인한 정신적 갈등이 서로를 깊은 우정으로 맺어 주고 있었습니다.

한나는 미술대학 시절 기타의 절친한 친구로, 심오한 감성과 놀라운 직관력을 가지고 있었으며 뛰어난 집중력으로 창작 생활에 중요한 문제들을 해결해 주었습니다. 그는 졸업 후에 뮌헨으로 가서 미술 공부를 계속 이어 갔습니다.

기타는 예술가로서 뛰어난 재능을 가졌으며, 미술대학 시절 한나와 깊은 우정을 맺었습니다. 하지만 졸업 후 한나와는 다른 길을 택했습니다. 그는 오 년간 국가대표 수영선수로 활동하면서 헝가리 국민들이 운동선수에게 바치는 영웅 예찬에 도취되어 있었습니다.

릴리는 심신 치료사로서 고통과 불안에 떨고 있는 제자들에게 육체의 휴식을 줄 뿐만 아니라 그들의 내면도 일깨워 주었습니다.

요셉은 조용하고 평온한 성격의 가구 디자이너였습니다. 그의 고요한 침묵은 많은 사람들에게 마음의 쉼터와 같았습니다.

한나와 요셉은 결혼 후, 아름다운 다뉴브 강이 내려다보이는 부다 언덕에 위치한 화실畵室에서 살고 있었습니다. 기타는 과격한 운동 경기에만 치중된 생활에 지쳐서 한나를 찾아가 다시 그림 공부를 시작했습니다. 한나는 많은 인내와 이해심으로 기타가 완전히 포기했던 예술활동을 다시 시작할 수 있도록 성심껏 도와주었습니다.

그들은 거짓과 비열한 잔인함이 지배하고, 악의 승리가 만연한 세상으로 인해 몹시 충격을 받고 있었습니다. 매일 각자의 경험과 내면의 문제들을 의논하면서 그 원인을 밝혀 진실을 찾아내려고 했습니다. 한나와 요셉은 일을 줄이고 당시의 혼란스러운 상황에서 좀 더 근본적인 문제에 집중하기 위해 부다페스트에서 멀지 않은 부달리게트라는 마을의 작은 집으로 옮겨 가 살았습니다. 기타가 합류했고, 릴리는 주말마다 방문했습니다.

어느 날, 이들은 각자의 개인적인 문제들과 존재의 의미가 무엇인지를 글로 정리해 보기로 하였습니다. 그러던 중, 진부한 말로 자신의 걱정거리를 늘어놓은 기타의 피상적인 글을 못마땅해 하던 한나가 갑자기 소리 높여 말했습니다.

"잠깐! 이제부터는 내가 말하는 게 아니야."

한나는 명확한 의식으로 말하기 시작했습니다. 그로부터 십칠 개월 동안 매주 금요일 세시, 한나를 통해 빛의 메시지가 전달되었습니다. 그들은 그 빛의 힘을 '내면의 스승'이라고 부르다가 후에 '천사'라고 불렀습니다. 처음에는 질문과 대답의 형식으로 전해졌으며, 그 다음엔 스승들의 말씀으로 계속되었습니다. 기타와 릴리는 그 가르침들을 기록했습니다.

이 놀라운 대화의 기록에서 한나의 신성한 의식을 받아들일 마음의 비움과 예리한 영혼이 없었다면, 그리고 빛과 사랑의 새로운 세상을 염원하는 기타, 릴리, 요셉의 간절한 질문이 없었다면, 이 마음속 스승의 답은 있을 수 없었을 것입니다.

독일이 헝가리를 점령한 이후, 그들은 다시 부다페스트로 돌아왔습니다. 상황은 더욱더 참혹해져 있었고, 유대인인 한나와 요셉, 릴리는 나치의 강제수용소에 끌려가 죽음을 당했습니다. 한나와 릴리는 나치 수용소 라벤스부르크에 있었을 때, 모든 사람에게 지극한 사랑을 바치는 아름다운 존재였습니다. 그래서 많은 여인들이 릴리와 한나가 일하던 힘든 작업반을 자청하였고, 그들로부터 용기와 위안을 받았습니다. 기타는 친구들을 살리기 위해 온갖 수단과 방법으로 혼신의 힘을 다하였으나 혼자 살아남게 되었습니다. 그리고 그는 백여 명의 유대인 여인들과 어린아이들의 생명을 구해 주었습니다. 그후 그는 공산 치하에서 십육 년간 비참한 생활을 하다가 1960년 프랑스로 망명하였습니다. 그때 빛의 메시지가 적힌 다섯 권의 노트를 가지고 왔습니다. 기타가 가져온 그 빛의 메시지는 프랑스어로 번역되어 1976년에 '천사와의 대화Dialogues avec l'ange'라는 제목으로 출판되었습니다. 독자들은 종교와 사상을 초월한 새로운 영적 세계와의 만남에 열광하였습니다. 또한 현재까지 전 세계 이십 개국의 언어로 번역 출판되어 많은 사람들에게 영적으로 깊은 영향을 주었습니다.

이 책이 나온 1976년부터 지금까지 우리 부부는 매일 아침 빛의 메시지를 읽고 이를 삶의 뿌리로 삼아 왔습니다. 그 신비롭고 놀라운 가르침은 마음의 빛을 열어 주었고, 영성생활靈性生活에 놀라운 의식의 변화를 가져다주었습니다. 이 책은 새로운 세상을 향해 울리는 '새벽의 노래'와 같습니다. 우리는 어둠과 고통 속에 살고 있는 많은 분들과 그 가르침을 함께 나누기 위해 2007년부터 한국어로 번역하기 시작하였습니다. 사백여 페이지에 이르는 이 기록의 번역을 여덟 번의 교정을 거쳐 2016년 6월에 끝마쳤습니다. 이 책의 번역과 출판을 위하여 도움을 주신 모든 분들께 깊은 감사를 드립니다.

그 당시 헝가리에서 있었던 유대인 학살은 일제강점기에 우리

민족이 겪은 슬프고 끔찍한 비운을, 그리고 외세에 의하여 남북으로 갈라져 겪은 육이오 전쟁이라는 골육상쟁의 참극을 생각하게 합니다. 온 세계가 폭력과 전쟁으로 뒤덮여 어둠과 재난이 넘치고, 정신적으로 피폐하고 혼란한 현실에서, 이 빛의 메시지가 새로운 빛의 세상을 열어 주기를 간절히 바랍니다.

　빛은 생명이고, 생명은 사랑이며, 사랑은 평화입니다. 그 빛은 매일 새벽 우리의 마음 안에 깨어나기 시작하는 사랑의 빛이 아닐까요.

2018년 4월
방혜자 方惠子
알렉상드르 기유모즈 Alexandre Guillemoz

이 책은 1943년부터 1944년까지
헝가리에서 일어났던 일의 기록이다.

나는 대화의 작가가 아니다.
다만 기록자일 뿐이다.

기타 말라스

Gitta Mallasz

이 대화들은 기타와 릴리가 영혼의 스승을 만날 때마다 헝가리어로 받아 적은 것이다. 원문의 많은 부분, 특히 '요셉의 원고와 릴리의 개인적인 주석들'은 분실됐고, 어떤 대화들은 모두 다 기록되지 못했다. 작은 활자로 표기된 설명들은 그 자리에서 기록된 것 또는 간단한 메모를 바탕으로 훗날 정리된 것이고, 1990년 프랑스어판을 위해 특별히 추가된 것도 있다. 이 한국어판의 번역은 주로 1990년 새로 출판된 프랑스어판을 저본으로 삼았지만, 필요할 때는 원본인 헝가리어판, 그리고 영어판과 독일어판을 참고하기도 했다.

스승은 '신성神性'을 가리킬 때 쓰는 헝가리어의 대명사 '으(Ö)' 즉 하느님 또는 예수님을 동시에 의미할 수도 있는데, 이 단어의 두 가지 뜻은 억양의 미묘한 차이를 통해 구별된다. 본문에서 굵은 서체로 강조된 '그분'은 하느님을, 일반 서체의 '그분'은 예수님을 가리킨다는 점을 밝혀 둔다. 헝가리어 대명사 '으(Ö)'는 남성형도 여성형도 아니다.

책머리에

다음에 일어나게 될 일들에 대한 이해를 돕기 위해 짧은 머리말이 필요하다고 생각된다.

그 가르침이 시작되기 전날까지, 나와 내 세 친구들은 지극히 평범한 생활을 하고 있었다는 사실을 강조하고 싶다. 하지만 그 기간은 이후 우리에게 일어날 일들을 준비하는 시절이었다.

1923년, 열여섯 살에 나는 부다페스트 장식미술학교에서 한나 Hanna를 만났다. 한나의 책상은 바로 내 옆이었고, 처음부터 한나는 내게 솔직하고 호의적이었다. 군인 가정에서 태어나 스파르타식 교육을 받은 내게 한나의 자연스럽고 부드러운 성격은 적잖이 당황스러운 것이었다. 어린 시절과 청소년기를 보내며 나는 자신의 감정을 드러내는 것을 나약함의 표시로 여겼고, 뺨에 볼을 맞추는 간단한 작별 인사조차 몹시 불편해 하곤 했다. 그와 반대로 아버지가 초등학교 교장이었던 한나는 훨씬 개방적인 분위기의 현대적 유대인 가정에서 자라, 자기 감정을 표현하는 데 아무런 거리낌이 없었다.

우리는 이처럼 성격뿐 아니라 받아 온 가정교육이 크게 달랐지만, 삼 년간의 학교생활 동안 깊은 우정이 쌓였다. 그러나 졸업 후 우리는 서로 다른 길을 가게 됐고, 만날 기회가 점점 드물어졌다. 한나는 뮌헨으로 가서 공부를 계속했고, 나는 열심히 운동을 하기 시작했다.

마침내 최고의 수영선수가 된 후 오 년 동안, 나는 헝가리 사람들이 스포츠 영웅에게 보내는 거의 우상숭배적인 예찬에 도취되어 있었

13

다. 바로 그즈음 나는 심신 치유 요법을 가르치던 릴리Lili를 만났다.

릴리는 매우 따뜻하고 편안한 사람이어서 수강생이 많았다. 릴리의 수업에 수강생이 넘쳐나는 것은, 그들이 심신의 휴식뿐 아니라 자신들의 깊숙한 내면을 일깨워 주는 양식을 얻기 때문이라는 것을 나는 곧 깨달았다.

그 당시, 나는 한나가 어렸을 때부터 알고 지내던 요셉Joseph과 결혼했다는 소식 외에는 한나에 대해 별로 아는 것이 없었다. 요셉은 조용한 성품의 가구 디자이너였다. 그는 함께 있기만 해도 주위 사람들에게 평온함을 주는 사람이었다. 나중에 우리가 부달리게트라는 곳에서 함께 살게 되면서 본 바로는, 동네 카페에서 벌어지는 가장 소란스러운 정치 토론도 요셉이 들어서기만 하면 차분히 가라앉곤 했다. 조용한 그의 존재로 인해 잠깐 사이에 분위기는 완전히 평화스러운 상태로 되돌아가곤 했다.

나는 오로지 운동에만 치중된 생활에 지쳐, 아니 그보다는 진저리가 나서, 한나를 다시 찾아보기로 결심했다. 한나는 다뉴브 강이 아주 아름답게 내려다보이는, 부다 언덕에 자리잡은 화실畵室에서 요셉과 함께 살고 있었다. 한나는 많은 인내와 이해심으로, 내가 졸업 후에 완전히 포기해 버렸던 예술활동을 다시 시작할 수 있도록 도와주었다. 나는 장식미술학교 시절 뛰어난 학생이었으나 과격한 운동경기의 시기를 보낸 후로는 단순한 인체 데생도 할 수가 없었다. 한나의 도움이 없었더라면 나는 결코 창작의 기쁨을 되찾지 못했을 것이다.

얼마 후에 우리 세 사람은 '도안과 장식미술 아틀리에'를 열 수 있었고, 결과는 아주 성공적이었다.

1934년과 1935년 사이 헝가리에서는 유대인 배척사상이 이미 기승을 부리고 있었다. 우리 가운데 나만이 유일하게 유대인이 아니었는데, 수영선수로서의 명성과 함께 아버지가 헝가리 군대의 고위 장교를 지냈다는 배경에 힘입어, 나는 정부에서 주문하는 중요한 일들, 즉 관광지의 헝가리 민속풍 장식이나 광고 등을 따낼 수 있었다. 불행하게도 나는 두 동료가 유대인이라는 사실을 늘 숨겨야 했다.

우리 작은 모임의 혼이라고 할 수 있는 사람은 물론 한나였다. 한나는 뛰어난 집중력을 가지고 있었으며, 계획을 구상하고 실행할 때 일의 요점을 한눈에 파악했다. 그리고 뛰어난 감각과 심리적 직관, 무엇보다도 유머감각이 매우 잘 어우러진 성품을 바탕으로 다양한 문제를 해결하는 재주를 가지고 있었다.

당시 한나에게는 몇 명의 제자가 있었는데, 수년 후 그 젊은 예술가들 중 하나였던 베라Vera는 이렇게 말했다.

"한나가 데생이나 구상을 고쳐 줄 때마다 저희는 깊이 감동하지 않을 수 없었어요. 한나의 지적은 전문가적인 측면을 넘어 우리의 존재 자체에 영향을 미치는 것이었어요. 우리 중에 어떤 이들은 그걸 견디지 못해 떠나갔지요. 가장 하찮은 광고 작업에서조차, 사소한 필치 하나하나가 한나에게는 내면의 참모습을 비추는 거울이었어요. 수업을 하는 동안 한나와 우리의 관계는 다른 때와는 전혀 달랐어요. 한나는 본능적으로 다른 차원의 파장으로 들어가면서, 마치 의사가 엑스레이 사진을 읽듯이 우리의 데생을 읽었어요. 한나는 애정을 가지고 단호하게, 그리고 즐겁게 그 일을 했죠.

그는 가끔, 지적을 하려고 입을 열기 전까지는 스스로도 무슨 말을 하게 될지 전혀 알지 못했어요. 자기 자신도 그전까지는 전혀 몰랐던 것들을 말하곤 했지요. 젊은 저는 저의 모범이 된 한나에게 깊은 애착을 가지고 있었어요. 하지만 한나는 그런 예속隸屬을 원치 않았습니다. 우리에게 이렇게 말하곤 했죠. '이삼 년 동안 내 수업을 받은 후, 여러분은 자신의 내적인 스승을 찾아야 합니다.' 한나에게는 우리 안에 있는 새로운 인간, 두려움에서 해방된 창조적인 인간을 태어나게 하는 것이 가장 중요한 일이었어요."

아틀리에는 날로 번창했지만 우리는 점점 더 파멸에 직면하고 있음을 느끼게 됐다. 집단적인 무지無知가 날마다 증가하고, 조직된 정치적 기만은 끊임없이 넘쳐나고 있었다. 예컨대 나치가 어떤 것을 약속하면 틀림없이 그 반대의 일이 일어났다. 우리는 점점 더 진실을 찾아내고 싶었다. 우리의 진실을.

이러한 모든 상황은 한나와 요셉이 보다 근본적인 문제에 집중할 수 있는 새로운 생활을 시작하게 했다. 두 사람은 부다페스트에서 멀지 않은 부달리게트라는 마을에 단출한 작은 집을 얻었고, 나도 그들과 합류하게 됐다. 우리는 하루의 양식만 보장될 정도로 일을 줄였다. 릴리는 주말마다 우리를 만나러 왔다.

이러한 생활 조건은 가장 깊은 내면의 요구에 들어맞는 것이었지만, 나는 점점 더 커 가는 공허감 속에서 살고 있었다. 설명할 수는 없지만, 나는 어김없이 닥쳐올 그 어떤 것을 기다리고 있었고, 그것은 나를 아주 혼란스럽게 만들었다. 때때로 나는 마음의 평화를 얻기 위해 숲에서 오랫동안 산책을 하곤 했다. 식사를 하다가도, 나의 삶을 변화시켜 줄 그 누군가, 혹은 그 무엇인가를 기다리면서 창밖으로 정원의 작은 출입문을 물끄러미 바라보고 있는 나 자신을 발견하고 자주 놀라곤 했다.

저녁마다 우리는 우리에게 닥친 문제들의 원인을 찾으려고 애쓰면서 각자의 경험에 대한 이야기를 나누곤 했다. 한나는 뛰어난 직감으로 우리에게 많은 도움을 주었지만, 우리는 막다른 골목에 처한 현실을 느끼고 있었다. 인류사적으로 중요한 종교사상들에 관심을 가지고 있었던 우리의 책장에는 『성경聖經』 『바가바드기타Bhagavadgītā』 『노자老子』 등의 책들이 꽂혀 있었다. 하지만 우리 가운데 신앙생활을 하는 사람은 아무도 없었다.

거짓과 비열한 잔인성이 지배하고 악이 승리하는 것처럼 보이는 세상으로 인해 우리는 몹시 충격을 받고 있었다. 하지만 우리 존재의 의미가 어딘가에 묻혀 있다는 것, 그리고 그것을 찾아내지 못하게 하는 장애물이 우리 자신 안에 있다는 것을 우리는 확신하고 있었다. 지루한 잡담은 이제 그만두고 좀 더 구체적인 것에 도달하기 위해 어느 날 저녁, 우리는 각자 되도록 명료하게 현재의 상황과 개인적인 문제들을 글로 쓰기로 했다. 그렇게 함으로써 우리는 더 이상 현실을 미화하거나 속일 수 없을 것이라고 판단했다.

며칠 후 커피를 마시는 시간에 나는 한나에게 내가 쓴 글을 큰 소리로 읽어 주었다. 그 글들은, 한나의 눈에는 오래된 이야기들의 재탕에 불과했다. 정말로 그랬다. 나는 내가 피상적인 수준에 머물러 있었음을 뼈저리게 자각하고 있었다. 나는 스스로 충분히 해답을 얻을 수 있는 질문들을 굳이 한나에게 던졌고, 한나가 대답해 주는 것이 훨씬 더 수월하다고 생각했다.

차례

부달리게트에서의 대화

이제부터 약 열일곱 달간,
매주 금요일 세시경에 나누었던 대화의 기록이 시작된다.

나의 경박한 태도 앞에서 한나는, 자신 안에 어떤 긴장감이 생겨나고 그것이 점점 커져서 더 이상 자기 자신의 것이 아닌 분노가 되어 가고 있음을 느꼈다. 그리고 뚜렷한 의식 속에서 눈을 크게 뜬 채로, 돌연히 하나의 형상을 보았다. 알 수 없는 힘이 내 손에서 종이를 빼앗아 갈기갈기 찢고 바닥에 흩어 버렸다. 내가 쓴 것이 내 능력에 훨씬 미치지 못함을 비난하는 몸짓이었다. 한나는 무언가를 말하려다가, 자기 자신이 말하는 것이 아님을 느끼며 갑자기 멈췄다. "잠깐! 이제부터는 내가 말하는 게 아니야." 한나가 경고하자마자 다음과 같은 말이 들려왔다.

— 쓸데없는 질문은 그만하라! 조심하시오! 곧 당신에게 책임을 묻게 될 것입니다.

그것은 분명히 한나의 목소리였지만, 한나가 말하는 것이 아님은 확실했다. 말하는 이는 한나의 목소리를 정신의 도구로 빌려 쓰고 있었다. 내게 그처럼 엄격하게 말하는 이를 알고 있다는 느낌이어서 나는 그리 놀라지 않았다. 오히려, 일어나야 할 지극히 당연한 일이 결국 일어나고야 만 것 같았다.

찬란한 빛이 나를 가득 채웠으나 거기에 기쁨 같은 것은 전혀 없었다. 오히려 그 빛은 나에 대해 내가 상상하던 것과 있는 그대로의 나 사이의 차이를 가혹하리만치 분명하게 보여 주었다. 동시에 나는, 참으로 정직하고 엄밀했다면 나 자신에 대해 어떻게 썼을지를 알았다. 나는 깊이 충격받았고, 스스로 부끄러웠다. 한나는 진정으로 부끄러워하는 나를 보면서 자기를 통해 말씀하시는 분의 분노가 스러져 가는 것을 느꼈다.

이제 괜찮아요. 뉘우침은 곧 용서이니까요.

(침묵)

── 당신은 근본적으로 변해야 돼요. 자립심을 갖도록 하세요! 당신
은 너무나 넘치고 너무나 적습니다.

기타 무슨 뜻입니까?

── 자립심이 적고 지나치게 물질적입니다.

나는 그 말이 내 자립심 없는 사고방식을 암시하고 있음을 느꼈
다.

굳은 땅에는 씨를 뿌리지 않습니다. 당신이라는 땅은 끊임없는
탐구를 통해 갈아질 것입니다. 지금까지 좋았던 것들은 나빠지
고 나빴던 것들은 좋아질 것입니다.

긴 침묵이 흐른 후, 마침내 그분이 물었다.

나를 알겠습니까?

이 말은 내 마음 아주 깊은 곳에 와 닿았다. 설명할 수는 없지만,
내가 그분을 알고 있으며 그분이 나의 내면의 스승이자 인도자
임을 확신할 수 있었다. 그럼에도 짙은 안개만을 느낄 뿐이었
다. 아무리 애를 써도 그 안개를 헤칠 수 없었다.

나를 알겠습니까?

반복되는 그 말은 점점 내게 스며들었다. 거의 기억할 수 있을
것 같았으므로 온 힘을 다해 그것을 되살리려 했다. 하지만 아
무 소용이 없었다. 한나는 자신을 통해 말씀하시는 분이 나의
필사적인 노력을 다정하게 지켜보고 있음을 느꼈다.

당신은 신앙이 없는 사람이지만 그대로 좋습니다.

나는 신앙이 없는 사람이라는 말이 나의 뿌리를 가리키는 것임
을 알았다.

당신은 생명의 물로 영세를 받고 새로운 이름을 받을 것입니다.
그 이름은 이미 존재하지만 지금은 말할 수 없으니 이에 대한 준
비를 하고 있으십시오.

질문을 해도 됩니다.

나는 도저히 질문할 수가 없었다. 내게 일어나고 있는 일을 의식하는 데 너무나 열중해 있었기 때문이다.

── 말하는 이가 피곤합니다. 힘을 주세요!

다시 만나도록 합시다.

이 만남 후 한나와 나는 바로 대화의 내용을 기록했다. 한마디 한마디 우리 안에 깊이 새겨진 그 말씀을 적는 일은 쉬웠다. 한나는 그 체험에 대해 이렇게 설명했다. "대화하는 동안 줄곧 내 의식이 확장된 것 같았어. 나는 방 안은 물론 너와 너에게 일어나고 있었던 모든 일들을 놀라울 정도로 명확히 보고 있었어. 그와 동시에 나는 우리에게 오신 분을 온전히 자각하고 있었어. 그분의 감정은 지금 내가 아주 근사치에 불과한 표현으로 분노, 사랑, 다정함이라고 할 수밖에 없지만, 우리의 감정과는 매우 달라. 내게 말씀하신 것을 정확한 말로 옮기기란 매우 어려운 것이었어. 그렇지만 그 안에 내가 있다는 것 또한 분명했어. 나는 말씀이 내 안에서 이루어지는 것을 놀라움과 경이로 지켜보았어."

나를 애태우는 오직 하나의 질문은 "다음 만남에 대한 약속 말야. 그게 지켜진다면 언제가 될까?"였다.

"아마 일주일 안에 이루어질 거야." 한나는 대답했다.

그날 저녁, 우리가 요셉과 릴리에게 이 사건을 얘기했을 때, 젊은 시절에 유물론자였던 요셉은 그 일을 그저 여자들의 일이라 여기고 관여하지 않기로 했다. 반면에 릴리는 다음번 대화에 참석하기를 몹시 바랐고, 받아 적는 일을 맡기를 원했다.

일주일이 힘들게 지나갔다. 그분께서 다시 오실지 아닐지를 알 수 없었기 때문에 나는 매우 불안했다. 더욱이, 나 자신의 모습을 나 스스로 가차없이 보았기에 더더욱 견디기 힘들었다. 금요일 세시에, 나는 한나와 함께 지난번처럼 새로운 만남에 대한 약속이 실현되기를 기다리고 있었다. 그리고 나는 지난 일주일 동안 별로 나아진 것이 없다는 것을 괴로운 마음으로 느끼고 있었다. 갑자기 침묵을 깨고 말씀이 들려왔다.

— 일주일 동안 무엇을 이루었습니까? 나아진 것이 있었습니까?

나는 일주일이 어떠했는지를 생각하면서, 땅속으로 들어가 숨고 싶었다. 하지만 아주 약간은 변했다는 느낌이 들었으므로 머뭇거리며 대답했다.

기타 네.

— 일시적으로입니까, 아니면 결정적으로입니까?

나는 나 자신이 너무나 부족하다는 생각이 들어 눈물이 흐르기 시작했다.

자신을 불쌍히 여길 필요는 없습니다. 내가 두렵습니까?

기타 아닙니다.

— 나 또한 섬깁니다.

그 말은 나를 안심시키고 기쁜 신뢰로 가득 채웠다. 그분께서도 나처럼 섬기신다니! 어떤 면에서는 그분도 나와 비슷하다.

질문하세요!

한나는 생일 선물로 산꼭대기에 앉아 있는 나를 그려 주었는데, 그 그림 속에서 나는 표면이 무지갯빛으로 반짝거리는 수정 구슬을 들고 있었다. 뇌리를 떠나지 않는 그 상징성에 대해, 나는 그분께서 말씀해 주시길 바랐다.

기타 제가 어떻게 하면 둥근 빛의 세계를 이해하고 그 세계에서 살 수 있을까요?

— 둥근 빛의 세계는 내 안에 있습니다. **내가 당신에게로 내려가고 당신이 내게로 올라옵니다.**

기타 그것이 어떻게 가능한가요?

— 당신이 그것을 믿으면, 그 믿음이 당신을 성장하게 할 것입니다.

　　　나는 믿음이라는 말에서 신앙의 교리에 대한 확신과는 다른, 살아 있는 힘, 생명력을 느꼈다.

　　　그것은 시간의 완성과 함께 이루어질 것입니다. 당신은 그 둥근 빛의 세계를 견딜 수 있습니까?

　　　나는 경솔하게도 질문을 제대로 이해하지 못한 채 대답을 해 버렸다.

기타 네.

— 당신은 그럴 만한 자격이 있습니까? 그만큼 순수합니까?

　　　나는 자신이 없어지기 시작했다.

기타 그건 스승님께서 아시지요.

　　　한나는 자신을 통해서 말씀하시는 분이 나를, 마치 자기가 무슨 말을 하고 있는지도 모르는 얼빠진 아이를 보듯이 지켜보고 있음을 느꼈다.

— 둥근 빛의 세계는 지구보다도 더 무겁지만 **어린아이**는 그것을 가지고 놉니다. **어린아이**는 그것, 즉 **빛**과 동일한 물성을 가지고 있으니까요.

　　　여기서 사용된 '**어린아이**'라는 단어의 의미는 내게 완전히 낯선 것이었다. 말씀이 도무지 이해되지 않아 나는 멍청하게 물었다.

기타 우리가 둥근 빛의 세계를 가지고 놀 수 있을까요?

— **어린아이**는 놉니다. 어른이 되면 창작을 하고요.

　　　나는 몹시 당황하여 물었다.

기타 그럼 저는 그 둥근 세계에 가까이하기엔 너무 작은가요?

대답이 벼락처럼 날아왔다.

── 너무 큽니다!

한나는 나의 작은 자아가 너무 크고 지배적이라는 것을 알았지만, 나는 여전히 이해가 되지 않아 물었다.

기타 그럼 제가 무엇을 버려야 할까요?

한나는 나의 이해 부족이 그분의 분노를 일으켰음을 알았다. 그것을 정화하기 위해서는 강한 행동이 필요했지만, 한나는 그럴 만한 힘을 찾지 못한 채 이렇게 말할 뿐이었다.

── 당신은 다시 태어나야 합니다.

큰 것은 무너지고 굳은 것은 부스러집니다.

나중에 한나가 해 준 말이지만, 그때 만약 한나가 그 강한 행동을 할 수 있었다면, 그 무너짐과 부스러짐은 내 안에서 이미 시작됐을 것이다.

긴 침묵 후에, 나는 다음과 같은 위로의 말씀을 들었다.

당신은 결코 혼자가 아닙니다.

1943년 7월 9일 금요일
기타와의 대화 3

이번 주는 지난주보다 힘들지 않았지만, 금요일이 되자 내 안에는 다시 안개가 서렸다. 나는 지난 삼십육 년 동안 이처럼 뿌연 상태 속에 있었다는 걸 모른 채 태연하게 살아왔음을 깨닫기 시작했다. 그것을 의식하자 나는 몹시 괴로웠다.

우리가 커피를 마신 후 잡담을 나누고 있을 때, 별안간 한나는 엄격한 한마디 말을 들었다.

— 그만!

　　시계는 세시를 가리키고 있었고, 나는 아직 그분을 맞이할 마음
　　의 준비가 되어 있지 않았다.

오늘은 옷을 잘 차려입었습니까?

　　나는 부끄러워 눈물이 흘러내리기 시작했다.

내 앞에선 울지 마세요! 지금은 그럴 때가 아닙니다.

　　한나는 그분의 노여움을 느꼈다. 물론 나는 기쁨으로 가득 차
　　있었어야 했다.

질문하세요!

기타　어떻게 하면 제가 스승님의 목소리를 항상 들을 수 있을까요?

— **그러면 당신은 꼭두각시에 불과할 것입니다.**

기타　무슨 말씀인가요?

— **그러면 자립할 수 없다는 말입니다.**

　　(침묵)

내게 가까이 와야 하는 건 당신입니다.

기타　한 가지 질문을 드려도 될까요?

— 내가 이곳에 있는 이유가 그 때문입니다.

기타　금요일에는 금식禁食을 해야 할까요?

— 아닙니다.

　　나는 금식이 정신을 정화시키는 한 방법일 수 있으리라 생각하
　　고 있었다.

아닙니다! 매일의 절제가 당신의 단식斷食이 되기를! (한나를 가
리키며) 말하는 이에게 물을 가져다주세요!

　　나는 깜짝 놀라 한나에게 물 한 잔을 가져다주었다.

기타　저는 가족을 사랑하기가 왜 이렇게 힘들까요?

— 가족은 육신입니다.

　　한나는, 나에게 가족이 너무 많다는 것, 즉 물성적인 것을 나에

게 더욱 가중시킨다는 것을 알았다.

당신에게 불필요한 것을 버리면, 그때에는 사랑할 수 있을 것입니다.

기타 제가 그렇게 되려면 아직도 멀었나요?

— **먼 것은 가깝고, 가까운 것은 멉니다.**

기타 제가 스승님의 이름을 알 수 있을까요?

내가 안전하다고 느끼기 위해 언제든지 그분을 부를 수 있기를 바라는 마음에서 나온 질문이었다.

— 이름은 물성입니다. 그 뒤에 있는 것을 찾으세요.

내 안에서 안개의 짙은 어둠이 다시금 일어났다. 나의 질문은 사실 구원을 부르는 절망적인 외침이었다.

기타 저는 어둠 속에 있는데, 어떻게 해야 합니까?

— **당신만의 길을 가세요.**

나머지는 모두 방황일 뿐입니다.

(긴 침묵)

나를 위해 숲으로 가 노래를 불러 주세요!

내 귀를 의심했다. 어렸을 때부터 나는 항상 감정을 깊숙이 숨겨 왔고, 노래를 부른다는 건 말도 안 되는 짓이었다.

기타 무슨 말인지 잘 모르겠습니다.

그러자 같은 말이 한마디 한마디에 힘이 실려 또렷하게 반복됐다.

— **나를-위해-숲으로-가-노래를-불러-주세요!**

그제야 모든 단어가 내 존재의 가장 깊은 곳에 와 닿았고, 내 안에서 무엇인가가 누그러지며 마음이 편안해졌다. 나는 무심코 몸을 앞으로 내밀었으나, 이내 단호하면서도 부드러운 손짓이 나를 멈추었다.

너무 가깝습니다!

나는 생각했다. 나의 밀도가 그분께는 견디기 힘든 것일까? 아니면 그분의 광휘가 너무 강해서 내가 견딜 수 없을 것이기 때문일까?

기타 꿈을 꾸었는데, 그 의미가 무엇인지 모르겠어요.

— 당신은 하나의 과정이고 나 역시 하나의 과정이고, 그분은 길이십니다.

우리는 으(Ö), **그분**이라는 말이 발음될 때마다 그 목소리에 깃든 깊은 경외심을 감지했다. 한나는 지쳐서 계속할 수가 없었다. 나중에 한나는 미처 전하지 못한 말씀을 내게 들려주었다.

"의지는 계단이 아니라 벽과 같은 것."

나는 이것이 내가 어떤 목표를 달성하려 할 때 의지를 혹사시키는 모습을 암시한다는 것을 알았다.

1943년 7월 9일 금요일
릴리와의 대화 3

릴리도 질문을 하고 싶어 했다. 릴리가 한나 앞에 앉고 나는 기록을 했다.

잠시 침묵이 흐른 뒤, 우리는 매우 부드럽고 다정한 존재를 느꼈다.

— 나는 여기 있습니다. 당신은 나를 불렀고, 나는 당신을 불렀습니다.

목소리의 억양이 완전히 달랐다. 때로 엄하고 무서운 내 스승의 어조는 간 데 없고, 이제는 부드러운 느낌이었다.

질문을 해도 됩니다.

릴리 언제쯤에야 저는 위를 향해 저 자신을 열 수 있을까요?

— 당신은 아직도 자신을 속이고 있군요. 거짓말은 곧 두려움입니다. 그렇지만 당신은 두려워할 이유가 없습니다.

릴리 제가 가장 먼저 해야 하는 일은 무엇인가요?

— 당신은 이 표지가 무엇을 의미하는지 압니까? 자, 보십시오.

　　　손은 한 꼭짓점이 아래로 향한 삼각형을 만들어 보였다.

릴리 저의 사명을 다른 방식으로 설명해 주실 순 없나요?

— 당신은 '도와주는 이'라고 불립니다. 도와주는 이는 두려워할 이유가 없습니다. 좋은 소식을 전해 줄까요? 당신은 내가 아끼는 사람입니다.

　　　(침묵)

당신은 나를 다시 보고 싶습니까?

릴리 네.

— 그렇다면 나를 보지 못할 것입니다! 당신은 나를 다시 만나길 원합니까?

릴리 네.

— 그렇다면 나를 만나지 못할 것입니다!

　　　지난번의 대화에 기대어, 나는 욕망이나 의지가 우리를 스승과 가까워지게 할 수 없다는 것을 분명히 이해했다. 반면, 릴리는 잘 이해가 되지 않아 더듬거리며 말했다.

릴리 저는 다만 스승님을 더 잘 만날 수 있었으면 해서요.

— **사명이 그렇다면 나를 볼 수 있을 것입니다.** 나는 따르는 자이니까요.

릴리 저도 따르고 싶습니다.

　　　스승은 릴리의 이마에 가볍게 손을 갖다 댔다.

— 여기에 너무 많습니다. 몸으로는 당신이 마지막으로 태어났습니다.

릴리는 많은 식구들 중에서 막내였다.

영혼으로는 당신이 새로 태어난 아이들 중에서 첫째입니다.

(침묵)

나는 이만 물러갑니다.

나는 릴리 역시 내면의 스승을 만난 것이 너무나 기뻤다. 부드럽고 밝은 그분이 머무는 동안 내 마음까지도 완전히 편안해졌다.

나는 일주일 내내 끊임없이 무욕과 무의지에 대해 생각했다. 그것들은 내게 매우 중요하게 생각되었다.

1943년 7월 16일 금요일
기타와의 대화 4

금요일이 돌아왔다. 내 삶은 완전히 변했다. 꿈도 못 꾸던 가능성들이 나타나는 것을 보았고, 이제 나는 내게 주어진 이 모든 새로움을 헤아리고 있었다. 나는 즐거운 마음으로 그날의 대화를 준비했다. 그러나 점심 식사 뒤, 나는 갑자기 공포에 사로잡혀 끝없이 같은 질문을 되뇌고 있었다.

'만약 내 스승이 오지 않으신다면? 절대로 다시는 오지 않으신다면?' 나는 그 생각을 지워 버리려고 무진 애를 썼지만 아무 소용이 없었다. 나는 그분과의 만남 이전에 내가 겪었던 공허 속으로 다시 떨어져 버릴까 봐 덜컥 겁이 났다. 그러다가 갑자기 나는 이 세상에서 내가 가장 기다리는 그분이 오시는 것에 대한 집착을 떨쳐 버려야 한다는 것을 깨달았다. 그것은 절대적인 필요성이자 동시에 나의 사명이었다.

내적인 초탈은 내가 지금까지 살면서 겪어 온 모든 것보다 훨씬 더 어려운 것이었다. 그것은 마치 나 자신의 삶으로부터 나를 잘라내는 것과도 같았다. 세시가 되자 한나는 나를 불렀다. 나는 그분의 존재하심을 느꼈지만 그분은 침묵하고 있었고, 나는 언제 그 침묵이 끝나려나 초조하게 기다렸다. 그러다가 마음속 깊숙이 걱정을 놓아 버리고 나는 속으로 말했다. '그분의 뜻대로 이루어지기를!' 바로 그때, 나는 눈앞에서 활활 타는 불길과 곧게 하늘로 솟아오르는 연기를 보았다. 그러고는 말씀이 들려왔다.

── 때가 됐으니, 이제 질문을 해도 좋습니다.

기타 저의 길은 어떤 것입니까?

── 잘 들어 보세요! **한쪽엔 사랑, 한쪽엔 빛, 당신은 이 둘 사이에 놓여 있습니다.** 이것이 당신의 길입니다. 이 둘 사이엔 백 번의 죽음이 있습니다. 사랑은 빛을 지니고 있으니, **빛 없는 사랑은 아무것도 아니고 사랑 없는 빛 또한 아무것도 아닙니다.** 알겠습니까?

물론 나는 이해했지만 나의 작은 자아를 백 번 죽게 하는 일은 너무나 어려워 보였다. 나는 기가 죽어 고개를 숙였다.

나를 보세요!

평소에 그리 예쁘거나 못생기거나 하지 않았던 한나의 친숙한 얼굴은 표정이 바뀌어, 거의 오싹할 정도의 위엄을 띠고 있었다.

한쪽 끝은 나. (손은 위로부터 아래를 가리켰다) 다른 쪽 끝은 그. 그 둘 사이는 당신.

기타 그는 누군가요?

── 당신의 '작은 자아'입니다.

나는 속으로 생각했다. '아니, 스승님께서 내가 그처럼 미워하고 떨쳐 버리고 싶어 하는 작은 자아에 관심을 가지시다니!' 그리고 나는 짐짓 모르는 체하며 큰 소리로 말했다.

기타 저는 제 작은 자아에 대해서는 잘 알지만 스승님을 충분히 알지는 못해요.

— 어리석은 아이!

　한나는 나중에 스승의 그 말이 무엇을 뜻하는지 말해 주었다. "어떻게 당신이 당신의 작은 자아를 알 수 있겠어요? 당신은 당신 몸의 세포 하나라도 알고 있나요? 당신은 나를 모르는 만큼이나 당신의 작은 자아에 대해서도 알지 못합니다. 언제까지 그렇게 눈먼 채로 살아갈 겁니까?"

나와 그는, 사명 속에서 하나로 결합되어 있습니다. 하나인 것을 나누려 하지 마세요. **그분** 앞에서는 아무것도 작지 않습니다. 규정짓지 마세요!

기타 저는 아무것도 모르니 가르쳐 주세요.

— 이미 가르쳐 주지 않았습니까?

　겸손한 척 나는 대답했다.

기타 네, 저도 바보 같은 질문이라는 건 알고 있어요.

　한나는 스승의 생각을 이렇게 인지했다. "이 무슨 어리석은 장난!" 그러나 한나는 다음과 같은 대답만이 허락되어 있음을 느꼈다.

— 당신은 정말 바보로군요! 질문하세요!

　나는 내 속을 훤히 들켜 버렸음을 알고 부루퉁하게 말했다.

기타 저는 질문이 많지만, 스승님은 제가 묻고 싶어 하는 것을 이미 다 알고 계시잖아요.

— 마음부터 입까지는 손 하나의 거리밖에 안 됩니다. 그 길을 가세요! 알고 싶은 게 많습니까?

기타 그저 제 사명에 필요한 것을 알고 싶을 뿐입니다.

— **그분 앞에서는 알고 있는 사람보다 묻는 사람이 더욱 귀중합니다.**

기타 지난밤에 꾼 저의 꿈은 무슨 뜻인가요?

　나는 꿈에서 조화와 권능과 조용한 확신으로 가득 찬 존재를 보았고, 그 모습은 강렬한 색채를 발하고 있었다.

— 당신의 형상으로 이루어진 새로운 인간입니다.

기타 제가 쓸데없는 것을 없애 버릴 수 있다면 그 새로운 인간이 될 수 있을까요?

— **당신은 형상이 이루어진 사람이 아니라 형상을 이루어 가는 사람입니다.**

기타 제가 이루어 가는 사람이 되려면 무엇을 해야 하나요?

그때, 한나의 신체적인 외양은 지워졌다. 한나는 하나의 도구가 됐고, 전적으로 그분에 의해 사용되고 있음을 자각하고 있었다. 한나의 몸짓은 이제 단순하면서도 의미와 위엄으로 충만했다. 한나의 팔은 예전의 한나의 팔이 아니었고, 집중된 힘으로 빛났으며, 미켈란젤로의 조각을 연상케 했다. 그리고 번개처럼 날카로운 손짓으로 말했다.

— **태우세요!**

나는 사로잡히고, 동요하고, 경탄했다. 그러나 한나를 보자 이런 감정들은 모두 사라져 버렸다. '태우세요'라고 말한 뒤 한나는 완전히 녹초가 됐다. 한나는 오한에 떨며, 간신히 순수 알코올을 좀 가져다 달라고 입을 떼어 말했다. 나는 우연하게도 오늘 사다 놓은 알코올을 가져와 각설탕에 몇 방울을 섞어 먹이고 따뜻한 담요를 덮어 주었다. 몸이 따뜻해지자 한나는 기운을 회복하면서 내게 말했다. "그분께서 뜨겁게 타는 힘의 씨앗을 네 안에 심을 수 있도록 나는 온 힘을 모아야 했어. 그런데 네가 그분이 오시는 것에 대해 더 이상 집착하지 않는 건 꼭 필요한 일이었어. 그러니까 포기할 줄도 알아야 했다는 말이지. 안 그랬으면 그분은 오시지 않았을 거야."

　　잠시 휴식을 취한 후, 한나는 릴리와의 대화가 준비된 것을 느꼈다. 릴리는 붉은 블라우스와 푸른 치마를 입고 있었다.

—— 옷을 거꾸로 입었군요.

릴리　네?

—— 아래는 빨강, 위는 파랑! 붉은색이 푸른색을 받드는 것입니다! 이건 당신의 일과도 관계가 있습니다.

　　릴리는 물성적인 붉음이 정신적인 푸름을 받들어야 한다는 것을 깨달았다. 그리고 이번 주에 한 일과 그 결과에 대해 곰곰이 생각했다.

결과는 생각하지 마세요. 지금 있는 것은 더 이상 있지 않습니다. 그건 더 이상 당신이 어떻게 도울 수 있는 것이 아닙니다. 도와주는 이는 앞으로 있을 것이 생겨나는 그곳에 주의를 기울여야 합니다. 그 자리는 작지만, 그곳에서부터 당신은 모든 것을 이룰 수 있습니다.

　　별로 튼튼하지 못한 체질의 병약한 릴리는 막 앓고 난 뒤였다.

피곤합니까?

릴리　아니요, 하지만 몸이 그리 좋지는 않아요.

—— 알고 있습니다. 빨강은 아래에 있을 때 약해지고 파랑은 위에 있을 때 강해집니다. 약한 몸은 무거운 짐이고 너무 강한 몸도 지나치면 무거운 짐이 됩니다. 빨강은 에로스, 지상의 사랑이고, 파랑은 천상의 사랑입니다. 자줏빛은 그분의 색입니다.

　　스승께서 '그분'이라고 말할 때 그 목소리는 존경 가득한 어조를 띠었다. 나는 화가였기에 붉은 물감에 푸른 물감을 섞으면 자줏빛이 된다는 사실을 알고 있었다. 나는 그분이라는 말을,

천상의 사랑과 지상의 사랑을 이은 예수를 가리키는 것으로 이해했다.

저기서 소란을 일으키고 있는 게 무엇입니까?

나는 출입문 쪽으로 가려 하며 물었다.

기타 제가 가 보고 올까요?

— 훨씬 더 먼 곳입니다.

그분은 손짓으로 릴리 앞의 보이지 않는 무언가를 지워 버렸다.

이제 됐습니다. 그것은 당신이 저지른 잘못이었다고 생각되는군요.

릴리 제가 누군가에게 잘못을 했습니까?

— 그렇게밖에는 생각할 수가 없습니다.

릴리 그럼 제가 용서를 구해야겠네요.

— 어떤 사람이 아닙니다.

릴리는 선뜻 알아듣지 못했다.

릴리 제가 스승님께 죄를 지었습니까?

— 모든 죄는 하느님에게까지 올라가는 것입니다. 다른 질문이 있으면 하세요.

릴리 저는 제 일에 관련해서 도움을 받게 될까요? 아니면 저 스스로 그 일을 시작해야 할까요?

— **당신 스스로 시작하면 도움을 받게 될 것입니다.**

그리고 나서 침묵이 이어지는 동안 나는 인간으로서 우리의 변화 가능성이 무엇일까 생각하고 있었는데, 이내 그 무언의 질문에 대한 대답이 들려왔다.

나는 당신한테도 말하고 있습니다. 변화의 방향은 바로 이런 것입니다.

수직도 수평도 아닌 사선을 긋는 손짓이 그 말씀에 덧붙여졌다.

나는 인간의 변화가 단지 정신적인(수직적인) 발전 또는 물성적인(수평적인) 발전에 달려 있는 것이 아니라 그 두 가지의 합에 의해 이루어진다는 사실을 알고는 매우 놀랐다.

1943년 7월 23일 금요일
기타와의 대화 5

나는 일주일 내내 '태우세요'라는 말씀에 대해 생각했지만 아직도 그 말씀을 제대로 실행하지 못하고 있었다. 금요일 아침, 나는 뜰로 향해 있는 작은 방의 마루를 닦고 그 방을 꽃으로 장식했다. 그날 릴리는 오지 못했다. 대화를 기다리던 중 한나는 자기 뒤쪽에서 거대한 반원을 이루며 빛을 발하는 힘을 감지했다.

— 말하세요.

기타 스승님은 사랑과 빛 사이엔 백 번의 죽음이 있다고 하셨습니다. 저는 섬길 수 있도록 이미 죽고 싶어요.

— 죽어야 하는 것이 아니라 다리가 되어야 합니다.

나는 내면에 스승이 존재하심이 너무나 기뻐 눈물이 고였다.

눈물로써 씨앗에 물을 주는 건 아닙니다!

나는 내 모든 감정들 또한 다 태워 버려야 한다는 것을 깨달으며 이번 주 초부터 줄곧 생각하던 것을 털어놓았다.

기타 저는 여전히 타오르지 못하고 있습니다.

한나는 매우 흥미로운 기색으로 스승께서 어떤 말씀을 하실까 기다리고 있었다.

— **활동과 물질 사이에서 솟아나는 것은 섬광입니다.**

나는 내 인생에 아주 중요한 무엇인가가 지금 막 계시된 것을 느꼈지만, 그것이 무엇을 뜻하는지는 전혀 짐작할 수 없었다.

이어진 침묵 속에서 한나는 빛의 존재들이 머물러 있음을, 그리고 그들의 시선이 모두 내게로 향해 있음을 느끼고 있었다.

우리는 여럿이고, 모두 당신에 대한 기대가 큽니다.

나는 막중한 책임감을 느끼면서 기쁜 나머지 힘있게 말했다.

기타 저는 이미 제 사명을 다하고 있는 사람이고 싶어요.

── 그 사명은 아직까지 당신에겐 그저 한낱 단어일 뿐입니다.

기타 제 사명이 무엇인지 말씀해 주실 수 있나요?

한나는 대답을 제대로 옮길 수 없었다.

── 말하는 이가 적절한 표현을 찾지 못하고 있습니다. 그 말은 아직 생겨나지 않았기 때문입니다.

기타 무엇이 그 말을 제 안에서 태어나게 할까요?

── 깊은 소망입니다.

기타 섬기고자 하는 소망인가요?

── 당신의 사명은 크고 훌륭한 것입니다.

이 마지막 말의 매우 강렬한 진동을 통해, 나는 미지의 삶을 예감할 수 있었다.

기타 스승님께서 우리가 여럿이라 하셨는데, 우리란 누구인가요?

── 합창단입니다.

그 말씀 너머로 나는 완벽한 조화를 이룬 무한한 다수를 느꼈다. 그리고 나는 속으로 생각했다. 나의 스승은 우리 인간들이 천사라고 부르는 존재일까? 시선을 떨군 채 그분은 위를 향해 손짓을 했다.

우리는, **그분**의 영광을 노래합니다.

난생처음으로 나는 진정한 숭배가 어떤 것 인가를 느끼면서 나직한 목소리로 물었다.

기타 스승님은 **그분**을 늘 보시나요?

내가 마치 금지된 것을 물어보기라도 한 듯 갑작스런 손짓이 내 말을 가로막았다.

── 당신은 스스로 무슨 질문을 했는지조차 모르고 있습니다.

(아주 긴 침묵)

다른 질문을 하세요.

기타 어떻게 하면 머리가 개입하지 않는 마음의 소리를 언제나 들을
수 있을까요?

── 그 차이점이 뭔지 압니까?

기타 네, 하지만 모든 게 너무 느려요. 저는 이미 섬기는 사람이고 싶
은데 말이에요!

── 당신은 자주 길을 잃는군요.

한나는 그분의 망설임을 느꼈다. 내 앞에 놓인 길은 뛰어넘어야
할 장애물, 겪어야 할 경험, 극복해야 할 어려움으로 가득한 길,
느린 깨우침의 길이었다. 나의 스승은 폭풍이 다가오는 것을 보
았고, 내가 내 가족의 무게와 자기 확신의 부족으로 굴복하지
않을까 염려하고 있었다. 시간 여유가 없었다. 한나는 마음속으
로 그분에게 호소했다. '제발 제 친구에게 지름길을 보여 주세
요! 제가 보증을 서겠습니다.'

잘 들어 보세요! 길은 무거운 것이 아니에요. 가벼워지세요!

다시 한번 한나는 지금까지 느껴 본 적 없는 기쁨을 어떻게 표
현해야 할지 모르고 있었다.

말하는 이가 단어를 찾지 못합니다. 불은 가볍고 (불길처럼 가볍
게 위로 오르는 손짓) 물은 무겁지요. (퍼져 나가는 물처럼 무거
운, 바닥을 향한 손짓) 당신에게 무거우면, 당신은 길을 잃게 됩
니다.

나중에 한나는 미처 표현하지 못한 것을 이렇게 설명해 주었다.
"너는 지금까지 전혀 알지 못했던 행복을 찾아야 해. 그건 바로
새로운 미소, 즉 가벼움이야. 네가 짐이 너무 무겁다고 느끼면
너의 길에 있지 않은 거고, 네 짐의 무게가 가볍게 느껴질 때 너

는 너의 길에 있는 거야. 전적으로 네게 달린 문제지. 일상적 삶을 가장 강도 높게 살아갈 때에만 너는 그 새로운 미소를 찾을 수 있을 거야."

질문이 있으면 하세요!

기타 저의 한계는 어디까지인가요?

그분은 양손으로 위는 열리고 양 측면은 막힌 원기둥을 만들어 보이며 말했다.

─ 한계는 여기에만 있는 것입니다.

나는 위로 향한 길은 자유로우나 물성 속에서는 한계가 있다는 것을 알았다.

기타 그럼 저는 곧 스승이 되는 건가요?

그러자 미소를 지으며 말했다.

─ **아직 아닙니다.** 오늘은 이만 충분합니다.

대화를 마친 후 한나는 너무 지쳐 이내 잠이 들었다.

1943년 7월 30일 금요일
기타와의 대화 6

이번 주에 나는 본질적이라 여겨지는 질문들을 많이 준비해 왔는데, 스승의 첫마디는 나를 당혹스럽게 했다.

─ 오늘은 시간이 조금밖에 없습니다.

나는 그분과의 거리감을 느끼며 풀이 죽어 말했다.

기타 한 가지 질문을 드려도 될까요?

긍정의 몸짓이 말을 대신했다.

기타 지난번에는 왜 그렇게 스승들의 수가 많았습니까?

─ 당신의 사명이 커졌기 때문입니다.

기타 저에게 기대하시는 게 무엇인가요?

— 씨가 싹을 틔우면 알게 될 것입니다.

　　지난주 내내 나는 나 자신을 열심히 돌보았기 때문에 그분의 칭찬을 은근히 바라고 있었다.

기타 제가 씨앗에 충분히 물을 주고 있는 건가요?

— 그건 당신이 더 잘 압니다.

　　그분의 어조는 내게 찬물을 끼얹는 듯하였고, 나는 어떻게든 좋은 점수를 받아 보려 애쓰는 일이 얼마나 어리석은 것인가를 깨달았다.

기타 제 가족의 조상들이 꿈에 나타났어요. 제가 그분들을 위해 뭔가를 할 수 있을까요?

　　그분은 매우 담담한 어조로 말을 이었다.

— 죽은 자들 중에는 약한 자가 많습니다.

기타 어떻게 해야 제가 그분들을 도울 수 있을까요?

— 거두어들여야 합니다.

기타 무엇인가를 거두어들이려면 어떻게 해야 하나요?

— **그분**께서는 나의 형상으로 당신을 창조하셨습니다.

　　이 대답은 나에게 깊은 감동을 주었다. 내가 내 천사의 형상으로 존재한다니!

기타 오늘은 왜 시간이 조금밖에 없나요?

— 당신에게 절제를 가르쳐 주기 위해서입니다. 질문을 하나만 더 받겠습니다.

　　나는 제일 중요한 질문을 찾으려고 서둘러 종이를 뒤졌다.

　　시간은 아직 충분합니다.

　　이 말씀이 나를 평온하게 해 주었고, 즉시 내 마음속에 제일 중요한 질문이 떠올랐다.

기타 제 안에서 스승의 모습을 제일 닮지 않은 건 무엇인가요? 저는 그것을 없애 버리겠습니다.

— 그것은 불안입니다.

기타 무슨 말씀인가요.

— 흔들리지 마세요!

　　　나는 눈을 아래로 내리깔았다.

나를 똑바로 보세요.

　　　하나의 표정은 변해, 이 세상의 차원에 속하지 않은 엄격한 숭고함을 드러내고 있는 것 같았다.

나는 이만 갑니다.

　　　몇 분 동안, 나는 스승이 여전히 조용하게 존재하고 있음을 느꼈다. 그 침묵 속에서, 내 안에서는 그분의 형상을 닮고 싶다는 간절한 소망이 일어나고 있었다.

1943년 7월 30일 금요일

릴리와의 대화 6

릴리 다시 와 주셔서 감사해요.

— **그분**께서 나를 보내셨습니다.

릴리 왜 저는 제 평범한 자아에서 해방되기가 그렇게 어려운가요?

— **최상의 것을 맛보면 가장 나쁜 것은 버리게 됩니다.**

　　당신은 채울 수 없는 갈증으로 그것을 찾게 될 것입니다.

릴리 저는 왜 저에 대한 확신이 별로 없고 제게 필요한 것이 무엇인지도 모르고 있을까요?

— 미각을 새롭게 하세요. 당신은 몹쓸 음식으로 미각을 망쳤습니다.

　　　릴리는 강의에 필요한 새로운 영감을 얻기 위해 여름마다 외국에 나가 서로 다른 성향의 단체들을 둘러보고 다니던 차였다.

릴리 왜 저는 쉽게 나아지는 게 없을까요? 왜 저는 걸핏하면 당황할까
요?

─ 하나는 다른 하나에서 연유하는 것입니다. 당황하지 마세요! 내
가 당신을 보살피고 있으니까요.

릴리를 감싸며 보호하는 몸짓.

질문하세요!

릴리 저는 제 일을 무엇이라 불러야 할지조차 모르고 있어요.

─ 말은 이미 결과입니다. 당신은 아직 초보자일 뿐입니다.

릴리의 수강생들은 날마다 수가 늘어나고 있었다. 정치적인 불
안이 더해 감에 따라 사람들의 신경쇠약증도 심해졌고, 따라서
심신 치유 요법 강좌는 점점 필수가 되어 가면서 동시에 점점
더 어려워지고 있었다.

릴리 처음부터 저는 제 일에 어떤 부족함을 느끼고 있었어요. 그것이
무엇일까요?

─ **그분에 대한 믿음의 부족, 나에 대한 믿음의 부족, 당신 자신에 대
한 믿음의 부족입니다.**

지금은 내가 말을 하지만, 다음번에는 당신 일의 본질이라고 느
끼는 것을 분명하게 말해 보세요.

릴리 네, 감사합니다.

1943년 8월 6일 금요일
기타와의 대화 7

나는 지난주에 절제에 대해 가르침을 받은 대로 오늘은 질문을
아주 적게 하기로 결심했다.

— 질문하세요.

기타 저는 식견이 얕고 마음도 불확실합니다. 어떻게 하면 제가 스승님을 좀 더 잘 보고 잘 느낄 수 있을까요? 그렇게 되면 제가 좀 더 확신을 가지고 스승님의 형상대로 모습을 갖출 수 있을 거예요.

— 피조물인 인간은 결여된 것을 보지만 유일한 현실인 **그분**에 관해서는 직감으로만 볼 수 있습니다. 당신의 직감이 당신을 인도하기를!

기타 어떻게 스승의 말씀이 제 안에 새겨져 타오르게 할 수 있을까요? 저는 언제나 말씀들이 지워져 버릴까 두려워요.

— **두려움은 연약한 자들의 피난처입니다.**

'내가 그 연약한 사람들에 속한다니 말도 안 돼!'라고 생각하며 즉시 항의했다.

기타 저는 그러한 식으로 두려워하는 게 아니에요.

비꼬는 듯한 말투로 대답이 돌아왔다.

— 당신은 그런 식으로 두려워하고 있습니다.

기타 그럼, 그 두려움에서 벗어나도록 노력하겠습니다.

— 노력하지 말고 믿으십시오! 믿음이 있으면 하나도 두렵지 않을 겁니다! 당신은 고통을 제대로 가늠하지 못하고 있습니다.

어렸을 때부터 나는 불쾌한 것들을 가능한 한 피하기 위해 온갖 거짓말을 해 왔고, 아플 때는 지나치게 고통스러워했다.

하늘에서 특사가 온 것처럼 고통을 받아들이고 그가 떠나고 싶어할 때 떠나게 그냥 두세요!

기타 고통을 받아들이면서 동시에 기뻐하는 것이 어떻게 가능한가요?

— (미소를 지으며) 당신이 옳은 길에 있기 때문에 가능합니다.

옳은 길이 오직 나에게만 속한 나 자신의 길임을 느꼈다. 나는 질문을 더 하고 싶었지만 절제의 교훈을 떠올리며 잠자코 있었다.

─ 내가 말하건대, 당신은 우리를 실망시키지 않았습니다.

　　'우리'란 말씀 너머로 합창단의 완벽한 화음이 울려 퍼지는 것
같았다. 한나는 나중에 내게 말했다. "그분은 네가 절제하며 질
문한 걸 흐뭇해 하셨어. 오늘 하지 않은 질문들의 대답은 곧 받
게 될 거야. 하얀 백지를 마음속에 떠올려 봐. 그 위에 대답들이
씌어질 거야. 네 질문들의 강렬한 힘만이 답을 부를 거야."

1943년 8월 6일 금요일
릴리와의 대화 7

릴리 스승님께서 다시 오게 해 주심을 하느님께 감사드려요.

　　우리는 난생처음으로 '하느님'이라는 말이 갖는 성스러움의 진
정한 깊이를 느꼈다. 릴리가 그 말을 하자마자 분위기가 바뀌었
다.

그리고 제가 부다페스트에서 지난주 동안 받은 모든 것들에 감
사드립니다.

　　그즈음 릴리는 예상치 못했던 도움의 손길을 느꼈었다.

그런데 아직 감사의 기도를 못 드렸어요.

─ **당신의 일이 곧 기도입니다. 기도는 날개 없는 자들의 날개입니
다.**

당신의 날개는 이미 돋아나고 있습니다.

릴리 제가 스스로 고칠 수 있도록, 저의 가장 약한 점이 무엇인지 말씀
해 주시겠어요?

─ 그럴 필요 없습니다! 지금은 그저 기뻐하기만 하세요!

　　기뻐하라는 말씀과 함께, 스승은 릴리가 어린 시절 동안 느껴
본 적이 없는 기쁨으로 가득 차오르게 했다. 일주일 내내 그렇

게 해 주셨듯이.

릴리 저는 이번 주만큼 행복했던 적이 없어요.

— 나 또한 그랬습니다, 나를 섬기는 어린아이여!

릴리 그런데 저는 숙제를 완전히 끝내지 못했어요.

　　　그분이 지시했던 대로, 릴리는 자신이 하고 있는 일이 무엇인지
　　　명확히 정의해 보려고 애썼다.

— 그건 앞으로도 영영 끝내지 못할 것입니다.

릴리 저는 무엇인가 완성된, 잘 둥글린 것을 가져오고 싶었어요.

— 둥근 것은 무한의 한 부분입니다.

　　　(끝없이 이어지는 나선형을 만드는 손짓)

릴리 저는 아직도 해야 할 일이 많다고 느껴요.

— 많다는 것은 착각일 뿐입니다. 너무 많다고 생각하는 건 잘못입
　　니다. 많은 것은 없고, 오직 한 가지 해야 할 일만이 있습니다.

　　　(두 팔을 들어 올려 봉헌하는 몸짓)

— 당신에게 하늘의 축복이 있기를!

　　　천 마디 말을 하는 것보다 더 고귀한 이 봉헌의 몸짓을 보면서,
　　　나는 우리 인간들의 몸짓이 얼마나 빈곤하고 무의미하며 가식
　　　으로 가득한지를 가늠할 수 있었다. 그분과 함께 나는 차츰 말
　　　의 진정한 의미와 몸짓의 진실한 언어를 새롭게 발견하게 되리
　　　라. 대화가 이어지는 도중 그 내용들을 다 적지 못할까 봐 걱정
　　　스러운 때가 있었다. 그럴 때마다 릴리의 스승은 다음 질문으로
　　　넘어가기 전에 내가 끝마칠 때까지 기다리고 계셨다. 이런 일이
　　　여러 번 되풀이됐으므로 나는 그분께서 대화가 기록되기를 원
　　　한다는 것을 확신했다.

대화가 시작되기 전에 우리 넷은 종종 기이한 꿈을 꿨다. 우리는 그 꿈들을 보통 꿈과 구별하기 위해 '가르침의 꿈'이라 불렀다. 그 꿈들이 잊히지 않을 뿐만 아니라 각각 우리 넷에게 모두 깊은 의미를 지닌다는 사실에 놀랐다. 우리는 종종 아침 식사를 하며 꿈 이야기를 나눴는데, 꿈의 의미를 찾는 일은 흥미진진했다. 나중에 알게 됐지만, 특히 하나의 꿈에는 보편적인 주제들이 자주 나타났다.

── 시간이 됐습니다.

기타 지난밤에 성체聖體에 대한 꿈을 꿨는데 무슨 뜻인지 모르겠어요.

── 성체는 창조의 상징입니다. 새로운 성체는 새로운 창조입니다.

기타 꿈속에서는 물성이 몹시 중요한 것 같았는데, 확실히는 모르겠어요.

── 잘 들으세요! 인간의 죄, 즉 아담의 죄는 물성을 저주받은 것으로 만들었습니다. 저주가 끝나면 물성은 다시 성스러운 것이 됩니다.

물성은 하느님의 자식입니다.

기타 늘 이중성 너머에 있기 위해, 어떻게 하면 제 믿음을 단단히 할 수 있을까요?

── 믿음이 약한 게 아니라 시각이 약한 것입니다.

기타 무슨 말씀인지 모르겠어요.

── 당신은 응시하지만 빛을 발하지는 않습니다. 당신의 눈은 보기 위해 만들어진 것이 아닙니다.

기타 제가 지나치게 외적인 것을 바라보나요?

── 아닙니다. 어떤 전환이 필요합니다.

즉각적이고 완전한 변화를 암시하는, 번개처럼 빠른 손짓. 나는
그 말의 뜻을 잘 몰랐지만, 앞으로 변화된 삶을 살게 될 것임을
확신했다.

기타 많은 경우에, 저는 사랑할 줄을 몰라요. 저희 가족 안에서는 더구
나 힘들어요.

── (왼손으로 손짓하며 말하시길) **피조물은 사랑을 갈구하고,** (오
른손으로 손짓하며 말하시길) **창조자는 사랑합니다.** 그 둘은 아
직 당신 안에서 균형을 잡지 못하고 있습니다. 앞으로도 오랫동
안 그럴 것입니다.

기타 이번 주에는 백지에 질문을 적어 드렸는데, 스승님의 대답은 아
주 다른 형태로 나타났어요.

── (미소를 지으시면서) 당신이 틀렸습니다.

기타 이해가 안 됩니다.

── 당신은 형태에만 주의를 기울였습니다.

기타 네, 맞아요. (그리고 나는 기쁘게 덧붙여 말했다.) 그래도 스승님
께서 대답해 주셔서 감사해요.

── **진실한 질문에는 대답이 따릅니다.**

　　　한나는 나중에 나에게 다음과 같이 경고했다. "한순간이라도
　　　결코 천사의 힘에 의존하면 안 돼. 오직 너 자신의 고유한 내면
　　　의 불이 대답을 부르는 거야." 잠시 후 나는 말했다.

기타 저는 감정을 초월해서 오를 수가 없어요. 지금도 감동의 눈물을
억제할 수가 없어요. 그렇지만 전 스승님께서 그걸 좋아하지 않
으신다는 걸 잘 알고 있어요.

── 그런 감정들은 당신을 나에게서 멀어지게 합니다. (아래쪽으로
손짓을 하시며) **나는 이만큼 낮게 내려갈 수가 없습니다.**

　　　진실한 감정은 그것과는 다른 것입니다. 내가 그에 대해 가르쳐
　　　주겠습니다. **그분께 한 생각을 바칩시다.**

내 마음은 하느님을 향해 고양되고 가슴 깊이 평화로움을 느꼈
다.

— 바로 그것이 참된 감정입니다.
당신에게 **그분**의 은총이 있기를!

1943년 8월 13일 금요일
릴리와의 대화 8

릴리 스승께서 다시 오심에 대해 하느님께 감사드려요.

— 질문하세요.

릴리 혼자 있을 때 완전히 하고 싶은 대로 해도 될까요?

— 오로지 위를 향해서만이라면 그렇게 해도 됩니다.

릴리 왜 저는 아직도 이렇게 자주 가슴이 찢어질 듯이 아픈 걸까요?

— 당신은 다른 반쪽과 언제나 합쳐져 있지 않기 때문입니다. 합쳐
질 때가 멀지 않았습니다. 당신은 앞으로 잘 나아가고 있으니까
요.

릴리 제가 어린아이들을 가르쳐도 될까요?

— 당신도 어린아이인데 무슨 문제라도 있습니까?

릴리 어린아이들과 충분히 접촉해 본 적이 없어요.

— 당신을 어린아이들과 분리시키는 장벽은 지식입니다. 내 말을
믿으세요. 어른과 아이에는 차이가 없습니다.

릴리 왜 저는 그처럼 작은 어린아이일 때가 드물까요?

— **아버지를 알게 될 때 다시 작은 어린아이가 될 것입니다.**

릴리 아직도 너무나 **그분**을 찾고 싶어요.

— **그분께서 당신을 찾고 계십니다. 당신은 따르기만 하면 됩니다.**

릴리 바로 그게 가장 어려워요.

── 그것은 당신의 사명입니다. 각자 그렇게 살도록 도와주세요!

릴리 저는 너무나 기뻐요! 늘 지금처럼 충만해 있고 싶은데, 너무 자주 맥이 빠지는 게 느껴져요.

── 아직 싹이 작아서 그렇습니다. 질문해도 좋습니다.

릴리 저는 도시로 돌아가는 것이 두려워요.

　　　당시의 정치적 상황으로 인해 부다페스트의 분위기는 숨 막히게 돌아가고 있었다.

── 무엇이 두려운가요?

릴리 아직 저의 힘이 모자라서, 도시가 저를 아래로 끌어내려 버릴까 봐 겁이 나요.

── 두려워하지 마세요! 내가 당신을 도울 겁니다. 우리는 다시 만날 것입니다. 도시는 빈 껍질이고 이미 존재하지도 않으며, 석화石化된 저주일 뿐입니다. 도시는 그 먼지까지도 저주입니다. 왜냐하면 거기에서는 아무것도 돋아나지 않기 때문입니다. 그러나 당신 안에선 싹이 돋아나고 있습니다. 그것을 잘 간직하세요!

　　　(침묵)

그분을 향하여 당신의 마음을 드높이세요!

　　　릴리는 생전 처음 자신이 진실한 기도로 가득 차 있음을 느끼고 울음을 터뜨렸다.

그분께서 얼마나 가까우신지 보입니까? 당신이 무한 안에서 높이 오를 때, 우리는 언제든 만날 수 있을 것입니다.

1943년 8월 20일 금요일
기타와의 대화 9

전날 밤에 나는 꿈을 꾸었다. 끝없이 넓은 벌판에 있었는데, 갑자기 거대한 힘과 아름다움을 지닌 백마가 나타났다. 그와 동시에 흰 소용돌이가 하늘 높이 오르고, 백마가 나를 그 위로 데려다줄 수 있을 거라는 예감이 들었다.

기타 제 꿈에 나타난 백마는 무엇을 뜻할까요?

── 그 위로 올라타야 합니다.

기타 어떻게 그럴 수 있죠?

── 당신이 백마보다 더 가벼워지면 됩니다.

그래서 나는, 백마는 내 몸을 상징하고, 몸이 없이는 높이 올라갈 수 없다는 걸 알았다. (침묵)

기타 저에게서 가장 무거운 것은 무엇인가요?

대화가 거듭되는 동안 한나의 언어는 보기 드물게 단순하면서도 아름다운, 거의 근원적인 말에 가까울 정도로 순수한 헝가리어였다. 그러나 그날 한나는 말씀을 전하기 위해 은유적인 표현을 찾는 데 그쳤고, 천사께서는 그것을 못마땅해 하고 계셨다.

── 사기꾼에게 속아 넘어가지 마세요.

기타 어제 말씀인가요?

나는 곧, 그 전날 어떤 사람에게 너무 심한 말을 했던 것을 떠올렸다.

네, 그때 저는 스스로 놓은 덫에 걸렸어요. 그런 일을 되풀이하지 않으려면 어떻게 해야 할까요?

── 점점 더 주의를 기울이세요!

기타 제 그림들이 새로운 빛을 지니고, 그것들을 보는 이들에게도 새로운 빛에 대한 소망이 일게 하려면 어떻게 해야 할까요?

── **빛은 당신을 통해서 흘러나오는 것입니다.** 비밀을 한 가지 말해주지요. **그 빛은 다른 빛과 같으며, 단지 강도만 다를 뿐입니다.**

기타 제가 그림 그리기를 시작해도 될까요?

── 틀림없이 성공할 겁니다! 당신의 그림 하나하나가 위를 향한 계

단입니다. 아래서부터 시작하세요. 갑자기 날려고 하지 마세요! 당신은 많은 사람들이 갖지 못한 날개를 가지고 있습니다. 이제 이해하겠습니까?

기타 아, 네! 모든 걸 분명히 알겠어요.

> 나는 행복감으로 충만해졌고, 한나는 천사께서 나와 함께 기뻐하는 걸 느꼈다.

── 우리는 이미 함께 말할 수 있는 사이입니다.

기타 어떻게 하면 저의 활동 하나하나가 모두 봉헌이 될 수 있을까요?

── 당신 자신을 위한 것이 아닐 때, 당신의 활동 하나하나는 모두 봉헌입니다.

기타 어떻게 하면 저의 작은 자아로부터 벗어날 수 있을까요? 저는 그것이 정말 미워요!

── **미워하지 않음으로써 벗어날 수 있습니다.**

기타 저는 제 몸을 생각하는 게 아니에요.

── 나는 당신이 무엇을 생각하는지 잘 압니다. 분명히 알지요. 잘 들으세요. 당신은 그것이 두렵기 때문에 미워하는 겁니다. 하지만 그것은 나만큼이나 당신을 가르치고 있습니다.

저주받는 것을 사랑하는 법을 배우게 될 때, 당신은 비로소 자신의 자리에 있게 될 것입니다.

이해가 됩니까?

> 나는 너무 빨리 대답했다.

기타 네, 그런데….

> 나는 그만 멈추었다. 그리고 오랫동안 입을 다문 채, 그분의 말을 경솔하게 가로막았다는 걸 깨달았다.

── 이제 말해도 됩니다.

기타 어떻게 하면 제가 될 수 있는 대로 빨리 제 자신의 자리를 찾을 수 있을까요?

— **서두르지 않으면 가능합니다. 죽음을 향해서만 서두를 수 있을 뿐입니다.**

　　그분은 요셉이 독서에 골몰하고 있는 정원 쪽을 가리키며 말했다.

　　그는 늦는군요.

기타 누가요?

— 아들 말입니다. 나는 어떤 이름도 입 밖에 낼 수 없습니다.

　　나는 우리가 받은 이름이 우리 내면의 가장 깊숙한 본성을 참되게 표현하는 이름이 아니라는 것을, 그리고 천사께서는 참된 존재이기 때문에 어떤 이름도 말할 수 없다는 것을 알았다.

서두르는 사람은 앞쪽으로 죽음에 가까워지고, 늦는 사람은 뒤쪽으로 죽음에 가까워집니다. 이 둘 사이로 영원이 있으니, 때를 맞추어 행동하는 자는 죽음을 모릅니다.

　　한나는 방금 전해진 말씀을 나타내는 형상을 보았다. 그것은 예리한 칼날처럼 더없이 가느다랗고 진동하는 수직선의 형태를 한, 생명 그 자체의 형상이었다. 정확한 순간에 행동할 때 우리는, 지금 여기서, 바로 그 선과 같이 살아 있는 것이다. 서두를 때 우리는 미래 속에 있고, 앞쪽으로 죽음을 향한다. 늦어질 때 우리는 과거 속에 있고, 뒤쪽으로 죽음을 향한다. 그러나 정확한 순간에 행동할 때 우리는 영원에 닿아 있는 것이다.

오늘은 그만해도 되겠습니다.

　　그분은 내 손 위에 손을 얹었고, 나는 손을 통해 전해져 오는 강한 힘을 느꼈다.

당신은 이제 창작할 수 있을 겁니다!

— 말하세요!

릴리 저는 이번 주에 부다페스트에서 받은 가르침을 잘 이해하지 못하겠어요.

　　　릴리는 제자들 중에서 누가 새로운 씨를 싹 틔울 수 있을지 눈여겨보고 있던 참이었다.

— **판단하지 마세요!** 씨앗은 싹을 틔우지요. 싹을 돋아나게 하는 것은 **그분**이십니다. 씨는 심긴 그곳에서 싹을 틔울 것이니 씨앗이 어디에 있는지 알려고 하지 마세요! 판단은 필요 없는 것입니다.

릴리 고맙습니다. 그리고 어젯밤 꿈에서 주신 가르침에 대해서도 감사드려요.

— 깨어 있는 것이 꿈을 꾸는 것보다 더 중요합니다.

릴리 저는 정말로 깨어 있고 싶어요!

— **꿈꾸게 되는 이는 바로 당신입니다.**

릴리 무슨 뜻인지 모르겠어요.

— **꿈은 마음속의 형상이고, 당신 또한 마음속의 형상입니다. 당신 안에서 그분이 깨어나실 것입니다.**

　　　나는 그 말씀의 뜻을 이해하려고 애를 쓰고 있었는데, 그분은 나를 향해 말했다.

— 억지로 애쓸 필요 없어요, 당신은 강하니까요.

　　　(침묵)

릴리 저는 어떻게 제 가족들을 도울 수 있을까요?

— 당신은 가족이 많으니까 **그분**께서 당신을 통해 도와주실 것입니다.

　　　나는 가족이라는 말이 모든 사람을 가리키는 것임을 느꼈다.

── **그분**을 믿으세요!

릴리   제가 느끼는 목덜미와 허리의 고통은 어디에서 비롯된 건가요?

── 마땅치 않은 것 앞에서 사람들이 당신을 굽신거리게 했기 때문입니다.

　　　막내인 릴리는 원하지 않은 아이로 태어나 어릴 때부터 가족의 등쌀에 눌려 살았다.

　　　오직 **그분**만이 마땅하시니, **그분** 앞에 몸을 굽히면 당신은 다시 곧게 설 것입니다.

릴리   몸의 병에는 저마다 정신적인 원인이 있을까요?

── 나무는 열매를 맺고, 좋은 나무는 좋은 열매를 맺습니다. 물성은 선한 것도 악한 것도 아닙니다. 물성의 본질은 타성이기 때문입니다. **당신 허리의 고통은 당신의 허리에서 오는 것이 아닙니다.**

　　　(침묵)

── 한 가지 물어보겠습니다. 요즘 당신은 무엇에 관해 기뻐했습니까?

릴리   가르침에 대한 꿈과 도시에서의 좋은 하루, 그리고 무엇보다 스승님으로 인해 기뻤어요.

── **나는 오직 기쁨 속에만 있습니다.**

　　　하늘의 은총이 당신과 함께하기를!

　　　　　　　　　　　　　　　　　　1943년 8월 27일 금요일
　　　　　　　　　　　　　　　　　　기타와의 대화 10

　　　마침내 즐거운 한 주일의 기다림이 지나갔다!

── 감사를 드립시다!

　　　스승은 환한 미소를 지으면서 말씀하셨다.

오늘은 이곳이 편안합니다.

나중에 한나는, 스승이 우리에게로 내려와 처음 몇 번의 대화들이 이어지는 동안 갑갑한 분위기 탓에 몹시 힘들어 하시는 걸 자주 느꼈다고 말했다. 오늘은 나의 기쁜 마음으로 인해 상황이 한결 수월해졌다. 그분은 물잔을 가리키며 말했다.

물은 나를 당신과 가까워지게 합니다. 당신에게 불이 하는 일을 나에게는 물이 합니다.

내가 기쁨으로 타오를수록 내 스승에게 더 가까이 다가갈 수 있으며, 반대로 스승은 내게 다가오기 위해 물로써 자신의 불을 약화시켜야 한다는 것을 알게 되었다.

— 무엇을 도와줄까요?

기타 저는 좋아하는 사람을 만졌을 때 손으로 전해져 오는 어떤 힘은 느끼는데 눈으로는 아무것도 느끼지 못해요.

— 그 힘이 아직 눈의 높이에까지 이르지 못했기 때문입니다.

눈은 보기 위해 만들어진 것이 아니라는, 보름 전에 그분이 하신 말씀을 비로소 이해했다. 스승께서는 매우 자주 우리가 입 밖에 내지 못한 질문에 답을 해 주셨다. 우리가 이해하지 못한 것을 헤아려 나중에 설명해 주신 것이다.

당신에게 하나의 법칙을 가르쳐 드리겠습니다. 당신은 아래에서 위로 솟아오릅니다.

그분은 손으로 원추형을 만들어 보였다.

당신은 이렇게 이루어져 있습니다. 아래쪽은 강하고, 위로 갈수록 점점 작아집니다. 물질은 무기력한 것입니다.

그분은 손으로 내 눈을 가리키며 말씀하셨다.

이곳에서 물질과 정신은 만납니다. 당신은 물질이 여기까지 올라오게 해야 합니다. 그때 물질은 타오르고 눈을 통해 빛나게 됩니다.

그분은 다시 나의 목을 가리켰다.

그러나 당신은 여기서 감정들로 인해 힘을 가로막아 버리고, 막힌 힘은 물이 되어 역류합니다. 목구멍에서 눈에 이르는 동안 물질은 점점 더 미묘하게 변해 가지만, 여전히 다름 아닌 물질입니다. 그러니 항상 길을 깨끗이 하세요!

(침묵)

기타 저는 아직도 적절한 때를 가려 행동할 수가 없어요.

― 완성되어야 할 것은 당신에게 말을 건네고, 당신은 그 말을 듣기 위한 귀를 가지고 있습니다. 눈을 감으세요!

나는 눈을 감았고, 그분의 두 손이 내 귀로 가까워지면서 어떤 힘이 전해져 오는 걸 느꼈다.

이제 더 잘 들릴 겁니다. 질문하세요!

기타 저는 사랑할 수가 없어 괴로울 때가 많아요.

― 왜 그런지 모르겠습니까?

기타 제가 그림을 그릴 수 없었기 때문인가요?

― 사랑할 수 없었기 때문에 그림을 그릴 수 없었던 겁니다.

모든 진실한 활동은 사랑으로 이루어집니다.

이름 없는 이는 당신을 속였습니다.

나는 순간적으로 그분이 무엇을 암시하는지 깨달았다. 어제 갑작스레 한나의 제자 두 명이 부다페스트에서 우리 마을까지 먼 길을 마다 않고 찾아왔다. 마침 그때 나는 여느 날처럼 그분을 위해 노래를 부르러 숲으로 가려 하고 있었다. 그분과 학생들 중 누구를 선택할 것인가 잠시 망설이다가, 나는 결국 한나에게 손님들을 맡기고 숲으로 갔다. 물론 나는 노래를 부를 수 없었다. 모든 게 아무런 의미도 없었고, 나는 너무나 공허함을 느꼈기 때문에 스승과의 접촉은 불가능한 일이 되어 버렸다.

이름 없는 이는 당신을 속이기 위해 내 모습으로 가장할 수도 있습니다.

그제야 나는 그 상황에서 내 감정과는 반대로 행동했다는 것을 분명하게 알게 됐고, 내면의 스승을 제대로 알아보지 못하는 것이 아닌지 몹시 두려웠다.

하지만 당신은 마음속에서 이름 없는 이를 알아볼 수 있습니다. 왜냐하면 그의 이름은 공허함이기 때문입니다.

그분은 탁자 위에 놓인 탄산수 병을 가리키며 말했다.

이 물도 좋은 것이 아닙니다. 왜냐하면 억지로 공허함을 집어넣었기 때문입니다.

기타 공허함과 낙심이 함정이라는 걸 저도 알지만, 그래도 그냥 빠져들게 돼요.

— 알았을 때는 이미 너무 늦습니다. 당신은 적절할 때 멈추지 못하고 그냥 지나칩니다.

그제야 나는 내 열정에 의해 맹목적으로 이끌리는 관심이 보통 외부로만 향해 있기 때문에, 그것이 스스로를 속이는 행위로 나타날 때에만 깨닫게 된다는 걸 알았다. 그리고 그때는 이미 너무 늦은 것이다. 반대로 내면을 향해 주의를 집중한다면 미리 위험을 감지하고 나 자신을 지킬 수 있을 것이다.

질문하세요!

기타 왜 저의 눈이 이렇게 건조하고 따끔거리는 것일까요?

— 당신이 울고 있기 때문입니다. 살아 있는 것들이 타오르기 위해서는 물이 필요합니다. 당신이 타오르기 시작했으니 물이 모자라는 것입니다.

기타 진실한 감정과 거짓된 감정의 차이는 무엇인가요?

— 진실한 감정은 움직이지 않습니다. 당신은 때로는 이것을 좋아하고 때로는 저것을 좋아합니다. 물은 굽이칩니다.

스승님은 파도처럼 물결치는 손짓을 해 보였다.

진실한 감정은 움직이지 않고, 모든 것을 사랑하며 빛납니다.

당신의 상징은 태양입니다. 태양은 움직이지 않으면서 도처에서 빛납니다. 당신의 눈으로 보는 태양을 말하는 게 아닙니다. 그것 역시 한낱 형상에 지나지 않습니다. 말하세요!

기타 저는 한순간 제 사명을 깨달았으나 곧 모든 것이 모호해져 버렸어요.

— 그 순간은 영원히 지속되며, 멈출 수도 없고, 전혀 시작되지도 않았습니다. 흔들리는 건 당신일 뿐입니다. 최선을 다하려고 노력하세요. 나는 매번 당신의 모습을 가져다 보여 주고 있으니까요.

한나는 스승이 여러 겹으로 겹쳐 놓은 투명한 나의 형상들을 보았다. 그렇게 하여 매주 내가 변화되고 있는 방식이 뚜렷하게 드러났다. 그 형상들은 스승들의 합창단으로 이루어진 거대한 원추 안에 모여 있었다. 어떤 판단이나 비평도 없이 모든 눈들이 그 형상들을 응시하고 있었고, 그들의 눈으로 그 형상들을 완전히 꿰뚫고 있었다. 그리고 원추의 가장 높은 곳에서 **그분**의 시선이 내려오고 있었다.

당신에게 하늘의 축복이 있기를!

이튿날 한나는 내게, 감정들은 그 자체로 물론 매우 중요하지만 그것들에 대해 다른 태도를 취해야 한다고 말했다. "만약 네가 너무 일찍 억압해 버리면 감정들은 억눌려 목에 머무르게 돼. 만약 눈까지 자유롭게 오르게 놓아 두면 그것들이 본래 가지고 있던 힘은 눈물로 사라지고 말지. 그러나 만약 목에 이르렀을 때 **그분**에게 그 감정들을 바치면 그것들은 변화되어 네 눈을 통해 퍼지는 빛 에너지가 되는 거야."

이번 주는 몹시 힘들었기 때문에 나는 완전히 의기소침해 있었
다. 우리는 오랫동안 대화가 시작되기를 기다렸고, 한나는 오늘
내 스승께서 나를 만나러 오시는 걸 무척 힘들어 하신다는 것을
느꼈다.

── 말하세요!

기타 하느님 은혜로 스승께서 오셨군요!

　　　잠시 경건한 침묵이 흘렀다.

　　　물을 넘어서 저를 드높여 주는 진실한 기도를 가르쳐 주세요!

── 그 기도는 봉헌이라고 합니다. 중요한 법칙 하나를 말해 주겠습
니다.

**작은 세포 하나하나마다 기도를 하고 그 모든 세포들이 모두 함
께하는 기도, 그것이 바로 진실한 감정입니다.**

이해할 수 있나요?

기타 완전히 이해하진 못하겠어요.

── **당신에게는 올라가는 것이 어렵고 나에게는 내려오는 것이 어렵
습니다.**

기타 (절망적으로) 스승님께서 그 일이 어려우면 안 되는데요! 스승
님의 어려움을 덜 수 있도록, 제가 많은, 아니 모든 노력을 다하
겠어요!

── 많은 짐을 지려고 하지 마세요! 당신의 사명은 적고, 적은 것은
어렵습니다. 많은 것과 적은 것의 차이를 보도록 하세요. 많은 것
은 희석된 것입니다.

　　　(늘어선 군중을 암시하는, 바닥을 향한 손짓)

희석되어 버린 사람들이 많습니다. 적은 것이 **그분**과 더 가깝습

니다. **그분**은 **하나**입니다.

그 가르침은, 윗부분은 좁고 아랫부분은 넓은 원추와 마찬가지로, 희석된 많은 것과 농축된 적은 것 사이의 대립을 말하는 것 같았다.

── 마음을 드높이세요. 오늘은 내가 여기에 있는 게 힘이 듭니다.

기타 이번 주에는 제가 조금은 사랑할 수 있었지만 제가 원하는 만큼 도달하려면 아직 멀었어요.

── 달은 태양으로부터 빛을 받을 때에만 밝습니다. 당신은 달이 아닙니다. 사람들이 당신을 필요로 할 때까지 기다리지 마세요. **당신의 달들은 어둡습니다.**

나는 내면의 눈으로 스스로의 빛을 삼키는 태양을 보았고, 그 광경이 견딜 수 없는 공포를 불러일으켰다.

기타 끔찍해요!

한나의 마음은 때때로 뚜렷한 이유 없이 스스로를 심한 고통에 빠뜨렸다. 한나는 꿈속에서 앞으로 일어날 여러 재앙들을 보곤 했다. 나는 질문할 기회가 없는 한나가 걱정스러웠다.

제 친구가 마음의 고통을 받지 않도록 제가 할 수 있는 일이 무엇일까요?

그러자 금지를 의미하는 손짓이 내 말을 중단시켰다.

── 당신은 아직도 믿음이 없습니까? 당신들은 사명으로 결합되어 있습니다. 사람들, 운명들, 사건들은 바다 가운데 한낱 파도의 거품일 뿐입니다.

나는 겁에 질려 입을 다물었다.

── 질문을 두 개만 더 하세요.

기타 태양이 저의 상징인 줄은 알겠지만, 저는 아직도 그것을 체화하지는 못하고 있어요.

── 당신은 내가 하는 말을 그저 귀로만 듣고 있습니다.

기타 저는 왜 요즘 스승님을 위해 숲에서 노래를 부를 수 없었나요?

— 내가 당신에게서 멀리 떨어져 있었기 때문입니다.

기타 저의 탓이었나요?

— 그것은 시험이었을 뿐, 벌은 아니었습니다. 나는 우리가 앞으로 합쳐질 곳에 있었습니다. 그 거리는 당신에게 주어진 사명의 크기를 말합니다. 조심하세요! 우리가 항상 지켜보고 있습니다! 아무것도 감춰질 수 없으니 가장 사소한 것들에서도 **그분**의 법을 공경하세요.

　　나는 내 사명의 엄청난 크기 앞에서 기가 죽고 말았다.

안심하세요! 당신은 이미 형상을 이루어 가고 있습니다.

내가 항상 당신과 함께 있겠습니다.

1943년 9월 3일 금요일
릴리와의 대화 11

　　지난주에 참석하지 못한 릴리는 여러 어려움에 부딪혀 의기소침해 하고 있었다.

— 짐을 내려놓으세요!

릴리 무슨 말씀이신지 모르겠어요.

— 그것이 당신에게 무거웠나요?

릴리 네, 아주 무거웠어요.

— 어떤 것이 무겁다면, 그것은 짐입니다.

릴리 저는 왜 이리 지독하게 바닥으로 떨어져 버렸을까요?

— 도와주는 이는 심연 속으로 내려가야 합니다.

내가 당신에게 심연의 열쇠를 드립니다. 그 열쇠의 이름은 사명입니다.

당신은 선택된 자입니다. 언제든지 내려갈 수 있고 언제든지 다시 올라올 수 있습니다. 오직 당신에게 달려 있습니다. 그것을 믿습니까?

릴리 믿어요. 그 은혜를 주신 하느님께 감사드려요.

　　　강렬하고 기도로 가득 찬 침묵이 이어졌다. 나는 경이롭게 말의 권능을 발견하고 있었다. 릴리가 하느님이라는 말을 발음하자마자 그의 스승은 깊은 경배심으로 채워졌고, 릴리는 자연스럽게 그 느낌을 나누었다.

— 나는 당신의 생각과 기도 하나하나를 모두 전달합니다. **그분께 생각을 드린다는 사실을 잊지 마세요!** 나는 당신의 손과 활동이 닿는 곳에 늘 있습니다.

당신의 활동 하나하나는 나를 대신하는 것입니다. 그러나 매우 조심하세요! 내 모습을 왜곡시키지 않도록!

우리 사이를 갈라놓는 것은 오직 하나뿐입니다. 나는 그것을 함정에 빠지게 하는 이, 당신의 거짓 자아라고 부를 수 있습니다. 열쇠를 잊어버리지 마세요!

당신이 나와 함께 활동한다면 당신의 각 행위마다 내가 있을 것입니다.

많은 시험이 당신을 기다리고 있지만 내가 늘 당신과 함께 있습니다.

1943년 9월 10일 금요일
기타와의 대화 12

이날 우리는 모두 기뻤다. 대화에 처음으로 참석한 요셉이 우리 곁에 조용히 앉아 있었기 때문이다. 그가 우리의 대화록을 읽고 그것이 참된 기록임을 느낀 뒤였다.

— **그분**의 이름으로. 말하길 기다리고 있습니다.

기타 지난밤 꿈을 통해 제게 주신 가르침에 감사드려요. 다 이해되지 만 '시간의 밖에서'라는 말이 무엇을 뜻하는지 아직 모르겠어요.

— 무엇을 알고 싶습니까?

기타 스승님께서 이미 가르쳐 주셨으니 저는 시간의 초월에 대해 알 아야 할 것 같아요.

— '아직'과 '이미'는 시간 안에 있는 것입니다. 이르건대, 당신은 아 직도 모르고 있습니다. 그것이 바로 우리 사이의 거리입니다.

기타 어떻게 해야 그 거리를 없앨 수 있을까요?

— **중간을 통해서.**

때맞춰 이루어진 활동은 시간의 밖에서 이루어진 활동입니다.

나는 여기에 있고, 여기서 당신은 머리가 아니라 마음으로 이해 하는 겁니다. 알겠나요?

기타 (기쁨에 찬 목소리로) 아, 네!

— 지금 당신은 마음으로 들었기 때문에, 당신이 나를 때맞춰 기다 렸기 때문에, 바로 지금 우리는 시간 밖에 있는 것입니다.

    (릴리에게 말씀하시길)

나는 '도와주는 이'를 축복합니다.

    그 축복은 나를 기쁨으로 가득 차게 했다. 그분께서 내게 말씀 하셨다.

당신의 기쁨은 내가 이 자리에 있는 걸 수월하게 합니다.

질문하세요!

    최근에 나는 마음속에서 푸르고 강렬한 빛을 보았다.

기타 푸른빛은 무엇을 의미하나요?

    순간 날렵한 손짓이 내 말을 가로막았고, 나는 그 푸른빛의 강 렬함 안에서 살 수 있을 때까지 이에 대해 물어선 안 된다는 걸 느꼈다.

— 다른 것을 물어보세요!

　　더는 물을 것이 없어서 내가 느끼는 기분을 토로했다.

기타 저는 스승님이 여기 계셔서 행복해요.

— 헤아릴 수 없는 **그분의 은총**에 의해서….

　　(긴 침묵)

　　당신에게 가르쳐 드리겠습니다. 당신의 상징은 태양입니다. 눈을 감으세요.

　　나는 눈을 감았다.

　　태양이 보입니까? 아직도 흐릿합니까?

기타 안 보여요.

— 상상을 하세요! 그것으로 충분합니다. 지금은 보입니까?

　　나는 눈부시게 찬란한 태양을 떠올리려 해 보았다. 그분은 내 얼굴 앞에 동그라미를 그렸다.

　　보입니까?

　　내 얼굴은 긴장됐고, 나는 눈꺼풀 밑으로 눈동자가 구르는 것을 느꼈다.

　　당신은 필요 이상으로 보려 하고 있습니다.

　　그분은 다시 원을 그렸다.

　　이젠 보입니까?

　　구름 없는 하늘에 태양이 보이기 시작했다.

기타 네.

— 좋습니다. 또렷합니까?

기타 아직은 아니에요.

　　태양의 형상은 하늘 위아래로 오르내리며 움직이고 있었다.

— 당신은 여전히 더 원하고 있군요. 지금은 어떤지 말해 보세요.

　　형상은 점점 뚜렷해졌지만 나는 여전히 초조하고 둔중한 나 자신을 느끼고 있었다.

기타 분명해지고 있어요.

—— 좀 더 침착하세요!

그분은 세번째 원을 그렸다.

자, 이제는?

나는 오로지 태양에만 집중하여 다른 것은 아무것도 보이지 않았다.

모습이 분명해지면 눈을 뜨세요!

감정들, 의지, 욕망은 시간적인 것입니다. 그것들이 멈출 때, 그때 당신의 길은 목표에 이르게 됩니다.

이제 태양의 모습은 완전히 또렷해졌다가 차츰차츰 사라져 갔다.

이제 됐습니다.

나는 눈을 떴다.

조심하세요. 당신은 벌써 미끄러집니다!

나는 점점 더 두꺼워지는 표층으로 미끄러져 들면서, 그제야 내가 지금까지 어디에 있었는지를 알았다.

기타 네, 저는 미끄러지고 있어요.

—— 차차 배우게 될 것입니다. 아직은 내게도 어려운 일입니다.

나는 지금까지 제대로 깨어나지 않았던 나의 감각들로 인해 인식이 불가능했던, 삶의 강렬함에 도달했다는 사실을 짧은 순간에 직감적으로 깨달았다. 이제 내게 남아 있는 건 완전히 텅 빈 느낌뿐이었다. 그것은 자연적 상태에 이르는 어떤 단계를 향한 첫 시도였을까? 나중에 한나는, 내가 여러 가지 다른 표층에 있었고, 아주아주 빽빽한 제일 낮은 층이 위로 오를수록 차차 밝아지면서 제일 높은 곳은 투명했다고 말했다. 그리고 "너는 보통, 그러한 감정과 생각의 표층들 속으로 깊숙이 빠져들었다가 다시 솟아오르곤 해. 그런데 그 표층들 위로 떠오르기만 하면 너는 초시간성 속에 있게 되는 거야. 그 순간은 영원해"라고 덧붙였다. 결국 나는 일각의 순간 동안만 떠오를 수 있었던 것이었다. (침묵)

그분은 물을 가져다 달라는 손짓을 하였고, 나는 한나에게 물 한 잔을 건네주었다. 물을 마실 때 한나는 그분의 내리막길을 더 쉽게 만들었다.

물이란 참 무겁기도 하지요!

물을 마시는 건 한나이지만, 그럼으로써 그분의 무게가 무거워져 우리에게 내려올 수 있는 도구가 되었다.

다른 질문 있습니까?

기타 저는 어떤 면에서 아직도 믿음이 없을까요?

— 모든 면에서 믿고 있는 걸 버리세요! 그것이 바로 뿌리입니다. 벌써 당신은 꽃을 피워야 했습니다. 뿌리가 없다면 불가능한 일입니다. 그런데 당신의 무감각한 곳, 바로 거기에 과오가 있습니다. 그러한 점에서 당신은 믿음이 없는 사람이 아니라 왜곡되어 있는 것입니다. 그 부분을 버리세요!

나는 나의 신경조직이 죽어 있는 부분을 무감각함으로 이해했다. 한나는 나중에 나의 무감각 속에 거짓 자아가 있는 것이라고 설명했다.

당신들 모두! 비밀의 문들을 잘 지키십시오! 적이 주변을 배회하고 있습니다! 오늘 하마터면 말하는 이도 당할 뻔했습니다. 우리는 그것을 도울 수 없으며 다만 경고할 수 있을 뿐입니다. 또 다른 질문이 있습니까?

기타 저는 **그분**을 언제나 저의 모든 활동으로써 찬양하고 싶어요. 이를 지속시킬 수 있는 열쇠는 무엇일까요?

— 오늘 당신은 같은 것을 계속해서 묻고 있습니다. 지속성도 여전

히 시간입니다. **그분**을 찬양하는 것보다 더 아름다운 건 없습니다. **그분**을 찬양합시다.

1943년 9월 10일 금요일
릴리와의 대화 12

릴리 와 주셔서 감사합니다. 강의를 통해서 제가 본질적인 도움이 되려면 특별히 무엇에 주의해야 할까요?

— 자기 자신이지요. 당신이 좋은 상태에 있으면 모든 것이 주어집니다. 다른 것은 생각하지 마세요!

릴리 제가 좋은 상태에 있다는 것을 무슨 표시로 금방 알아볼 수 있나요?

— 당신은 항상 변하기 때문에 표시도 늘 변합니다. 그런데 분명한 표시가 하나 있습니다. 그건, 당신이 사랑할 줄 알게 되는 때입니다. 모든 사람들을 진정으로 사랑할 줄 알게 될 때, 그 표시가 주어집니다. **그것이 가장 큰 은혜입니다. 그 시간 동안은 그분이 당신 안에 있기 때문입니다.**

릴리 심연의 열쇠가 무엇인지 이제 알겠습니다.

긴 침묵이 이어졌다.

— 천지만물은 얼마나 찬란히 빛나는지 이루 말할 수 없습니다! 질문하세요!

릴리 저는 질문하는 것이 왜 이렇게 어려울까요?

— 당신이 질문하고 싶었을 때 사람들이 숨막히게 했기 때문입니다. 아직도 당신은 완전히 숨을 되찾지 못했습니다.

릴리는 원하지 않은 아이로 태어나 수없이 고통을 겪었고, 감히 질문이란 걸 한 번도 해 본 적이 없었다.

자기 자신을 찬란한 빛으로 드높이면 백합꽃처럼 피어날 것입니다.

릴리 오르려고 애써 보았지만 왠지 억지스러운 느낌이었어요.

— 어린 새가 날기 시작할 때 어떻게 하는지 본 적이 있습니까? 먼저 날개를 펼칩니다. 당신은 그것을 잊고 있습니다.

릴리 무슨 뜻인가요?

— 날개는 물성과 공기를 잇는 매개체입니다. 당신은 사람이니 팔이 당신의 날개입니다. **우선 품을 줄 알면 비로소 날 수 있게 됩니다.** 다른 방법은 없습니다.

　　그분은 물을 갖다 달라는 손짓을 했다.

나는 물속에서도 **그분**을 경탄합니다. 당신이 모든 것에 대해서 감탄할 수 있으면 좋겠습니다. 왜냐하면 모든 것이 경이로우니까요!

릴리 큰 문제가 하나 있어요. 제가 과학적인 교육도 함께 받아야 하지 않을까요?

— 물론입니다!

릴리 어떤 분야로 말입니까?

— 과학은 경탄의 산물입니다. 우습게 보면 안 됩니다! 경탄과 호기심은 서로 다릅니다. 호기심에 찬 사람들은 수두룩합니다. 그런데 과거에 경탄에 찬 사람들이 있었습니다. 그들 또한 보내진 이들이었습니다. 그들을 찾아보세요! 당신에게 가르침이 되어 줄테니.

릴리 책을, 아니면 사람들을 말씀하시는 겁니까?

— 둘 다 같습니다. 경탄에 찬 사람들이라는 걸 유의하세요. 찾으려는 자에게 스승은 나타나는 법입니다. 아주 오래전의 시대이든 아니면 지금이든, 당신은 그들을 찾을 수 있을 겁니다.

　　그분의 음성은 확신에 찬 즐거움으로 넘쳤다.

그들이 올 것입니다.

릴리 경탄에 찬 사람들이 많다니, 얼마나 좋은지 모르겠어요!

— 질문하세요!

릴리 저는 제가 얼마나 순수하지 않은지를 점점 더 잘 알겠어요. 이런
상태에서 어떻게 다른 사람들을 도울 수 있겠어요?

— **제자리에 있는 것은 모두 순수합니다. 당신이 제자리에 있지 않
을 때, 순수함을 잃게 될 것입니다.**

릴리 제가 제자리에 있다고 느낄 때는 아주 드물어요!

— 도와주는 이의 원천은 필요에서 옵니다. 사람들은 당신을 무척
필요로 합니다. 오늘 내가 당신에게 찬란한 빛을 보여 주었으나
세상에는 이루 말할 수 없는 깊은 어둠들이 있습니다. 그 원인은
사람들 스스로에게 있습니다. 사람들은 보면서도 보지 못하고
끝없는 불행 속에서 고통스러워 합니다. 그러니 끝없이 도움이
되도록 하세요, 나를 섬기는 어린아이여!

릴리 왜 대부분의 사람들은 감탄할 줄 모르고 알려고 하지도 않을까
요?

— 미적지근한 사람들, 그들을 도와주는 건 어려운 일입니다. 걱정
하지 마세요! 당신에겐 그 능력까지도 주어졌습니다. 당신은 절
대로 어정쩡해지지 마십시오. 그러면 당신은 완전히 쓸려 나가
버릴 테니까요!

　　　릴리는 잔뜩 겁을 집어먹었다.

하지만 당신의 마음엔 두려움이 없기를! 두려움은 험담을 좋아
하는 자들에 머뭅니다.

릴리 지금 제가 느끼는 힘이 커질 수 있다면 정말 좋겠어요!

— 커져 갈 것입니다.

　　**경탄할 줄 아는 자들의 주위엔 언제나 경이로움이 피어납니다.
가장 위대한 경이로움은 바로, 인간입니다.**

당신의 손 아래에 경이로움이 있을 것이고, 나는 거기에 있습니다. 어둠은 사라집니다.

하늘의 축복이 있기를!

1943년 9월 17일 금요일
기타와의 대화 13

마을 성당의 종소리가 울리기 시작할 때, 우리는 조용히 모여 앉아 스승이 오기를 기다리고 있었다.

— 모두 잘 들어 보세요! 종소리는 준비를 의미합니다. 새로운 소리가 있을 것이고, 당신들은 종소리가 될 것입니다. 당신들은 여전히 과거의 방식으로 소리를 내려 합니다. 어둠과 밝음, 좋은 것과 나쁜 것, 차가움과 뜨거움.

그분은 좌우로 흔들리는 손짓을 해 보였다.

그건 귀를 위한 것일 뿐, 새로운 종소리는 미처 들려올 수 없습니다. 종이 흔들리고 있으니까요. 흔들림이 멈출 때, 새로운 것이 옵니다.

그 말씀은 나를 깊이 감동시켰고, 내 눈엔 눈물이 괴었다.

종은 아직도 흔들리지만 미사는 이제 시작입니다.

긴 침묵이 흐른 뒤, 나는 그분의 지시에 따라 기쁜 마음으로 물 한 잔을 건넸다. 스승은 물을 마신 다음,

당신도 마셔 보세요!

라고 말씀하셨다. 나는 깜짝 놀라 그 물을 마셨다. 한나는 스승의 눈을 통해, 어디서 오는지 알 수 없는 빛으로 반짝이는 파란 액체를 물잔 속에서 보았다. 그리고 내가 물을 마시는 동안 내 모든 동맥 줄기들은 물론 실핏줄까지도 금빛으로 변해 가는 것

처럼 보였다.

그건 다른 물이었습니다. (내 가슴을 가리키며) 이 안쪽이 너무 경직되거나 막혔을 때는 그 물을 생각하세요. 그 물은 모든 것을 녹입니다. 느껴지나요?

나는 더할 나위 없이 편안한 느낌이었다. 신의 은총이란 아마도 이러한 것이리라!

당신이 아래로부터 내게 물을 주었으니 나는 위로부터 당신에게 물을 드립니다.

모든 목마른 이들에게 이와 같이 물을 주시길.

그러면 물은 위에서부터 언제나 솟아날 것입니다.

당신이 주는 물 한 방울 한 방울이 그분께 바치는 것임을 잊지 마세요.

긴 침묵이 흘렀다.

나는 당신에게 대답하기 위해 여기 있습니다.

나는 은총의 순간으로 온전히 충만했기 때문에 내가 준비했던 질문들은 별 의미가 없었다.

기타 스승님은 이미 저의 모든 질문에 대한 답을 주셨어요.

— 당신에겐 아직 세 개가 남아 있습니다.

기타 어젯밤 꿈속에서 저는 베일을 두르고 있었는데, 왜 그랬을까요?

— 베일은 조금씩 벗겨져 나갑니다. 그것은 과거, 예전의 어린아이입니다. 당신의 꿈은 과거와 미래로 짜여 있었습니다. 그러나 과거도 미래도 존재하지 않고 현재만이 있을 뿐입니다. 그것들은 단지 파도일 뿐입니다.

기타 왜 저는 혼자서 스승님의 가르침을 따를 수 없었던 것일까요?

— 다른 말로 질문하세요.

기타 저는 혼자서 태양에 집중할 수가 없었어요.

이 말을 하는 순간, 나는 결코 혼자가 아니었는데 큰 실수를 했다는 것을 갑자기 깨닫고 너무나 부끄러워졌다.

— 당신이 '혼자'라고 말하면 당신은 '혼자'인 것입니다.

나는 '혼자'라는 거짓된 말 한마디로 인해 스스로 그분과 단절된 상태를 자초해 절망의 심연으로 빠져들었다.

(긴 침묵)

마음을 드높이고 다른 질문을 하세요. 나는 시간이 있습니다.

기타 왜 저는 이토록 불확실함이 많은 것일까요?

— (미소를 지으며) 오직 **그분**만이 확실합니다. 항상 이를 의식한다면 당신 속의 불확실함은 확실함이 될 것입니다. 모든 것에서 언제나, 그분만이 유일한 확실성입니다.

기타 제 안에서 저를 스승에게서 멀어지게 하는 가장 흉한 것은 무엇인가요?

(빠른 손짓으로 나의 미간을 가리키며)

— 이 주름.

기타 저의 원하는 마음 때문입니까?

— 당신이 억지로 하고 있기 때문입니다.

기타 왜 저는 억지로 하고 있는 것일까요?

— 아직도 낡은 옷을 좋아하기 때문입니다. 알의 껍질이란 일단 깨어지고 나면 더 이상 아무 쓸모없는 것입니다. 물을 잊지 마세요! 그러한 것도 녹여 주니까요.

(침묵)

친절한 말을 들려 드릴 테니 잘 들어 보세요! 당신의 작업이 끝나면 그 일을 허락하신 **그분**을 위해 환희의 불을 밝히세요.

얼마 전 나는 대화들에서 영향을 받아 마침내 그림 하나를 완성했다.

그날을 축하하세요. 우리는 당신들과 함께할 것입니다!

(릴리를 가리키며) 그녀 또한 도움이 됐습니다.

(요셉을 가리키며) 아들인 이 사람도 도와주었습니다.

　잠시 침묵한 다음 그분은 릴리에게 말했다.

질문 있습니까?

릴리　오른손과 왼손 사이에는 어떤 차이가 있습니까?

── 오른쪽, 왼쪽이라는 것은 없습니다. 왜냐하면 행하는 건 손이 아니고 마음이기 때문입니다. 그리고 마음은 하나입니다. 행하는 것이 마음이 아니라면 두 손은 모두 서투르기만 합니다. 우리는 당신을 위해 기뻐합니다!

　릴리는 경건하게 고개를 숙이며 감사하다고 말했다.

하늘이 당신들과 함께 있습니다.

1943년 9월 17일 금요일
릴리와의 대화 13

── 모두 함께 기뻐합시다! 질문하세요!

릴리　무언가를 매우 열정적으로 시작했는데도 저는 왜 그토록 빨리 포기하게 되는 걸까요?

── 좋은 주자는 처음부터 빨리 달리지 않습니다. 비록 금세 드러나지는 않더라도 그에게 비축된 힘이 있다는 사실만은 분명합니다. 시작은 집중이지 분산이 아닙니다. 알에 조그만 구멍이라도 있으면 아기 새는 태어나지 않습니다. 이해하겠습니까?

릴리　알에 구멍이 있는지를 어떻게 알아볼 수 있죠?

── 그건 어려운 질문이네요. 하지만 내가 당신을 이끌어 보도록 하지요. 문제는 구멍이 아니라 시간입니다. 구멍은 때가 되지 않은 배아胚芽를 해치기만 할 뿐입니다.

　(침묵)

주목해 보세요! 씨 뿌리는 사람은 씨앗을 심습니다. 당신은 '도와주는 이'입니다. 씨앗을 둘로 쪼갤 수는 없습니다. 그러니 깊숙이 묻으세요. 그러면 번식하며 자라나, 그때가 오면 퍼뜨릴 수 있습니다! 씨앗을 깊숙이 묻으세요, 흙 속 깊이, 땅이 오랫동안 씨앗을 품도록, 오랫동안.

당신의 잘못은 씨앗이 퍼질 때까지 기다리지 않는 데에 있습니다. 당신을 만든 흙처럼, 참고 기다리세요! 그러면 많은 열매를 맺게 될 것입니다.

내가 가르쳐 드리겠습니다. 강의 중에 조화調和에 대해 주의를 기울이세요.

릴리　저 자신에 대한 조화를 말씀하시는 건가요?

— 아니요, 당신에겐 제자들이 많습니다. 그들 모두가 함께 있으려는 게 아니고 당신과 함께 있으려는 것입니다.

릴리　그럼 제가 학생들을 나누어야 할까요, 아니면 전체 속에 어떤 조화를 시도해야 할까요?

— 그들이 각자의 자리에 있게 하세요! 그리고 머리나 마음으로가 아닌, 겸손을 갖춰 그 일을 하도록 대단히 주의하세요! 왜냐하면 모든 것을 제자리에 놓는 건 **그분**이기 때문입니다.

질문하세요!

릴리　저는 왜 도시에 있을 때와 시골에 있을 때가 그리 다른 걸까요?

— 모든 존재엔 두 가지 힘이 깃들어 있습니다. 생명의 힘과 죽음의 힘. 하나는 만들고 다른 하나는 파괴합니다. **당신은 다만 피조물이 아니라 만들고 또 파괴하는 존재입니다. 무엇보다 먼저, 당신 자신을.**

릴리　저에겐 그 설계가 너무 느리게 느껴져요.

— **그분께** 맡긴다면 느리다고 느껴지지 않을 것입니다.

릴리　무엇이 항상 저를 방해하는 걸까요?

— 항상은 아닙니다. 아무런 방해도 없을 때를 관찰해 보세요. 당신이 한 번 할 수 있었던 것은 언제든지 다시 할 수 있습니다. 걱정하지 마세요!

장애물 또한 당신을 굳건하게 해 줍니다. 장애물이 크면 클수록 자신의 힘에 대한 스스로의 신뢰는 더욱 커집니다.

장애물의 크기는 형벌이 아니라 신뢰를 가져다줍니다.

모두들 주의하세요! 아무리 어두운 심연도, 아무리 높은 절벽도, 아무리 휘청거리는 방황도, 길이 아닌 것은 없습니다. 당신들이 끔찍한 공포로 인해 헤매지 않기를! 당신에게 믿음이 있다면, 이미 물 위뿐 아니라 허공 위라도 걸을 수 있습니다. 캄캄한 허공 위라도. 그러니 두려워하지 마세요!

오직 한 가지, 이것만 주의하세요. 스스로를 의지하지 말 것!

가장 확실한 받침대로 보이는 것이 실은 가장 캄캄한 허공이니까요. 그것을 붙잡지 마세요. 그럴 때 당신들은 스스로 허공이 되어 버릴 테니까요.

실망시키지 않는 받침대는 단 하나밖에 없습니다. 그 외에 다른 것은 없습니다! 얼마나 경이로운지요!

허공을 가로지르는 당신들의 걸음마다 꽃이 만발한 섬이 될 터이니 다른 이들이 그곳에 발을 딛게 될 것입니다.

하지만 길을 가되 옛것은 아무것도 지니고 가지 마세요! 허공은 허공을 부르는 까닭입니다. 당신들은 아무런 옷도 걸치지 말고 떠나야 합니다. 한 번도 본 적 없는 새 옷이 당신들을 기다리고 있으니까요.

    (릴리에게)

당신의 일에서도 옛것은 버리세요! 전혀 새로운 것을 찾고, 옷 없이 지내길 두려워 마세요! 옛것을 벗지 않으면 새것을 입을 수 없습니다. 들판에 백합꽃을 입히는 이는 그분이시니, 당신이 믿음을 지녔다면 어찌 **그분**께서 새 옷을 주지 않으시겠습니까?

릴리　옛것이 얼마나 저를 방해하는지는 알겠지만 새것이 명확히 보이지 않아요.

── 보려고 하지 말고 믿으세요!

여태까지 한 번도 해 보지 않은 것처럼 일을 시작하세요!

릴리　제가 그럴 수만 있다면….

　　　릴리에게 축복을 내리는 손짓과 함께 말씀하시길,

── 그렇게 될 것입니다. 말하는 이가 지쳤고 힘든 시간을 보냈으니 이제 마지막 질문을 하세요.

릴리　저는 어디서부터 고쳐 나가야 할까요?

── 내가 하는 말이 생소하게 들릴 수 있겠지만, 꾸미려 들지 마세요. 진정한 색깔은 당신에게 항상 주어져 있습니다.

　　　릴리는 피곤하면 창백함을 감추기 위해 볼에 연지를 바르는 습관이 있었다. 최근에는 강한 여인으로 보이려는 기력이 다한 느낌이었다. 나는, 스승께서 한나에게 주의시킨 것이 화장이 아니라 바로 그러한 꾸미려는 태도라고 생각했다.

자신을 치장하는 건 스스로 갇히는 것과 같습니다. 강의 중에 피곤하더라도 부끄러워하지 마세요. 그러면 그 즉시 피로감을 떨쳐 버리게 될 겁니다. 꾸미려 들지 마세요. 꾸미지 않으면 진정한 색깔은 당신에게 항상 주어져 있을 것입니다. 감춰질 수 있는 건 하나도 없습니다. 모든 것은 언젠가는 드러나니까요.

　　　　　　　　　　　　1943년 9월 24일 금요일
　　　　　　　　　　　　기타와의 대화 14

── **그분**께 인사를 드립시다! 당신의 말을 기쁘게 듣겠습니다.

나는 무척 힘든 시간을 겪은 한나가 걱정스러웠다. 한나는 세상 전체의 불행을 극도로 예민하게 느끼고 있었다.

염려하지 마세요!

말하는 이는 가볍습니다. 고통스럽지 않습니다. 준비해 온 질문이 있습니까?

기타 참된 겸손이란 무엇입니까?

— 그건 쉽게 알아볼 수 있습니다.

당신이 고개를 숙였을 때 스스로 고양되는 느낌이 든다면 그것은 참된 겸손이고, 당신이 고개를 숙였을 때 스스로 낮아지는 느낌을 받았다면 그것은 거짓 겸손입니다.

이 기준을 통해 당신은 언제나 알아볼 수 있습니다. 만약 당신이 나와 함께 있다면 항상 고개를 드세요. 그리고 내가 고개를 숙일 때, 그때에만 고개를 숙이세요!

당신은 밀도가 더 짙을 뿐, 나와 꼭 같습니다.

나를 섬기는 이여, 알겠습니까?

기타 (기쁘게) 아, 네!

— 좋습니다.

기타 저는 밀도가 더 짙을 뿐, 정말로 스승님과 꼭 같고 싶어요.

— 모든 면에서 당신은 이미 그러합니다. 당신이 아직 모르고 있을 뿐. 당신은 한 점 한 점 깨어나야 합니다.

당신의 세포 하나하나가 모두 깨어나야 합니다.

당신은 어두울 때 잠들고 날이 밝으면 눈을 뜹니다. 당신은 어디에서 아직 잠들어 있다고 느낍니까?

기타 제가 무감각한 그곳에서요.

— 그게 어디입니까?

나는 즉시 내 가슴을 가리켰다.

조심해서 말하세요!

기타 마음이 아닌가요?

— 아니, 어디입니까? 정말로 어렵군요!

당신이 어디서 잠들어 있는지 느끼지 못하는 한 깨어나기는 어렵습니다. 내가 그곳을 일러 줘야 합니까?

기타 아, 네!

그분은 나의 미간을 가리켰다.

— 보세요, 당신이 얼마나 틀렸는지.

기타 저는 그곳에서 깊은 잠을 자고 있군요. 어떻게 해야 깨어날 수 있죠?

— 깨어날 수 있는 유일한 방법은 더 이상 꿈꾸지 않는 것입니다. 꿈에 신경을 쓰면 쓰는 만큼 당신은 점점 더 깊이 빠져듭니다. 왜냐하면 당신은 꿈을 깨어 있는 상태로 여기기 때문입니다. 그래서 점점 더 빠져듭니다. 깨어나기 시작하는 사람들은 한결같이 이렇게 말합니다. "실제가 아니잖아."

그러고는 깨어납니다. 꿈은 깨어 있는 것과 거의 같지만 속임수입니다. 당신들은 모두 꿈을 꾸고 있습니다. 말하는 이가 오늘 깊게 꿈을 꾸었던 것은 당신들이 어느 만큼 잠을 자고 있는가를 보여 주기 위해서였습니다.

그것은 하나의 힘들었던 하루에 대한 암시였지만, 내겐 또한 출생부터 죽음에 이르는 우리의 일상적 삶에 대한 것이기도 했다.

— **그분을 향한 모든 걸음은 깨어남입니다. 당신들의 삶을 포함한 모든 삶은 다만 꿈일 뿐입니다. 섬세한 꿈, 점점 더 섬세해지는 꿈, 그러나 다만 꿈일 뿐입니다. 깨우침은 오직 하나, 그분뿐입니다.**

유일한 빛이 가장 깊은 어둠을 꿰뚫을 때, 구원이 있을 것임을 당신들에게 예고해 드립니다. 우리는 모두 기쁨과 감사함으로 그때를 위해 일하고 있습니다.

감사함으로! 꿈꾸는 자들이여, 당신들은 깨어난 자가 될 것입니다. 누구든 당신들을 바라보는 자 또한 깨어나도록, 당신들은 거기에 이르러야 합니다.

　　나는 아침 햇살에 우리가 깨어나는 것처럼 다른 이들이 우리를 바라보며 깨어날 수 있도록, 내면의 광휘에 이르러야 한다는 걸 깨달았다.

질문을 기다립니다.

　　나는 미간을 짚으며 말했다.

기타　왜 저는 아직도 여기에서 잠들어 있을까요?

—　꿈의 형상에 대해 생각해 보세요. 그건 필요한 것입니까?

　　나는, 내 안의 아직 혼란스러운 무언가를 분명히 표현하게 하려고 그분이 함정을 놓는 것이라고 여기며 우물쭈물 대답했다.

기타　아니요, 혹은 시험에 들게 하기 위해서요? 잘 모르겠어요.

—　일반적인 꿈에 대해 말하는 겁니다, 당신이 자는 동안의.

기타　제가 언제나 꿈을 꾸는 것은 아니니까, 그것은 아마 필요하지 않을 것입니다.

　　（매우 단호하게）

—　당신은 필요하지 않은 것이 있다고 믿습니까? 왜라는 당신의 질문에는 결코 대답하지 않겠습니다!

왜라는 단어는 지워버리고 당신의 사명을 수행하세요! 언제나 왜라는 질문 없이!

당신이 진정 겸손하다면 이제 머리를 숙이세요!

　　나는 가르침에 감사하며 머리를 숙였고, 나의 마음은 고양되었다.

꿈의 형상들은 허울입니다. 그 속에 그것들의 의미가 감춰져 있으니, 당신은 밖에서가 아니라 그 안에서 깨달음을 얻을 것입니다. 당신이 깨어나지 않는 건 그러한 까닭입니다.

나는 그분이 말하는 꿈이란 지상의 존재를 가리키며, 내가 생각했던 것과는 반대로 지상의 존재는 인간에게 주어진 엄청난 기회라는 걸 알았다. 왜냐하면 인간은 거기에서만 깨달음을 얻을 수 있기 때문이다. 나는 또한 매일의 삶을 철저히 살아가면서 각성을 추구한 적이 전혀 없었음을 깨달았다.

모든 꿈은 허울입니다. 아직 당신은 그것을 이해 못 합니다.

그분은 물을 갖다 달라는 손짓을 했다.

이것이 내게는 수면의 음료입니다. 우리가 깨어 있음으로 인해 모든 것은 얼마나 경이롭고 헤아릴 수 없으며 감추어진 동시에 투명하고 분명한지요.

내게 명확한 것은 당신에게 감춰져 있고, 당신에게 명확한 것은 그들에게 감춰져 있습니다.

그분은 '그들'이란 말을 하면서, 아직 잠들어 있는 수많은 사람들을 가리켜 아래쪽으로 손짓을 했다.

오직 그분에게만 모든 것이 명확합니다. 나에게 감춰져 있는 것조차도. 모든 것이 얼마나 경이로운가요!

(침묵)

꿈속에서는 아래에 있는 것이 위에 있고 무거운 것은 가볍습니다. 말하는 이는 오늘 위에 있었는데 아래에 있다고 생각했습니다. 그건 꿈을 꾸고 있었기 때문입니다. 당신들은 아래에서 편하게 느끼지만, 위에 있으면서 편하게 느끼는 상태에 이르러야만 합니다. 하지만 당신들은 무게 때문에 아직은 위에 있기 힘듭니다.

(침묵)

도와주는 이에게 말하건대, 당신이 시도하는 것들은 좋은 방향으로 가고 있습니다.

이번 주에 릴리는 학생들에게 머리를 아래로 하여 서는 연습을 하게 했었다.

습관적인 것은 결함을 감추는 법이니, 당신이 습관을 뒤집으면 그 결함들이 드러나게 됩니다. 더 이상 습관이 아니니까요. 모든 걸, 언제나 뒤집으세요! 당신들 자신 안에서! 습관적인 것은 곧 죽음이요 은폐자요 위선자이며, 죽음 속에, 무감각 속에, 무無에 숨겨진 적입니다. 습관은 숨어 있을 동안에만 권능을 발휘합니다. 각 개인은 그 적보다 더 강하니까요. 적의 유일한 권능이란 거짓과 은폐, 버릇, 미지근함에 지나지 않습니다. **그분** 또한 우리에게 감추어져 있으나 어느 날 우리는 **그분**을 보게 될 것입니다! 이제 물러갈 시간입니다.

말씀을 전하세요!

기타 감사의 말씀을 전해 주세요.

— 그 말씀을 가져가겠습니다. **그분**이 당신들과 함께하기를!

나는 스승들이 '하느님'이란 단어를 매우 드물게 사용한다는 걸 알았다. 그것은 아마도 인류가 성스러움의 의미를 잃어버리면서 그 말을 진부하게 만들었기 때문일 것이다. (신성한 전쟁, 신성한 종교재판과 같은 역사적인 예들은 말할 것도 없다.) 그러나 스승들이 **'그분'**이라고 말할 때, 우리는 마음속 깊이 감명을 받았다.

1943년 9월 24일 금요일
릴리와의 대화 14

오늘은 릴리의 생일이다.

— 생일을 축하합니다. 당신은 진실로 새로 태어났습니다. 당신의 새로운 이해력은 아직 약할지나, 내가 당신을 보살핍니다.

릴리 제가 따를 수 있는 명령을 내려 주세요. 스스로 결정하는 것을 지
      켜 가기에는 저는 너무 나약해요.

—   어린아이는 아직 약하지만 먹기 위해 명령이 필요한 건 아닙니
      다. 웃을 때 어떤 명령이 필요한 게 아닌 것처럼. 당신의 미소가
      곧 당신의 사명이니, 웃기 위해 어떤 명령을 받아야 할 필요는 없
      습니다. 당신의 양식은 내가 가져오고 그 양식을 보내는 건 **그분**
      이십니다. 나머지는 모두 쓸데없습니다.

      당신은 왜 명령을 받아야 한다고 느낍니까?

릴리 그 명령이 늘 제 안에 함께하며 저를 **그분**께 인도할 수 있도록 하
      기 위해서요.

—   **그분**과 … 명령? **그분**은 늘 주시지만 결코 요구하지 않으십니다.
      그분의 권능은 무한하기 때문입니다. 명령은 무지한 군중을 위
      한 것입니다. 당신은 자유롭게 행동하세요. 받아들이거나 또는
      거부할 수 있습니다. 스스로를 높이거나 낮추는 건 오직 당신에
      게 달려 있습니다. 당신은 누군가를 죽일 수 있겠습니까?

릴리 그렇게 되지 않기를 바랍니다.

—   그렇다면 왜 명령이 필요합니까? 스스로에 대한 믿음을 잃지 마
      세요.

릴리 그래서 제가 아주 오랫동안 자살을 생각했었나 봐요.

—   그러나 당신은 사명이 있기 때문에 자살하지 않았습니다. 지금
      도 여전히 두렵습니까?

릴리 아니에요!

—   그것 보세요! 당신을 돌보는 건 나뿐만이 아닙니다. 어둠 속에 길
      을 잃은 많은 불행한 사람들의 기도 또한 당신을 향해 있습니다.
      당신은 그들의 유일한 출구이기 때문입니다. 그들은 필사적으로
      당신의 도움을 필요로 하면서도 나보다 더 당신을 보살피고 있
      습니다.

릴리는 어둠 속에서 밖으로 내딛는 자신의 한 걸음 한 걸음이 타인들을 위한 것임을 느꼈다.

질문하세요!

릴리 저의 상징의 표에 대해 좀 더 알 수 있을까요?

— 무엇을 알고 싶습니까?

릴리 그것에 대해서 잘 알게 되면 좀 더 잘 도와줄 수 있을 것 같아요.

그분의 상징의 표   당신의 상징의 표   합쳐진
두 상징의 표

— 당신의 상징의 표는 **그분**의 상징의 표의 반영입니다. 두 손을 이렇게 가슴에 올리고 기도하세요. 그러면 당신의 상징의 표 위로 **그분**의 상징의 표가 오르게 될 것입니다.

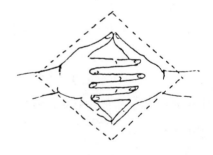

그 기도의 몸짓을 할 때 한나는 온몸을 바쳤고, 한나의 얼굴은 위엄과 엄숙한 아름다움을 발하고 있었다.

질문하세요, 내 사랑하는 이여!

릴리 학기 초가 되면 저는 너무나 막막한 느낌이에요.

— 당신의 불확실함을 **그분**께 감사드립니다. 불확실한 사람은 자기

안에 유일한 확실성을 지니고 있으니까요. 확실하게 보이는 것은 죽음일 뿐, 새로움은 언제나 불확실한 법입니다.

릴리 제가 막연한 것은 충분히 시도하지 않았기 때문이에요.

— **그분께서 당신과 함께 시도하시니,** 그것으로 충분합니다!

나는 지금의 대화들이 신적인 힘과 인간들 사이에서 영속적이고 의식적인 관계를 이루기 위한 시도가 아닐까 속으로 생각했다.

당신은 어떤 점에서 부족하다고 느낍니까?

릴리 제 일에 새로운 재미를 충분히 느끼지 못하고 언제나 더 많은 걸 기대해요.

— 당신은 새로움을 가늠할 수 있다고 생각하나요? 새로운 것은 아무리 작아도 이전의 모든 것보다 더 큽니다. 그것은 가늠할 수 없습니다. 당신은 자신 안에 있는 그 작은 새로움이 뜻하는 바를 마음으로 진정 느낄 수 있습니까? 그것은 모든 것과 바꿀 수 있습니다. 모든 것과. 그것은 어디에서나, 모든 것을 통해 나타날 것이고, 옛것에 대한 취향을 사라지게 할 것입니다. 그러면 당신은 옛것에 대해 역겨움을 느낄 것입니다.

작은 새로움, 그것은 당신 안에 있는 하느님 나라의 씨앗입니다.

작은 씨를 받아들이는 땅을 축복하고, 그 열매를 축복하세요. 아직도 마음속에 의심이 있습니까?

릴리 아니요.

— 그렇다면 좋습니다.

릴리 그처럼 계속될 수만 있다면….

— 단언컨대, 씨앗은 썩지 않습니다.

잠시 침묵이 흐른 뒤 스승은 나를 향해 돌아서며 말했다.

당신 꿈속의 베일이 무슨 뜻인지 압니까? 지나간 꿈의 베일은 이제 필요가 없습니다.

(요셉을 가리키며)

당신에게는 베일이, 아들에게는 벽이. 오래된 벽은 인간이 자기 자신과 조물주 사이에 세워 놓은 것입니다.

요셉은 젊었을 때 유물론자였다.

이제 벽이 무너질 시간이 왔습니다. 메마르고 딱딱한 벽은 무너져 내릴 것입니다.

그분은 요셉에게 사명을 전했다.

그는 새로운 벽들을 세울 것이니, 그는 세우는 이입니다.

스승은 물을 갖다 달라는 손짓을 하였고, 릴리는 물을 가져왔다.

나는 물을 부탁했지, 어떤 명령을 내린 것은 아닙니다. 그렇지만 당신은 기꺼이 그 일을 했습니다.

부탁을 잘 들으면 모든 것이 쉬워질 것입니다!

그러면 당신 안에 숨어 있던 힘이 열릴 것이니, 당신은 산을 옮겨 비눗방울처럼 가볍게 들 수 있을 것입니다.

릴리 그처럼 충만해 있다면 얼마나 좋을까요!

— 그렇게 믿으세요.

잔은 언제나 목마른 사람들을 위하여 가득 차 있습니다. 물은 잔을 위하여 있는 것이 아니라 목마른 사람을 위하여 있는 것입니다. 나는 명령에 따라 이곳에 와 있는 것이 아닙니다. 당신의 부름이 나를 여기까지 인도했습니다. **그분**께서는 내가 섬기도록 허락하셨고, 나는 기쁘게 섬기는 것입니다. 질문하세요.

릴리 저는 남녀 간의 관계가 쉽지 않다고 생각해요.

— 그 점에서도 당신의 길은 하나밖에 없습니다. 그건 바로 주는 것. 받는 것이 아닙니다. 오직 그분한테서만 당신은 받을 수 있습니다. 당신은 다른 사람들에게 도움을 주어야 합니다. 필요한 것은 모두 당신에게 주어질 것입니다. 당신이 부족함을 느끼는 한 언

제나 그러할 것입니다. 당신은 받고 싶어 하니까요.

릴리 (안심이 되어) 이제 분명히 알겠어요!

— 당신이 길에서 벗어나지만 않으면, 모든 것은 주어져 있습니다. 길은 모든 것이기 때문입니다. 아직도 의심을 합니까?

릴리 아닙니다.

— 이제 자리를 떠도 될까요?

릴리 (겸손하게) **그분**께서 원하시는 대로.

— 나는 언제나 길 위에 있습니다. 우리는 헤어지는 게 아닙니다. 나에게도 길이 하나 있습니다. 당신과 함께 가는 길입니다. 말하는 이가 힘이 부치는군요. 우리 모두 감사를 드립시다!

1943년 10월 1일 금요일
기타와의 대화 15

— 내가 오는 데 더 이상 길이 필요하지 않을 때가 가까워졌습니다.

　　　그 말씀은 내게 큰 기쁨을 주었다.

당신들에게는 길인 것이 나에게는 무거운 짐입니다.

땅을 짓누르는 **무게**, 그것이 바로 **길**입니다. 구원은 무거운 짐을 위로 올리는데, 더 이상 무거운 짐은 없을 것입니다. 우리가 합쳐지지 않는 한, 우리는 위로 올릴 수 없습니다. 모든 도취는 무거운 짐을 느끼지 않게 만드는 예감이니, 사람들이 도취를 찾는 것은 그 때문이지만, 그들은 잘못된 길에서 찾습니다.

당신들은 하느님에 취하세요!

포도주는 **그분**의 피의 상징입니다. 그 술을 담고 있지 않다면, 미덕, 자비, 선의 들은 이 빠진 항아리, 빈 항아리일 뿐입니다. 채울 수 없을 것 같은 타는 목마름으로 도취를 갈구하세요. 그것만이 당신들을 구원에 이르게 할 수 있습니다. 당신들 안에 아무것도 없다면 무엇을 주고 싶겠습니까? 당신들은 술이 담기지 않은 초라한 항아리입니다. **진실로 마실 것을 갈구하는 자에게는 음료가 주어지는 법입니다.**

그것이 부담스럽습니까?

기타 아닙니다.

— 들고 있기가 힘듭니까?

기타 아니요, 오히려 저를 위로 오르게 합니다.

— 잘 들어 보세요! 모든 도취는 하느님에 대한 경배이고, 가장 큰 도취는 가장 작은 도취를 흡수해 버립니다. 하지만 가장 작은 것은 가장 큰 것 안에 계속 살아 있으니, 아무것도 없어지지 않습니다! 그러니 당신의 영혼 안에 한 점의 의심도 없기를 바랍니다! **도취는 모든 것 중에서도 가장 성스러운 것입니다.**

　　긴 침묵이 흘렀다.

— 질문이 있으면 하세요.

기타 제 과거와 애정 관계들이 무가치하게 느껴져요.

— 그것들은 그 자체가 목적이었기 때문입니다. 잘 들어 보세요! 동물들은 본능적으로 행동하지만, 인간의 본능은 지식으로 인해 왜곡됐습니다. 당신은 섬기지 않았습니다.

기타 어떻게 해야 그 죄를 지울 수 있을까요?

— 무엇으로부터 벗어나고 싶습니까?

기타 제 과거의 무게에서 벗어나고 싶어요.

— 무게란 무엇입니까?

　　내 안에서 갑작스런 변화와 가치의 전복이 일어났다. 그 질문은 모든 것을 처음부터 다시 보게 했다. 과거의 내 과오들, 고통들, 상처들, 내가 싫어했던 모든 것과 잊어버리려 했던 모든 것, 그 모든 무게는 오히려 내게 크나큰 보물이 됐다. 내가 짊어져야

할 그 무게들이 바로 나의 길이었다. 나는 안도의 한숨을 쉬고
나서 대답했다.

기타 무게는 길이에요.

— 무게의 종류는 많으나, **길**은 오직 하나뿐입니다. 무게는 제각각
이름이 있으나 **길**은 이름이 없습니다.

지상에서 무게를 갖지 않은 이는 길이 없습니다.

당신들이 받아들인 물질이 바로 무게입니다.

**만약 당신들이 빛을 향해 이끌리는 무게의 사랑을 깨닫고 또한
무게를 향해 이끌리는 빛의 사랑을 예감할 수 있다면, 그때 당신
들은 도취를 맛보게 될 것입니다.**

한나는 그 말씀의 강렬함을 겨우 견뎌내고 있었다.

말하는 이는 연약한 그릇이니 그것을 견뎌낼 힘이 없습니다.

한참 동안 물을 마신 후 그분은 말했다.

내 사랑하는 이여, 질문하세요!

기타 질문들은 많으나, 당신의 말씀에만 목마를 뿐이에요.

— 이 말씀들은 내 것이 아닙니다.

기타 지난번 당신께서 제게 메시지를 보내라고 하셨을 때 이해를 제
대로 못 했어요. 당신께서 감사의 마음이 아닌 다른 것을 기대하
시는 게 아닌가 하는 생각이 들었어요.

— 모든 것에는 때가 있는 법입니다. 해가 떠오를 때, 대지는 창조자
에게 경의를 표합니다. 그것이 바로 참된 메시지입니다. 만약 빛
이 당신에게까지 도달하면 원하건 원하지 않건 당신 역시 경의
를 표하게 됩니다. 나는 시험을 해 보았던 것이고, 실망하지 않았
습니다. 씨앗이 좋게 자리잡은 걸 알고 있습니다.

질문하세요!

기타 죽음의 순간은 삶의 다른 어떤 순간보다 더 중요한가요?

— **자신의 사명을 완성하지 못한 사람에게만 그렇습니다.**

당신은 어떻게 주어진 그 순간이 마지막이 아니라는 것을 알 수 있나요?

당신이 그분과 하나가 되면 죽음이란 더는 없습니다.

    (침묵)

이제 당신의 수많은 질문들 중에서 두 가지만 더 대답하려 합니다.

> '수많은 질문들'이란 말이 놀리는 듯한 어조로 들려, 나는 스스로에 대해 웃을 수밖에 없었다. 사실 나는 주머니 속에 지난주 내내 정성스레 준비한 질문 목록을 가지고 있었다.

기타 제가 하는 말들에 진실한 관계를 맺지 못할 때가 많습니다.

— 진실이 아닌 말은 결코 해서는 안 됩니다! 이 말을 가슴속에 잘 새겨 놓으세요. 거짓말의 그림자조차 끔찍하게 여기세요. 서로 포개져 있는 두 개의 무게는 대성당大聖堂의 토대를 이루는 것, 하지만 서로 미끄러지면 허망하게 되어 버립니다.

말은 빛을 지니고, 참된 말에는 무게가 있습니다.

거짓된 말은 무게를 갖지 않습니다.

파괴자는 갈라진 틈새를 좋아합니다. 모든 거짓말의 아버지인 파괴자는 부스러뜨리고 무너뜨립니다. 벽을 파괴하는 것은 폭력이 아니라 거짓말입니다.

질문이 하나 더 남아 있습니다.

기타 지난밤에 제가 꾼 꿈은 무엇을 뜻합니까?

— 당신이 꿈속에서 받는 가르침은 스스로 그 뜻을 헤아려야 합니다. 그렇기 때문에 꿈으로 주어지는 것입니다.

감사를 드립시다!

> 나는 예기치 않은 이 매정한 거절에 몹시 실망했다. 지금까지 그분은 내가 꾼 꿈들을 해석해 줌으로써 내게 큰 도움이 됐었다. 하지만 곧, 나는 얼마 전부터 스스로 이해하려 노력하지 않

았다는 사실을 깨달았다. '해 본들 무슨 소용이야? 어쨌거나 스
승님의 설명이 나보다는 훨씬 나을 텐데.' 속으로 그렇게 생각
하곤 했다. 스스로 생각하려 하지 않는 나의 게으름 때문에, 이
제부터 스승은 꿈 해석에 관해서는 나를 도와주려 하지 않을 것
이다.

1943년 10월 1일 금요일
릴리와의 대화 15

— 당신이 내게 건네는 생각 하나하나는 아주 가는 실과 같습니다.
마치 숨결처럼 가늘고 가벼운 실. 그런데 그 실은, 땅이 당신을
아래로 끌어당기는 수천 개의 밧줄과 평형을 이루고 있습니다.

　　그분은 중력을 벗어나기 위해 애쓰며 위로 오르는 팔 동작을 해
　　보였다.

당신은 팔을 들어 올리는 게 무척 힘들지요. 수천 개의 밧줄에 붙
들려 있으니까요. 정말 힘듭니다! 하지만 필요한 것이니까, 나를
섬기는 어린이여, 잘 들어 보세요! 그것이 바로 당신 작업의 중심
입니다. 알겠습니까?

릴리　아니요, 완전히 이해하진 못했어요.

— 어떤 점이 명확하지 않습니까?

릴리　밧줄들이 저를 아래쪽으로 끌어당기는 그곳에서 일해야 합니
까?

— 당신이 백 개의 점으로 이루어져 있다고 상상해 보세요. 한 점씩
줄을 통해 땅으로 연결돼 있습니다. 백 개의 점. 또한 모든 점으
로부터 하느님을 향해 광선이 퍼져 나가고 있습니다. 인간은 **길**
을 잊어버린 채 백 개의 줄만 느끼고 있었던 것입니다. 어리석게

도 그 줄에서 벗어나려고만 하였습니다. 그것을 받아들일 줄은 몰랐던 것입니다.

받아들이지 않았던 그 지점에서 인간은 하느님과의 관계를 끊어 버렸습니다.

백 개의 점들이 무겁다면, 그건 괜찮습니다. 그 백 개의 점들이 무게가 없다면, 다만 외부의 어둠일 뿐입니다. 길 밖으로 떨어지게 되는 것입니다. 하지만 당신에게는 하느님과 이어질 수 있는 백 개의 점이 주어졌습니다. 아흔아홉 개의 점으로는 충분치 않습니다. 벌레 먹은 나무둥치는 가볍습니다. 씨앗 없는 열매 또한 가볍습니다. 바싹 마른 엉겅퀴 역시 가볍습니다. 열매를 많이 맺은 나무는 무겁습니다. 가지마다 땅을 향해 기울지만 그 짐은 달콤하고 가벼운 것입니다. 당신이 보살피는 사람들이 **길**을 되찾을 수 있도록 그들에게 **무게**를 가르쳐 주세요.

　　　(위에서 아래, 아래에서 위를 향하는 수직적인 손짓)

아래로 끌어당기는 힘의 선은 위로 끌어당기는 힘의 선과 똑같습니다. 방향만 다를 뿐입니다. 무게와 (아래를 향한 손짓) 믿음도 (위를 향한 손짓) 똑같습니다. 무게가 없는 것은 아무것도 아닙니다.

　　　(무의미의 느낌을 주는, 수평으로 흔드는 손짓)

다음 질문을 기다립니다.

릴리　달이 커져 가는 것이 저의 활동에 영향을 미칩니까?

— 인간은 창조된 세계의 본질입니다.

그 존재의 절반, 가장 훌륭한 반쪽은 창조된 것 너머에 있습니다. 각각의 힘이 쓰이게 될 것이지만, 지금까지는 당신이 그 힘들을 섬기고 있습니다. 그래서 당신은 스스로 어떤 상태에 와 있는지 알 수 있습니다. 달이 커져 감에 따라 당신도 성장합니다. 하지만 손톱이 자란다고 해서 당신이 손톱과 함께 성장하는 건 아닙니다. 하느님 앞에서 달은 당신의 손톱보다 크지 않습니다.

당신이 믿음이 있으면, 달이 이지러지는 힘과 함께 당신의 짐들은 줄어들 것이고, 달이 차 가는 힘과 함께 당신의 힘도 증가하게 됩니다.

　　짧은 침묵 후, 릴리의 스승은 다시 무게의 문제로 돌아왔다.

무게가 당신을 불편하게 만드는 바로 그곳에 당신의 결점이 있습니다. 백 개의 점들은 동등한 무게를 받아야 하고, 각각의 점들은 받을 수 있는 만큼의 무게를 받는 것입니다.

질문하세요!

릴리　대기의 압력으로 중압감이 느껴지면 저는 의기소침해져요. 어떻게 이겨낼 수 있을까요?

— 　달의 경우와 같습니다. 그 압력을 이용하세요. 당신이 그에 대항하지 않고 함께 일한다면 당신 편이 되어 줄 것입니다. 그대로 그냥 두세요.

오히려 당신은 그것을 자유롭게 지배하게 될 것입니다. 어떤 압력이든 당신을 땅보다 더 낮게 누를 수는 없습니다. 더 낮을 수는 없습니다. 그것은 당신이 무게를 어떻게 분배할지 알아 가는 데 도움을 줄 것입니다. 백 개의 점들이 동등한 힘을 받게 되면 압력은 더 이상 당신을 지배하지 못할 것입니다. 해 보세요!

그러면 알게 될 겁니다. 인간이란 얼마나 어리석은지요! 마치 자기 백성과 싸우는 왕과 같습니다. 그분은 '네 원수를 사랑하라!'라고 했습니다.

당신이 원수를 사랑하지 않으면, 모든 힘들은 당신의 원수가 됩니다. 그 힘들을 알지 못하면, 당신은 그것들을 사랑할 수 없습니다. 당신이 그 힘들과 합쳐지면, 더 이상 원수는 없습니다.

질문하세요!

릴리　저는 겸손할 때가 너무나 드물어서, 그 때문에 마음이 아파요!

— 무엇 때문에 겸손하지 못합니까?

릴리 제가 겸손해지는 걸 잊어버려요.

— 보세요, 그것이 바로 대답입니다. 겸손하도록 노력을 하세요. 그것을 생각하면 언제나 그렇게 할 수 있습니다.

당신이 활동을 시작할 때마다 그분께 생각을 보내면 점점 더 그분과 덜 떨어져 있다고 느낄 것입니다.

그것이 바로 목표입니다.

이제 떠나야 할 시간입니다.

1943년 10월 8일 금요일
기타와의 대화 16

우리는 침묵 속에서 기다리고 있었다. 내가 그분의 존재를 느끼는 바로 그 순간, 한나가 모기에 팔을 물렸다.

— 가서 말하는 이를 도와주세요! 팔에 물을 조금 발라 주세요!

나는 한나의 팔을 물로 적셔 주었다. 오래 기다린 뒤 그분이 말씀하셨다.

미약한 존재여! 얼마나 혼란을 일으킬 수 있는지 보세요! 그러니 사소한 실수도 저지르지 않도록 조심하세요!

지금까지 좋았던 것은 이젠 아무것도 아닙니다.

기뻐하세요! 우리가 당신들에게 요구하는 것은 크고 어려우니까요. 당신들이 **그분**을 향해 오르게 하는 노래가 완전하기를! 당신들은 **그분**을 위해 노래한다는 사실을 잊지 마세요. 당신의 수많은 질문들 중 첫번째는 무엇입니까?

기타 제가 떠맡아야 할 정확한 삶의 무게를 어떻게 구분해낼 수 있을까요?

— 어리석은 사람! 당신은 그 무게가 얼마나 큰지 알고 있습니까? 당신이 할 수 있는 만큼 들어 올려 보세요.

바로 그것이 적절한 기준입니다. 당신은 많은 사람들을 대신해 그것을 들어 올려야 하기 때문입니다. 그리고 언제나 더 많이 들어 올릴 수 있게 될 것입니다. 그러니 어떻게 당신이 그것을 미리 알 수 있겠습니까? 하지만 무게를 들어 올리는 것에는 고통이 따르지 않습니다.

다른 사람들을 대신해 들어 올리는 것은 당신을 무겁게 만들지 않습니다. 당신이 잊어버리고 들어 올리지 않은 무게만이, 당신에게 무거울 것입니다.

기타 (매우 안심이 되어) 감사합니다!

— 다음 질문을 기다립니다.

기타 저는 짙은 안개 속에 잠긴 듯한 느낌을 자주 받아요. 어떻게 하면 그 느낌을 물리칠 수 있을까요?

— 태양이 약해지면, 짙은 안개와 두터운 연무들이 땅으로 내려옵니다. 당신이 매 순간마다 **그분** 앞에 불꽃으로 타오른다면 어디에 안개가 서릴 수 있겠습니까?

질문하세요!

기타 저와 타인들 사이에 세워져 저를 무감각하게 만드는 벽을, 어떻게 하면 무너뜨릴 수 있을까요?

— 벽은 당신이 있다고 믿는 곳에 있지 않습니다. 내 대답이 이상하게 들리겠지만, 당신은 자기 자신에 대해 무감각한 것입니다.

그 대답이 너무나 이상하게 들려서 나는 내가 잘못 들은 줄 알았다.

기타 저 자신에 대해서요?

— 그렇습니다. 모든 도구는 성스러운 것입니다.

다시 안개가 일어 내가 방금 들은 것과 나를 갈라 놓았다.

안개입니까?

기타 잘 이해가 되지 않아요.

— **당신은 당신 스스로를 파괴시켰습니다.** 지금도 그것을 이해하지 못하고 있습니다.

기타 이해는 돼요. 그런데 어떻게 해야 그 죄를 바로잡을 수 있지요?

— 다른 사람들을 지켜 줌으로써. 그 밖에 다른 방법은 없습니다. 벽은 당신 안에 있고, 그것은 당신이 당신 손으로 쌓아 올린 것입니다. 그러고는 그분 앞에서 모습을 감춰 버렸습니다. 거의 모든 사람들이 바로 그런 방식으로 **그분** 앞에서 숨습니다. 그러니 당신은 할 일이 많습니다!

끔찍한 감옥들! 모든 감옥들이 언젠가는 열리기 마련이지만, 자기 자신의 포로가 된 자의 감옥은 열리지 않습니다. 영원한 어둠, 황폐한 어둠. 빛 없이 존재한다는 것은 참으로 끔찍한 일입니다! 벽을 허물도록 애써 주세요! 그건 우리가 도와줄 수 있는 일이 아니니까요.

나를 섬기는 이여, 당신은 감옥이 무엇인지 알고 있습니다. 당신이 타오르면 하늘은 당신 안에 있을 것이니, 불가능한 일은 없을 것입니다.

강한 자에게 죄는 가르침이지만 약한 자에게는 형벌입니다.

이 말씀으로 인해 죄와 죄의식에 대한 전통적인 해석은 바뀌었다. 내게 주어진 책임감에 희열이 느껴졌다. 누구나 죄를 이겨 낼 힘이 있으나 많은 사람들이 책임을 회피하려고 그러한 노력을 하지 않는다는 사실을 나는 깨달았다.

질문하세요!

기타 저는 억지로 할 때와 그렇지 않을 때를 잘 구별하지 못해요. 어떻게 해야 그것을 곧바로 알아볼 수 있지요?

— 자신의 노력에 상관없이 힘만을 보도록 하세요.

기타 그것이 어떻게 가능합니까?

— 힘이 당신에게서 빛을 발할 때, 당신은 그것을 쉽게 알아볼 수 있
     습니다.

기타 네.

— 그 힘은 언제나 빛나고 있어야 합니다. 당신이 그 힘을 멈추게 한
     다면, 억지로 하는 것입니다.

기타 제가 그 힘을 멈추게 하는 것이 왜 잘못이 되는 건지요?

— 말도 안 되는 소리! 왜 그런지 압니까?

기타 아니요.

— **잘못은 오직 하나밖에 없으니, 바로 그분을 외면하는 것입니다.**
     당신의 활동과 생각들 하나하나가 **그분** 앞에 활짝 핀 꽃들과 같
     을 때, 더 이상 잘못을 하지 않을 겁니다.

     이 엄청난 요구는 나를 짓눌러 왔다.

기타 완전히 다르게 살아야겠군요!

— 다르게가 아니라 더 낮게. 그리고 다른 길 위에서. 당신이 조급해
     한다 해도 더 빨리 가지는 못할 것입니다. 질문이 더 있습니까?

기타 네, 저는 말뿐만 아니라 저의 내면에 거짓이 많다고 생각해요. 그
     런데 어딘지를 모르겠어요.

— 당신은 힘이 어디에 주어졌다고 느낍니까?

     나는 그곳이 어딜까 하고 여기저기 짚어 보았다.

기타 제 안에, 혹은 저의 활동 안에, 혹은 제가 그림을 그릴 때? 혹은
     제가 진정으로 누군가를 사랑할 때?

     별안간 그분은 내 말에 동의하는 손짓을 해 보였다.

— 그 외 모든 것은 거짓이며, **그분** 앞에 합당치 않은 것입니다.

기타 그러니까 저는 매우 합당치 않아요!

     그분의 어조는 몹시 엄격하게 변했다.

— **판단하지 마세요!**

물을 위한 법이 있고 목마른 사람을 위한 법이 따로 있습니다. 물은 늘 물이지만, 목마른 사람이 늘 목말라 하는 건 아닙니다. 물이 얼게 되면 목마른 사람은 갈증으로 죽고, 물이 증발해 버려도 목마른 사람은 갈증으로 죽습니다. 뭇사람들은 자신들의 갈증으로 인해 서로를 죽입니다. 그러나 피는 물이 아닌 까닭에, 그들은 더욱더 목말라 하는 것입니다.

(침묵) '섣불리 판단하지 마세요!'라는 엄중한 경고는, 내가 나를 과소평가하면 얼음이 되어 버린 물이나 다름없다는 사실을 깨닫게 해 주었다. 내가 나를 과대평가할 때 나는 증기가 되어 버린 물이나 마찬가지다. 그 두 상태 사이에서 섣불리 판단하지 않고 살 때, 모든 갈증을 축이는 생명의 물은 나를 통해 자연스레 흐를 수 있게 되는 것이다.

우리의 마음을 열고 **그분**께 경배를 올립시다!

1943년 10월 8일 금요일
릴리와의 대화 16

날이 저물기 시작했다. 두 번에 걸쳐 이어지는 대화 중에 잠시 쉬면서, 우리는 가장 편안하고 아름다운 조명을 찾느라고 너무 많은 시간을 보냈다. 갑자기 전기가 나갔고, 내가 다시 전기를 들어오게 하려고 일어나는 순간, 엄한 목소리가 나를 멈춰 세웠다.

— 내가 꺼 버렸습니다.

나는 깜짝 놀라, 그분을 기다리게 하면서까지 조명의 예술적인 면을 그토록 중요하게 여겼던 우리가 어리석었다는 걸 알았다.

불을 켜세요!

나는 전등 하나를 켠 다음 다른 것들도 켤 준비를 했다.

그만! 뚫고 들어갈 수 없는 어둠! 하나의 행위로 사람은 빛을 만듭니다.

　　(손으로 전등을 가리키면서)

신성한 힘은 유리 감옥에 갇히게 됐습니다. 그리고 인간은 밤의 휴식을 빼앗겨 버렸습니다.

　　(릴리를 향해 돌아서며)

이제 지상은 포로 상태일 뿐입니다! 당신은 어디에 갇혀 있습니까?

릴리　습관 속에요.

— 그렇게 당신 스스로 포로 상태가 됐습니다. 그에 대해 어디서 무겁게 느낍니까?

릴리　제 습관들이 항상 되돌아온다는 그 사실에서요.

— 습관들이 되돌아오는 것이 아니라 당신이 그것들을 떠나지 않는 것입니다. 모든 것은 당신에게 달려 있습니다.

릴리　저를 거북하게 만드는 것이 두 가지 있습니다. 새로움에 대한 두려움과 습관에 매달리는 것이에요.

— 영원한 것은 있지만 습관적인 것은 없습니다. 습관적인 것은 어두운 것이니 영원히 있지 않고, 습관적인 것 속에서 우리는 서로 만날 수가 없습니다.

믿을 만한 것은 믿을 필요가 없습니다.

릴리　어떻게 하면 제 안에 있는 수많은 장애물들을 없애 버릴 수 있을까요?

— 그것들이 당신 안에 있는 것이 아닙니다. 장애물은 바로 사명이니, 당신이 남들에게 부탁하는 것을 스스로 먼저 해 본 적이 있습니까?

릴리　모든 면에서 그렇게 하는 건 아니에요.

― 도움이란 그러한 방식으로만 가능한 것입니다. 당신이 당신 안에서 느끼는 장애물들은 도처에서 다시 발견됩니다. 진정한 길에는 장애물이 없습니다. 거짓된 길에만 있는 것입니다. 당신이 거짓된 길을 간다면, 오직 그때에만 우리 사이에 장애물이 있을 것입니다.

(침묵)

질문하세요!

릴리 우리가 전쟁의 참혹함에 맞서 무엇인가를 할 수 있을까요?

별안간 금지의 손짓이 릴리의 말을 멈추게 했다.

― **못 합니다! 전쟁은 습관적인 것입니다. 과거에 맞서 싸울 수는 없습니다. 당신들은 아직 한 번도 들어 보지 못한 것을 향해 마음을 기울이세요!**

나는 앞으로 올 새로운 힘만이 오래된 살육의 본능을 변화시킬 수 있다는 걸 깨달았다.

(침묵)

물어보고 싶은 게 있습니까?

릴리 학기가 시작되고 있는데 저는 아직도 의심이 많아요.

― 작년에도 그만큼의 의심이 있었습니까?

릴리 그보다는 적었어요.

― 그렇다면 당신은 좋은 길에 있습니다. 파멸로 이끄는 길은 넓으나 진실한 길은 좁고도 좁습니다. 인간은 혼자서만 그 길을 지나갈 수 있기 때문입니다. 스스로 헤쳐 가야 하는 그 길은 이제껏 한 번도 보지 못한 것이 밝혀 줍니다. 한 번도 듣지 못한 것이 당신을 인도하게 됩니다.

릴리 제가 새로운 것이나 좋은 것을 느끼면 이내 조급해지고 그것을 더 많이 원하는 까닭은 무엇인가요?

― 아직 충분치 않기 때문입니다. 새로운 것과 좋은 것에만 갈증을

느끼도록 하세요. 목마른 사람에게는 언제나 주어지기 마련입니다. 당신의 갈증은 늘 충분치 않을 것이니, 당신 자신을 위한 요구가 아니기 때문입니다. 도와주는 이의 기준은 다른 사람입니다. 당신들은 모두 도와주는 이들입니다.

그분께 생각을 드립시다!

1943년 10월 15일 금요일
기타와의 대화 17

유행성 독감이 우리 지방에 기세를 떨치고 있었다. 한나는 일주일 내내 사십 도의 고열에 시달렸다. 나는 한나가 대화를 감당할 수 있을지 걱정스러웠지만, 우리는 평소처럼 세시에 모여 조용히 기다리고 있었다.

— 준비됐습니다.

기타 하느님의 은혜로.

— 염려할 것 없습니다! 결코 믿음이 약해져선 안 됩니다! 물어보세요, 내 사랑하는 이여. 시간이 많지 않습니다.

스승은 한나의 힘겨운 상태를 분명 알고 있었다.

기타 언젠가 스승님께서는 '나와 당신의 작은 자아는 사명으로 이어져 있습니다'라고 말씀하셨습니다. 어떻게 하면 제가 하나의 도구라는 것을 느낄 수 있을까요? 그렇게 되면 스스로에 대해 더 올바를 수 있을 거예요.

— 누가 당신을 창조했습니까?

기타 하느님이요.

— 그러니 **그분**의 일은 성스러운 것입니다. **당신은 단지 창조된 존재가 아니라 그분의 권능에 참여하고 있습니다. 당신은 당신 자**

신의 창조물이니 이에 따라서 판별하세요!

당신 스스로가 선과 악을 불러들였으니, 선을 선택하세요. 그러면 악은 사라집니다. 그때엔 악을 만드는 사람이 없기 때문입니다. 당신이 지금 만드는 것은 당신에게 해를 끼치지 않을 것입니다. 당신이 예전에 만든 질그릇은 비워졌습니다. 이제 그것은 힘을 갖지 못하니 더 이상 당신에게 해를 끼칠 수 없습니다.

질문하세요!

기타 제 안에서 스승님과 가장 닮지 않은 것은 무엇인가요?

— 잘 보세요. 당신의 질문들은 당신 자신과 관련되어 있습니다. 당신의 잘못은 바로 거기에 있고, 우리가 서로 닮지 않은 점도 바로 거기에 있습니다. 모든 것의 원인은 무한 속에서 자취를 잃습니다. 아주 멀리서부터 이어져 오는 선, 당신의 흐린 눈으로는 그것을 볼 수가 없습니다.

나는 당황하여 속으로 생각했다. '내 눈이 흐리다면 어떻게 그 무한한 선을 따라갈 수 있단 말인가?'

모든 것은 따로 떨어져서는 의미를 잃게 됩니다. 당신은 기쁜 마음으로 자유롭게, 무한으로부터 이어져 오는 선을 따라가세요. 그리하면 모든 짐은 사라질 것입니다!

그 말씀을 듣는 동안 내 눈 앞에는 먼 곳의 정경들이 펼쳐졌다. 이제 모든 것이 가능하다는 것을 느끼며, 안도의 숨을 내쉬었다.

한결 가벼워졌습니다.

옆집 정원의 오래된 우물에서 누군가가 물을 퍼내기 시작하였고, 녹이 슨 펌프의 삐걱거리는 소리와 마을의 종소리가 뒤섞여 들려왔다.

저 두 소리, 들립니까? 둘은 서로 싸우고 있습니다. 그리고 세번째, 새로운 소리가 이길 것입니다.

새로운 소리는, 바로 침묵입니다.

당신 안에는 침묵이 없습니다.

> 그분은 펌프 손잡이의 급격한 움직임을 손짓으로 묘사한 다음,
> 종의 부드러운 흔들림을 그려 보였다.

당신은 혹은 억지로 하고, 혹은 흔들립니다.

침묵. 침묵은 소리에 종속된 것이 아닙니다. 괜히 소리를 피할 필요는 없습니다. 침묵은 말 없고 소리 없고 움직임이 없으며 모든 소리를 합친 것입니다.

> (침묵)

아직 나한테 무언가 기대하는 게 남아 있나요?

기타 스승님께서 여기 계신 것이 기뻐요.

— 주의를 기울이세요!

당신 안에는 놀라운 거울이 있어 모든 것을 드러냅니다.

당신 안에 놓인 그 거울은 그분을 비춥니다. 다만, 침묵 속에서만 그렇습니다.

작은 모기 한 마리가 앉으면 거울은 흐려집니다. 잘 보세요. 거울이 투명하지 않으면 당신은 창조할 수 없습니다. 그 놀라운 거울에 모든 주의를 집중하세요. 하늘은 거울 앞에서 숨기지 않습니다.

> 긴 침묵 후, 그분은 완전히 다른 차원, 성스러운 차원이 느껴지는 나직한 음성으로 말을 이었다.

아직도 당신들 사이에 기적이 느껴지지 않습니까?

일곱 번의 기적. 일곱의 기적은 당신들 가운데 임하고 있으니, 그 이름은 아직 비밀입니다.

그것은 당신들 가운데 임하고 있습니다.

(아주 낮은 목소리로) **새로운 세상의 일곱 영혼. 위대한 신비.** 그 기초는 진리이나, 당신들은 아직 그것을 볼 수 없습니다. 얼마나 경이로운가요! 적어도 그 기초는 볼 수 있도록 당신들은 진실하기를.

내가 당신들에게 가르쳐 준 침묵은 모든 신비를 함께 지니는 것입니다.

침묵의 이름으로 행동하세요!

우리는 모두, 어떤 본질적인 것이 곧 계시되리라는 느낌을 받았다. 그분이 일곱 영혼의 새로운 세상에 대해 말할 때 우리가 잠시 엿본 그 무언가. 나는 그분이 그에 대해 다시 말해 주기를 애타게 기다리고 있었다.

1943년 10월 15일 금요일
릴리와의 대화 17

— 성스러운 잔이 하늘에서 내려와 어린 인간이 그것을 잡았으나 이내 떨어뜨렸습니다. 잔은 산산이 깨어져 쨍그랑 소리를 내는 질그릇 조각들, 즉 말들로 흩어져 버렸습니다. 수많은 말들, 그것들은 실재하지 않으며 오직 성스러운 잔만이 실재합니다. 잔은 하늘에서부터 내려오고 언제나 또 내려옵니다. 많은 말이 있는 것이 아니라, 오직 성배聖杯라는 하나의 **말**이 있을 뿐입니다.

그분의 미소가 릴리에게 말할 용기를 북돋워 주었다.

말하세요!

릴리 제가 스승님처럼 늘 미소를 지을 수 있다면 얼마나 좋을까요!

— 무엇 때문에 그렇게 하지 못합니까?

릴리 모르겠어요.

　　　　릴리는 불행한 어린 시절로 인해 괴로워했었다.

— 그건 기쁨이 부족해서입니다. 하지만 당신들의 기쁨은 다른 어떤 기쁨과도 비교할 수 없는 것입니다.

릴리 스승님께서 이번 주에 저를 여러 번 도와주신 데 대해 은혜를 모르고 감사드리지 않았어요.

— 때때로, 여러 번, 종종, 그런 말들은 그저 파편일 뿐, 아직 하나가 되지 못합니다. 당신이 열 번 기뻐한다면 열 번의 기쁨 사이에 아홉 번의 결함이 있습니다. 당신은 태초에 무한한 **기쁨** 속에서 잉태됐습니다. **하나**인 기쁨은 당신에게 불가능한 것이 아닙니다. 질문하세요!

릴리 어떻게 하면 인간에 대하여 더 올바른 지식을 얻을 수 있을까요?

— 인간에 대한 지식은 아직 존재하지 않습니다. 인간은 아직 존재하지 않기 때문입니다. **인간은 너무나 크기 때문에 나 또한 아직 볼 수가 없습니다.**

당신의 질문에 대한 답은 이미 오래전에 주어졌습니다. 당신들은 그것을 **사랑**이라고 부르나 그것 역시 질그릇 조각일 뿐입니다. **사랑**도 결국 **하나**일 수밖에 없기 때문입니다. **하나**이면서 나뉠 수 없는 **기쁨**처럼. 당신들 안에서 이미 솟아나기 시작하는 그 사랑은 당신들이 함께 있을 때가 아니라 합쳐져 있을 때 가능합니다.

질문하세요!

릴리 어떻게 해서 인간은 그리 쉽게 악의 밑바닥까지 떨어지는 건가요?

— 떨어진 사람은 밑바닥에 닿았을 때 더 이상 떨어지지 않습니다. 그런데 바로 그 순간 아픔을 느낍니다.

릴리 왜죠?

— 그는 섬기지 않는 사람이기 때문입니다. 그는 유일한 근거, 잡을 수 없는 것, 그것을 손에서 놓아 버렸습니다. 쉽게 잡을 수 있는 것을 붙들려다가 그만 화를 당했습니다.

인간은 지금 추락을 시작한 것이 아니라, 지금 밑바닥에 닿은 것입니다. **하나**이면서 나뉠 수 없는 **미소**만이 그를 도울 수 있습니다. 슬퍼하는 사람들과 함께 있을 때 당신 또한 슬퍼하게 됩니다. 당신이 그들과 **하나**가 된다면 당신은 그들을 기쁘게 할 것입니다.

(침묵)

질문하세요!

릴리 저는 왜 그리도 시간에 대한 문제가 자주 생기는 걸까요?

— 시간이 많다고 절대 영원에 이르는 건 아닙니다.

당신들의 마음속에 영원함이 있다면 시간은 당신들의 손 안에 생겨날 것이며, 그리고 모든 것을 위하여 시간이 존재할 것입니다.

릴리는 자기 시계를 바라보았다.

시계는 영원을 산산조각 내는 하찮은 도구인데, 사람들은 더 많은 것을 얻게 된다고 믿습니다. **하나**인 것, 설명할 수 없는 경이로운 것이 태어나고 있습니다. 신은 **하나**라는 것이 이제 가깝게 다가온다고 느낍니까? **하나**인 것, 전체인 것은 결코 두려워할 필요가 없습니다. 겁내지 마세요! 당신들이 하나로 합쳐져 있다면 두려워할 필요가 없습니다!

(침묵)

질문해도 좋습니다!

릴리 정신분석학 때문에 마음이 산란합니다. 무언가 잘못된 것 같은 느낌이 드는데 왜 그런지 모르겠습니다.

부다페스트에는 프로이트의 정신분석학이 널리 퍼져 있었다.

— 그것은 분해하지만, 다시 짜 맞추지는 못합니다. 당신을 불편하

게 하는 것은 바로 그것입니다. 분해하는 것은 쉽습니다.

릴리 정신분석학을 저보다 잘 이해하는 사람들은 그것으로 복구도 시킬 수 있다고 확신해요.

— 복구시키지만, 아이들이 영문을 모른 채 장난감 블록을 맞추는 것이나 마찬가지입니다. 그들은 가장 성스러운 사명을 가지고 장난을 치고 있습니다. 자신들을 믿는 사람들을 기만하는 까닭에, 그들은 다른 모든 이들보다 죄가 무겁습니다. 그들은 형성 과정에 있는 살아 있는 자에게 고통을 주고 마음대로 주무르고 짓눌러 버립니다. 어디에서나 그렇습니다. 그들은 떨어져 나가거나 찢겨지거나 죽은 파편들을 한꺼번에 가져다 붙입니다. 쓰레기를 치우는 것이나 다름없습니다.

시간을 시간에, 미소를 미소에, 손을 발에, 사람을 사람에 가져다 붙이는 일 따위는 우리와 아무 상관도 없습니다. 그들은 이미 충분히 갖다 붙였습니다! 새 포도주는 조각조각 풀로 때운 항아리에 붓지 않는 법, 항아리가 곧 터져 버리기 때문입니다. 그 풀은 의무, 복종 등으로 불리고, 그 밖에도 무수히 많은 이름이 있습니다! 붙인 곳에 다시 색을 칠해 보아야 아무 소용 없습니다! 새 포도주는 거기에 부어지지 않을 것입니다. 이미, 새 포도주가 가까이 왔으니 풀로 때운 곳들이 조각조각 터져 나가고 있습니다. 그러나 지금은 그 모든 것이 조각나 버린 때가 아니라 새 포도주가 오고 있는 때입니다.

나는 새 포도주가 우리의 낡은 가치들을 깨뜨리는 삶의 강렬한 파동을 의미한다는 걸 알았다.

아무것도 두려워 말고, **하나**인 것의 이름으로 당신들의 삶을 사세요!

대화가 끝나자, 한나는 언제 독감을 앓았냐는 듯 완전히 건강한 상태가 되어 있었다.

나는 오늘 새 옷을 차려입었다.

― 세심하게 옷을 골라 입었군요. 나를 기다릴 때는 영혼을 더 세심히 가꾸도록 하세요!

　　우리는 미소를 지었다.

하지만 나는 당신의 아름다운 옷도 좋아합니다. 질문을 기다립니다.

기타　어떻게 하면 겉모습에 숨겨진 진수를 느낄 수 있을까요?

― 그것들이 분리되어 있다고 생각합니까?

기타　아닙니다. 하지만 저는 종종 겉모습만 보는 성향이 있어요. 참 딱한 일이에요.

― 성향이란 따라서 오는 것으로, 당신이 **그분**의 역사를 절반밖에 보지 못한다는 걸 인식하게 되면 성향을 관장할 수 있습니다. 다른 절반도 살피도록 하세요! 당신은 눈이 둘이지만 시각은 하나뿐이고, 귀가 둘이지만 한 가지 소리만을 들을 수 있습니다. 당신 안에는 하나와 둘이 같이 있습니다. 질문하세요!

기타　어떻게 해야 스승님과 저 사이에 있는 단일성이 두 번 다시 끊기지 않을 만큼 충분히 느낄 수 있을까요?

― 똑같은 질문을 다시 하는군요.

기타　아직도 그 문제가 너무 어려워요!

― 그건 벌써 너무 어려운 것입니다! 어려움을 느낀다는 사실에 기뻐하세요!

　　실제로 나는 그 사명의 무게를 온몸으로 느끼며 한숨을 내쉬었다. 그분은 장난스럽게 놀리는 어투로 말했다.

그렇게 무겁습니까?

그 질문은 나를 미소 짓게 하였고, 나는 금세 긴장이 풀렸다.

기타 벌써 가벼워요.

— 선함이란, 진정함이란 얼마나 가벼운지요! 돌은 스스로 무거운 줄 모르고, 시체 또한 모릅니다!

기타 참된 자유란 무엇입니까?

— **섬기는 것!**

당신이 섬기면 **그분**과 **하나**가 되고, 당신은 자유롭게 됩니다. 거기엔 무게도, 시간도, 어떤 기준이나 수량도 없습니다. 그와 같이 당신들이 섬길 수 있다면!

질문이 더 있습니까?

기타 인간의 성생활을 타락시킨 것은 무엇인가요? 동물들은 주기적으로만 교미할 수 있으나 사람은 늘 할 수 있어요. 그것이 퇴폐인지요? 신의 법은 무엇이며, 우리는 어떻게 해야 그 법을 다시 세울 수 있을까요?

오랜 침묵이 이어지는 동안, 나는 그분이 내게 대답을 주기 위해 지금까지 내려온 수준보다 더 낮게 내려오는 것을 느꼈다.

— 주의를 기울이세요! 당신이 말하는 성스러운 힘은 **새로움**을 위하여 주어졌습니다. 땅 위의 부족함을 가득 채우는 그 '더함'을 인간은 얻게 됐습니다. 하지만 많은 몸을 만들기 위해서가 아니라 새로운 **인간**을 만들기 위해 주어진 것입니다. 많은 사람들이 아니라 새로운 **인간**이 필요한 것입니다. 인간은 성스러운 힘을 훔쳤기 때문에 속죄를, 처절하게 속죄를 합니다.

나는 오직 인간만이 지닌 창조적인, 성적인 힘의 '더함'이 새로운 인간으로 변하는 데 쓰이도록 예정됐으며, 그 힘을 지나치게 낭비하거나 금욕으로 억눌러서도 안 된다는 것을 알았다.

하지만 그러한 모든 것들이 더는 없을 순간이 오고 있습니다. 내가 그때를 예고하니, 때가 가까워졌습니다. 그러니 아침부터 저녁까지 기뻐하세요! 얼마나 놀랍고 아름다운 일인지요!

(침묵)

당신은 성스러운 힘을 위탁받았으니, 그 힘을 소유하지 않고 나누어 준다면 아무것도 두려워할 게 없습니다. 그 힘을 고양시키고 빈 껍질을 내버려 두세요! 당신은 아직도 옛것을 두려워하고 있는데, 전혀 그럴 이유가 없습니다.

기타 언제나 그 힘으로 빛날 수 있도록, 어떻게 하면 늘 그 힘을 느낄 수 있을까요?

── 그 반대가 되어야 합니다. 당신이 그 힘으로 빛날 때에만 그것을 느낄 수 있습니다. 태양은 결코 자기 자신의 빛을 볼 수 없으나 달들이 그 빛을 반사합니다. 태양 또한 하나의 달에 지나지 않는다는 사실을 아십시오. 그리고 모든 것이 **그분**의 빛을 반사하고 있습니다. **그분**은 우리 안에서 자신의 모습을 응시하고 계십니다. 당신들은 아무런 흠도 없는 거울이 되십시오! 뿌옇고 금이 간 거울은 버려집니다.

더 이상 아무 소용도 없으니까요. 아직도 걱정스러운 게 있습니까?

기타 아니요, 저는 당신의 가르침에 기쁩니다.

── **그건 내 것이 아닙니다.**

그 가르침이 날마다 당신들에게 더 쉬워지고, 당신들의 기쁨은 완전해질 것입니다.

작별합시다.

1943년 10월 22일 금요일
릴리와의 대화 18

── 주의를 기울이세요! 죄는 소멸시킬 수 없습니다. 그런데 실제로

죄는 존재하지 않는 것입니다. '더 이상 선하지 않은 것', 바로 그것이 모든 죄의 이름입니다. 사람들은 죄를 끝낼 수 있습니다. '아직 선한 적이 없는 것'이 죄를 끝나게 합니다. 기준은 어디 있고, 판단은 어디 있을까요? 오직 **그분**에게만 있습니다.

그분께서 당신들의 눈이 열리도록 죄를 보내십니다.

> 이 말씀들은 또다시 내 안에 있는 죄와 죄의식에 대한 오래된 개념을 모두 지워 버리고, 그 대신 강력한 책임의식을 갖게 해주었다.

릴리　왜 우리는 수동적이어야 할 때는 능동적이고, 능동적이어야 할 때는 수동적이 되는 걸까요?

— 언제 그렇게 느낍니까? 언제나?

릴리　아니요.

— 오직 **그분**만이 행동하시니, 만약 당신이 스스로 행동한다고 느낀다면 그것은 바로 수동적이며 비활동적인 상태입니다.

만약 당신이 진심으로 행동하면, 다만 당신은 기쁨으로 가득 참을 느낄 것입니다.

악은 겉으로만 활동할 뿐, 실제로는 활동하지 않습니다.

릴리　숨결과 영혼은 어떤 관계가 있습니까?

— 당신은 영혼이 무엇이라고 믿습니까?

> 그 엄청난 질문 앞에서 릴리는 제대로 말문을 열지 못하고 있었다.

당신이 뭘 묻고 있는지 알고 있나요? 영혼이란 무엇인지 짐작이 됩니까?

> 릴리는 주저하면서 더듬더듬 말을 이었다.

릴리　우리 안에 고양된 것…. 몸이 아닌 것….

— 모든 것은 몸입니다.

당신에게 파악될 수 없는 영혼, 그것은 나에게는 하나의 두꺼운

벽입니다.

당신은 공기를 붙잡을 수 있습니까?

릴리 아니요.

— 말하건대, 당신은 실제로 그것을 붙잡을 수 있습니다. 하지만 공기가 지니고 있는 것은 잡지 못합니다. 당신은 포도주를 마시고 취기를 느끼지요. 그런데 취기를 붙잡을 수 있습니까?

릴리 아니요.

— **영혼은 포도주이고, 영혼은 도취를 지니고 있으며, 모든 것은 도취를 지니고 있습니다.**

릴리 우리가 하고 있는 요가 수행은 좋은 건가요?

— 어떤 수행 말입니까?

릴리 힌두교의 하타 요가요.

— 도움이 된다면 좋은 것입니다. 탐색자들을 평가하지 마세요. 그들은 찾고 있으나 실은 찾는 게 아닙니다. 그렇게 믿고 있는 것뿐이지요. 실제로는, 그들은 베끼고 있습니다. 새로운 법들과 새로운 은총이 오고 있습니다. 당신은 아직 이름이 없는 그것을 통해 새로운 것과 올바른 것을 알게 됩니다. 훌륭하게 돕는 사람이라는 이름 또한 과거의 것입니다. 선택받은 사람들은 아직 이름이 없는 새로운 빛을 이미 보고 있습니다. 다른 사람들은 오래된 씨앗의 껍질만 간직하고 있지요. 껍질은 불에 던져질 것입니다.

릴리 저는 하타 요가가 도움이 된다는 말을 들었는데….

— 하타, 어쩌면!

　　　나는 다시 한번 그분의 말 다루는 방식에 대해 감탄하면서 즐거운 미소를 지었다. '하타'라는 말에는 헝가리어로 '어쩌면'이라는 뜻이 있다.

어쩌면 어떤 것이 도와주고, 어쩌면 또 어떠한 것이 도와주고, 어쩌면 또 다른 무엇이 도와주기도 하겠지요. 그들은 목적 없이 헤매고, 그 상처를 고칠 향유香油가 없습니다. 주의를 기울이세요! 당신들은 멀어지지 말고 흔들리지 말며, 길을 벗어나지 마세요. 방황하는 사람들은 빙빙 돌면서 떠돌아다니지만 당신들은 늘 한 지점에 있습니다.

　　　나는 그 지점이 '어쩌면'의 반대인 확실함의 지점이라는 것을 느꼈다.

모든 것은 바뀌지만 당신들은 바뀌지 않습니다. 어쩌면 당신들이 그것이 좋은 것이라고 한순간도 말하지 않았기 때문에 떠돌아다니지 않은 것이지요. 모든 것은 움직이고 가라앉으며, 경련을 일으키고, 뒹굽니다. 단단했던 것은 부스러지고, 액체였던 것은 굳어지고, 확실했던 것은 더는 존재하지 않게 됩니다.

얼마나 끔찍합니까! 무시무시한 심연 위에 좁은 다리가 놓여 있으니, 그것이 바로 당신들입니다. 그러니 당신들은 스스로에게 주의를 기울이세요! 당신은 다리가 되는 것이 두렵습니까? 그 다리는 매우 소중히 다루어졌으니, 사람들에게 아주 필요한 것입니다. 사기꾼이 오며 가며 마치 자신이 다리인 것처럼 행세합니다. 하지만 그는 바깥으로 눈을 돌리지 않는 시선 앞에서 창피를 당하게 될 것입니다. 주의하세요!

한 가지 비밀을 말해 드리지요. 말해 드리겠습니다. 속이는 자가 모르는 것이 하나 있습니다. 그가 모르고 있는 하나는, 새로움입니다. 그는 낡은 옷만을 걸칠 수 있습니다. 그 표시를 통해 당신들은 그를 알아볼 수 있습니다. 그는 벌써 많은 사람을 속였습니다. 그 사실을 마음에 새겨 두세요!

아직 이름 없는 그분의 이름으로 당신들에게 작별을 고합니다.

— 들어 보세요! 모든 병의 근원에 대해 가르쳐 드리겠습니다. 당신들은 자신을 위하여 존재하는 것이 아닙니다. 당신들은 나날의 양식을 넉넉히 받지만, 그것은 무료로 받는 것이 아닙니다. 그 양식은 당신들 안에서 놀라운 힘으로 변합니다. 그러나 만일 당신들이 자신만을 위하여 그 힘을 간직한다면, 당신들에게 저주가 있을 것입니다! 나를 섬기는 자여, 주의하세요!

만일 당신이 나쁜 상태에 깊이 빠진다면, 그것은 양식이 너무 무거워서가 아니라 당신이 주는 힘이 너무 적기 때문입니다.

당신은 그 힘을 자신 안에 누르고 있습니다.

고행자와 회개자는 필요 없습니다! 그들은 그분의 눈에는 가치가 없습니다!

새로운 법, 새로운 기준은 다른 것입니다. 당신은 다섯 개의 빵을 받아 오천 명을 배부르게 먹일 것입니다. **힘을 억제하는 것은 모든 병들의 근원입니다.** 죄 또한 병입니다. 이러한 것이 당신들을 깎아내리는 짐이 아니라 당신들을 위한 가르침이 되기를!

　　내가 방금 들은 말씀은 매우 놀라운 것이었다.

머리를 드세요! 가볍고 순수한 마음으로 질문하세요!

기타 제 모든 소망은 그 힘이 빛나게 하는 것인데, 아직도 그 힘을 억제하고 있는 건 무슨 까닭일까요?

— 당신의 질문이 곧 대답입니다. 잘 들어 보세요!

소망이란 무엇입니까?

기타 감정입니다.

— 그뿐만이 아니지요. 또한 간격의 표시입니다. 당신은 자신이 가지고 있는 것을 소망하지 않습니다. 주의를 기울이세요! 그분이

당신을 창조하심은, 당신이 빛나게 하기 위해서입니다.

　　이때 나는 두 달 전 스승께서 나의 상징은 태양이라고 말씀하셨던 것이 기억났다. 그리고 빛을 발해야 하는 것이 나의 본성이라면 내 사명은 그것을 자각하고 그에 따라 행동하는 것임을 깨달았다. 그런데 내가 어떻게 그것을 그처럼 까맣게 잊어버릴 수 있었는지 놀라울 따름이었다. 우리는 모두 우리의 신성한 본성에 대하여 그 정도밖에 인식할 수 없단 말인가?

그렇지만 **당신**과 당신 사이에는 어떤 차이가 있습니다.

　　스승님은 내 몸을 둘로 가르는 것처럼 위에서 아래로 날카롭게 손짓을 해 보였다.

설명하자면, 이미 있었고, 있으나, 앞으로는 더 이상 있지 않을 틈새와 어두운 심연이 당신 안에도 있습니다.

창조된 세상과 창조하는 세상, 그 둘 사이에는 심연이 있습니다.

잘 알아 두세요! 당신 자체로 다리입니다. 당신이 자신 안에서 다리일 때, 창조적 광휘를 소망할 수는 없습니다. 그것은 이미 주어졌기 때문입니다. 소망은 다리가 될 수 없지요. 오직 믿음만이 다리입니다. 있지 않았던 것, 지금도 있지 않은 것, 그것이 앞으로 있게 될 것이니 바로 구원입니다. 돈, 희생, 착함, 선의, 박애 혹은 자기희생, 이러한 것들이 구원을 가능하게 할까요? 그것들은 모두 끝없는 심연에 떨어지고 맙니다. 그 모든 것들은 그곳으로 던져져 깊이 삼켜집니다. 그것들은 아무것도 아니기 때문입니다. 끝없는 심연 속으로 당신들이 그 잡동사니들을 아무리 던져 넣어 봤자 심연은 결코 채워지지 않을 것입니다. 어린아이는 웃으며 심연을 건너가니, 한없는 **그분**의 지혜에 은총을 돌리기를. **그분**께서는 어린아이인 당신들에게 계시한 것을 현자賢者들에게는 감추었기 때문입니다.

　　나는 무심결에 주먹을 꽉 쥐었고, 스승은 환한 미소를 지으며 말씀을 이었다.

당신이 믿음을 갖고 미소를 짓는다면 당신의 손은 열릴 것입니다.

나는 그 믿음이 창조적 힘이라는 것을 느꼈다.

손을 내밀어 보세요!

내가 주먹 쥔 손을 내밀자 손은 스스로 열리고, 내게 미소가 넘쳐흘렀다.

그런 미소면 좋습니다. 이제 질문을 해도 됩니다.

기타 인간의 일곱 가지 중심은 무엇인가요? 그리고 그 각각의 기능은 무엇인가요?

— 일곱 개의 계단입니다. 당신은 그중 셋을 알고 있습니다. 네번째 계단은, 당신이 알고 있다고 생각합니다.

세 계단은 창조된 세계이고, 세 계단은 창조하는 세계입니다.
가운데에 다리가 있으나, 그것은 지식이 아닙니다.

돌, 풀, 말[馬], 그다음에 오는 것은 인간이 아닙니다. 인간은 일곱 계단 전부이기 때문입니다. 아직 당신이 이해하기엔 매우 어렵지요.

(아주 낮은 목소리로)

나는 다섯번째 계단입니다.

나는 온몸을 다해 그 말씀을 들었다. 그리하여 내게 일곱 영혼의 세계가 형태를 이루기 시작했다.

말씀은 성체聖體이며 네번째 발현입니다. 물질과 정신 사이의 다리는 곧 **말씀**입니다.

스승은 입의 위치에서 수평을 이루는 손짓을 해 보였다.

이곳이 네번째의 평면, 새로운 집의 기초이자 진리의 재료입니다. 말을 매우 조심하세요. 말장난하지 말며 말을 타락시키지 마십시오. 여기서부터, 당신의 입에서부터,

그분은 다시 입의 위치에서 수평을 이루는 손짓을 하셨다. 구원되지 않은 것, 거짓된 것, 나쁜 것은 아래로 흐르며 아래쪽의 세 평면을 타락시킵니다. **그것이 바로 병입니다.** 그런데 말은 구원을 할 수도 있고 상승을 가능하게 할 수도 있습니다. **오직 사람만이 말할 수 있습니다. 여러분은 그분 대신 말하는 것입니다.** 입이 없는 나 또한 말하는 이를 통해서만 말할 수 있습니다. 우리가 하나로 합쳐질 때, 나는 입을 갖게 될 것입니다.

당신들에게 하늘의 축복이 있기를!

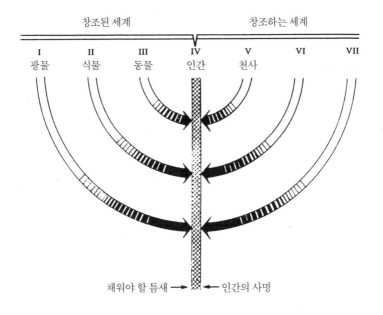

대화를 마친 후 나는, 세계의 일곱 단계에 대한 가르침을 받는 동안 무엇을 느꼈는지 말해 달라고 한나에게 부탁했다. 한나는 도식을 그리면서, 창조하는 세계의 모든 단계를 다 들여다볼 수는 없었기 때문에 그 도식은 완전하지 않다고 했다. 한나가 동물(셋째 단계)과 천사(다섯째 단계)를 곡선으로 연결시키는 것을 보면서, 나는 대화가 시작될 때 그분이 천사와 동물은 사명

속에서 합쳐져 있다고 한 말의 뜻을 이해하게 됐다. 나는 이제, 네번째 단계인 인간 즉 나 자신이 천사와 인간을 갈라놓는 심연 위에 놓인 다리가 된다는 유일한 조건 아래에서, 내 존재의 동물적이며 본능적인 부분이 천사에게서 합쳐질 수 있다는 사실을 깨달았다.

1943년 10월 29일 금요일
릴리와의 대화 19

── 주의해서 들으세요! '훌륭하게 돕는 사람'의 죽음에 대해 말하겠습니다. 십자가는 어디서 왔고, 못은 어디서 왔습니까? 소문에서 왔지요. 사람들이 그분께서 하신 일을 널리 퍼뜨렸기 때문입니다. 성령을 입은 형상은 그저 형상일 뿐입니다. 백성들, 군중들은 그 형상에 기적을 부여했습니다. 그로 인해 '훌륭하게 돕는 사람'은 어깨에 십자가를 지셨습니다. 그분은 증언하셨습니다.
'내가 아니라 **그분**께서 당신들의 믿음을 통해 기적을 행하셨습니다!'라고.
당신도 돕는 사람이니, 조심하십시오! 기적을 행하는 믿음이란, 당신이 아니라 도움을 받는 사람의 믿음을 가리킵니다. 행하는 자는 당신이 아니고 나도 아니며, 도움을 받은 사람이 행하는 것입니다.
질문 있나요, 나의 어린 봉사자여!

릴리 어떻게 하면 저희 네 명 모두가 함께 더 잘 섬길 수 있을까요?

── 소리와 조화. 넷의 목소리는 아직 조화를 이루지 못했습니다. 함께 있는 네 개의 소리는 조화를 이루지 않습니다. 합쳐진 모든 소리가 곧 **그분**입니다. 당신들이 서로 화합하면, 바로 그것이 작으

나마 창조적인 힘이고 조화이며 모든 기적의 바탕입니다.

당신의 목소리가 거짓됨 없이, 꾸밈없이, 의도 없이 순수하게 울릴 때, 당신이 당신의 목소리를 변형시키지 않을 때, 그때에만 당신은 조화를 이루어 섬길 수 있습니다.

각자가 자기 목소리에 대한 책임을 지니는 까닭에 목소리는 거짓될 수 없습니다. 파괴자는 그 속에 끼어들 수 없으며, 단지 거짓된 목소리 속에만 끼어들 수 있습니다.

질문하세요!

릴리 왜 저는 언제나 이렇게 긴장되어 있지요?

— 십자가를 생각하세요. 그분의 몸은 그 위에서 넷으로 나뉘어 못 박혔습니다. 당신도 그처럼 당겨져 있는 것이지요. 그러나 당신은, 당신 자신에게 너무 많은 중요성을 부여하고 있기 때문에 그런 것입니다.

당신이 자기 자신을 잊어버릴 때에만 기적이 일어나는 것을 볼 것입니다. 이것이 바로 비밀 중의 비밀입니다.

당신은 쓸데없이 긴장하고 있을 뿐, 스스로를 단 한 뼘도 커지게 할 수는 없습니다.

이때 옆집 뜰에서 오래된 펌프의 삐걱거리는 소리가 들려왔다. 깊은 곳으로부터 약간의 물을 길어 올리기 위해 저리도 힘을 써야 하다니! 그러나 비는 저절로 내립니다! 우물은 마르고, 땅도 마르며, 물도 말라 버립니다.

삐걱거리는 펌프 소리가 계속 들려왔다.

오늘 모든 것은 삐걱거리며 따닥따닥 소리를 냅니다. 기계들은 탁탁거리면서 거짓을 내뱉고 사람들은 살아 있는 생명을 죽입니다. 모든 눈은 아래쪽을 향해 있습니다. 질문하세요!

릴리 저는 요즘 학생들과 이야기할 때 열이 있을 때처럼 가끔 떨림을 느꼈어요. 당연한 일인가요?

— 오직 그것만이 합당하며, 그 순간은 영원합니다. 바로 그 순간 당신은 **존재합니다.**

그런 다음 피곤했습니까?

릴리 아니요!

— 보세요! 그 막중한 일을 하느라 수고한 사람은 당신이 아니었기 때문입니다.

도움을 주는 사람은 도움을 받는 사람과 영원히 돕는 사람 사이의 다리입니다. 그러나 단지 꼭 필요할 동안에만 그렇습니다.

우리의 작은 자아가 필요 이상으로 돕기를 원하는 경우란, 아마도 일종의 허영심에 속하는 것으로, 그 도움이 우리 스스로에게 중요성을 부여하기 때문일 것이다.

질문하세요!

릴리 저는 사소한 일들을 자주 의심해요. 예를 들자면 단식을 하면 좋을까? 같은 문제 말입니다.

— 단식 중의 단식은 바로 당신이 주는 도움입니다. 단식 그 자체는 도와주지 않습니다. 당신은 언제 단식을 해야 하는지 압니까? 너무 많이 먹었을 때입니다! 너무 많이 먹지 않는다면 그보다 훨씬 낫겠지요. 하지만 그러한 것들은 중요한 게 아닙니다.

나의 어린 봉사자여! 당신이 가장 큰 것을 향한다면 가장 사소한 것도 그것을 위해 쓰이게 될 것입니다. 그러니 염려하지 마세요!

다른 질문이 있습니까?

릴리 격분은 무엇이며 어디에서 연유하는 것인가요?

— 격분은, 힘의 도약입니다. 힘은 아래로부터 휩쓸려 올라가지만, 아직 유순하고 변할 수 있으니 당신은 그 힘을 이끌 수 있습니다. 그 힘이 흥분에 휩쓸리게 하지 마세요! 그 힘을 조심하세요! 그 것은 성스러운 힘이니, 흘러 나가지 않게 간직하고 변화시키세요! 흥분은 당신을 휩쓸어 가고, 당신은 어디에도 이르지 못하니

다. 힘은, 당신이 그것을 잘못 쓸 때에만 파괴합니다.

릴리　제가 가장 열심히 일해야 하는 건 어떤 지점일까요?

— 이미 말했듯이, 그 징후는 **기쁨**입니다. 그보다 더 낫게 설명할 수는 없으니, 그것이 확실한 징후입니다.

기쁨을 찾을 수 있는 유일한 자리는 자아를 넘어선 곳입니다.

자아 안에는 기쁨이 없습니다. 그 안에는 더는 좋지 않은 것이 있을 뿐입니다. 조화의 이름으로, 당신들은 점점 더 많이 기뻐하십시오! 머지않아 우리는 함께 유일한, **하나** 된 **기쁨**을 노래하게 될 것입니다.

　　이제 나는 소아személy(la personne)라는 말과 대아egyén(l'individualité) 라는 말의 차이를 분명하게 보게 되었다. 소아小我는 더 이상 삶을 섬기지 않는 오래된 자아라는 뜻이고, 대아大我는 새로움과 진화를 섬기는 자아라는 뜻이었다.

1943년 11월 5일 금요일
기타와의 대화 20

— **그분** 안에서 유일한 기쁨을 함께 누립시다. 당신의 손에 주어진 빵은 아직 지상에서 먹을 만하지 않습니다. 그 빵은 화덕에서 구워져야 됩니다. 걱정하지 마세요! 화덕도 빵도 타지 않고 자아라는 나무만 타게 됩니다. 그리고 자아의 불에서 먹을 만한 빵이 구워질 것입니다.

주의를 기울이세요! 새로움은 벌써 당신들 가운데 있으니, 크나큰 기적입니다! 그 기적을 잘 간직하고, 잘 지키도록 하세요! 그것은 신비입니다. 기쁨은 당신의 꾸준한 동반자가 되고, 당신들에게 기적이 주어질 것입니다. 당신들은 기적이 없는 채로 믿었기 때문입니다. 질문하세요!

　나는 오랫동안 운동과 관련된 진동이론을 세우느라 꽤 고생했
는데, 그 결과에 만족했고, 내 자신이 그렇게 영리한가 싶어 놀
라워했다.

기타　무엇이 참된 운동이며, 그것은 저를 무엇에 연결시키는지요? 그
리고 운동은 어떻게 진동을 더 강하게 만듭니까?

　스승은 가소로운 듯한 미소를 지으시더니 나를 마치 네 살짜리
어린애처럼 바라보며 말씀하셨다.

─ 아휴, 아주 박식한 질문을 하는군요. 자, 여기 새로운 것이 있습
니다. 머리는 한쪽에 내버려 두세요!

머리란 섬기는 것들 중에 으뜸이지만 당신이 그것의 주인입니다.
가장 위대한 지배자도 **그분**의 발판을 떠받치는 일꾼일 뿐입니
다. 만약 당신 안에 **그분**의 힘이 흐른다면 그저 섬기며 따르기만
하세요! 여기서 머리는 아무짝에도 쓸모가 없습니다. 당신은 쓸
데없이 남을 도와주려고 하지만 만약 **그분**이 안 계신다면 당신
은 어릿광대일 뿐입니다. 하인은 주인이 외출 중일 때 주인의 옷
을 입고 주인 노릇을 합니다. 그러나 주인이 돌아오면 그는 창피
를 당하게 될 뿐입니다.

질문 있습니까!

기타　삼위일체三位一體를 어떻게 이해해야 할까요?

─ 만약 당신이 믿는다면 그것은 당신 안에 있습니다. 창조자인 아
버지, 창조물인 아들, 그 사이를 잇는 다리인 성령. 사실 삼위일
체는 **하나**입니다.

물어보십시오!

기타　제가 저의 작은 자아 속으로 다시 떨어지는 것을 막기 위해 할 수
있는 확실한 방법은 무엇일까요?

─ 당신은 자아 속으로 다시 떨어질 수 없습니다. 그 안에 있으니까

요. 당신들은 모두 자아 안에 있습니다. **그 작은 자아야말로 당신들의 가장 위대한 보물입니다. 자아를 버리려 하지 말고 들어 올리십시오.**

나무는 빛으로 변하지만 사라지지 않습니다. 자아는 얼마나 큰 기적인지요! 태초의 시간 이래로 자아는 형성되어 가는데 당신은 어리석은 아이처럼 자신의 자아를 경멸합니다!

> 바로 그 순간, 나는 똑같은 질문을 세번째로 했고 또한 어리석게도 세번째로 나의 작은 자아를 미워하는 덫에 걸리고 말았다는 것을 깨달았다. 유일한 변명으로는, 수백 년 동안 우리에게 주입된 도덕적 개념에서 벗어나기가 아주 어렵다는 사실을 내세울 수 있을 것 같다.

그분께서는 태초부터 당신을 위해 작은 자아를 만드셨습니다. 어리석군요!

만약 당신이 올바른 주인이라면 작은 자아는 좋은 하인입니다. 불가능한 것은 가능해지며, 먹기에 마땅하지 않은 것은 먹을 만한 것이 됩니다. 빵은 언제 빵이 됩니까?

기타 구워질 때입니다.

— 아니지요.

오직 배고픈 사람들에게 주어질 때에만 빵은 비로소 빵이 됩니다.

기타 요즘 저의 가슴을 꽉 죄고 있는 그 끔찍한 쇳덩이는 무엇인가요?

— 그 생각은 옳지 않습니다. 당신이 배고픈 사람들에게 주지 않은 그 모든 빵들이 당신을 억누르고 있는 것입니다. 당신이 그 빵을 나누어 준다면 더 이상 가슴을 죄는 쇳덩이는 없을 것입니다.

기타 무엇이 저로 하여금 망설이게 하는 걸까요?

— 두 개의 다리가 있습니다. 큰 다리와 작은 다리. 길이 없으면 빵은 올 수가 없습니다. 막혀 있지요. 작은 다리는 아직도 약합니다.

나는 그 약하고 작은 다리가 나 자신에 대한 믿음이라는 것을
알았다.

기타 어떻게 하면 저 자신에 대한 믿음을 강하게 할 수 있을까요?

— 두 다리의 결합을 통해서입니다. 그 두 다리는 실은 **하나**이기 때
문입니다. 나쁜 하인은 주인이 돌아오지 못하도록 다리를 망가
뜨립니다. 그러나 어린아이는 미소를 지으며 다리를 건너갑니
다. 그 아이가 주인입니다. 잘 들으세요!

다시 말하겠습니다. 새로운 것, 여지껏 보지 못한 것, 가장 강한
주인인 어린아이, 영원한 것은 당신들 가운데 있습니다. **그것은**
영원히 되풀이되는 것이 아니라, 영원히 새로운 것입니다.

1943년 11월 5일 금요일
릴리와의 대화 20

— 봄이 오고 있습니다. 꽃 한 송이, 풀 한 포기는 봄의 전령입니다.
종교들, 예언자들, 신전神殿들 또한 전령이지요. 그런데 빛과 힘
이 오게 되면 더 이상 신전들은 없을 것이니, 모든 것이 신전이
될 것입니다. 꽃밭 한가운데에서, 누가 한 송이의 꽃을 봅니까?
당신들은 꽃이 아니고 봄입니다. 하지만 **그분**의 정원에서는 봄
도 한 송이 꽃일 뿐입니다.

질문하세요!

릴리 믿음은 왜 대부분의 사람들 안에서 잠들어 있을까요?

— 콘크리트 포장 도로들이 사방팔방으로 대지를 가로지르고 있습
니다. 크고 넓고 매끈한 그 도로 위로 광기가 질주합니다. 수많은
길들이 있습니다. 아주 많이. 인간이 작고 좁고 유일한 길을 잊어
버렸다 해도 놀라지 마세요! 광기는 모든 힘을 빨아들입니다. 광

기란 무엇입니까?

감옥 안에 갇혀서 쇠퇴해 가는 성스러운 힘.

그러나 당신들에게는 길을 보여 주는 책무가 주어졌습니다.

질문하세요!

릴리 자신의 사명을 알아보는 사람들은 왜 그토록 드문가요?

— 그들은 이끌려 갈 뿐, **그분**의 부름을 듣지 않습니다. 가장 순수한 목소리도 들으려는 사람이 없으면 아무 소용이 없습니다. 주의를 기울이세요! 당신들의 눈 속에는 새로운 눈이 자라고, 귀 속에는 새로운 귀가, 손 속에는 새로운 손이 자라고 있습니다. 그리고 당신들은 볼 것이고 들을 것이며 창조할 것입니다. 새로운 목소리와 오래된 귀, 부름을 듣기 위해서는 새로운 귀가 필요합니다. 목소리 또한 몸을 지니며, 그 이상의 소리는 들리지 않는 불멸의 목소리입니다. 그 목소리는 더 이상 몸이 아니기 때문입니다.

당신들은 봄입니다. 당신들과의 접촉으로 새로운 귀와 새로운 손, 새로운 눈이 생기고 새로움이 열립니다.

질문하세요!

릴리 왜 저의 집안이나 가족들 안에서는 돕는 것이 그토록 힘이 들까요?

— 잘 들으세요! 오래된 눈은 가까운 것을 크게 보고 멀리 있는 것을 작게 봅니다. 나의 봉사자여, 새로운 눈으로 보세요! 그러면 가까운 것은 작게, 멀리 있는 것은 크게 보일 것입니다. 당신은 아직도 작은 것을 크게 봅니다. 바로 그것이 당신을 속이는 것입니다. **그분께서 당신 안에 계신다면 사명은 작고 사소하며 쉽게 됩니다.**

릴리 운동이란 무엇인가요?

— 가장 큰 것입니다. 성장은 아직 운동이 아닙니다. 바람도 아직은 운동이 아닙니다. 흐르는 물도 아직 운동이 아닙니다. 침식도 아

직은 운동이 아닙니다. 별들의 진행도 아직 운동이 아닙니다. 그
것들은 그저 반응일 뿐이며 타성일 뿐입니다. 배고픔, 추위, 욕망
에 의한 운동은 강요된 것입니다. 그러나 당신은 이미 움직일 줄
압니다.

자유롭게 받아들이는 활동, 그것이 바로 운동입니다.

도와주는 손, 그것이 바로 운동입니다. 빛나는 눈, 그것이 바로
운동입니다. 새로운 곳으로 물질을 높이는 것, 그것이 바로 운동
입니다.

새로운 창조는 더 이상 포로의 상태가 아닌 구원입니다. 다른 자
유란 없습니다. 그 운동을 당신의 제자들에게 불러일으키세요.
그리하면 각각의 운동은 무기력한 포로 상태가 아닌 참된 **운동**이
될 것입니다. 근육이 있으나 쓸데없는 것이고, 힘줄이 있지만 쓸
데없습니다. 뼈가 있지만 쓸데없는 것입니다. 힘줄은 무엇이 됩
니까? 밧줄이 됩니다. 뼈는? 막대기가. 신경은? 채찍이 됩니다.
젊음은 무엇이 됩니까? 타락이 됩니다. 진실한 운동만이 구원합
니다. 나의 봉사자여, 그것을 가르치세요. 그리고 당신의 손길에
의해서 몸들은 다시 태어나고 되살아날 것입니다. 모두가, 이미
모두가 죽었기 때문입니다. 당신은 이 사명을 받아들입니까?

    릴리는 그 거대한 사명 앞에 무능력함을 느끼며 머뭇머뭇 대답
했다.

릴리 해 보겠습니다. 그런데 어떻게 진실한 운동을 가르칠 수 있습니
까?

    그분이 엄격하게 물으셨다.

— 아직도 당신 안에 두려움이 있습니까?

릴리 나의 사명이 끊임없이 점점 더 커지고 긴급하게 되어 가는 것을
느낍니다.

— 당신은 당신 안에서 어떻게 이 움직임을 시작해야 할지 알고 있

습니까? '저는 받아들입니다'라고 소리 내어 말해 보세요. 진실한 말은 그분 앞에까지 올라가고, 힘이 되어 당신에게 내려옵니다. 소원의 힘은 당신 안에 근원을 둡니다. 소원의 말은 하늘에 뿌려진 씨앗이니, 열매를 맺어 무수한 씨앗으로 다시 당신에게 내려옵니다. 나의 봉사자여, 당신은 나누어 줄 것이 있을 것입니다! 하느님 안에 심은 믿음 말입니다.

사람들은 모든 것을 땅에 심으니,
그 때문에 땅은 메마르게 됩니다.

확신을 가지고 말하건대, 당신들은 아무런 부족함도 없을 것입니다.

릴리 '저는 받아들입니다'라는 소원을 완전히 이해하지 못하겠어요.

— 당신은 알 수 없는 것을 이해할 수 있습니까?

릴리 아니요.

— 이성으로 믿음을 시작하면 숨이 차 멈추게 됩니다. 이성은 결코 하늘에 이를 수 없습니다. 그것은 이 땅의 것이기 때문입니다. 무엇이 당신에게 아직도 모호하게 느껴집니까?

릴리 저는 자유롭게 받아들이는 활동과 도움 사이의 차이를 모르겠어요.

— **자유롭게 받아들이는 활동만이 돕습니다. 그 밖에 다른 것은 없습니다!**

그리고 나서 이어진 침묵 속에서, 나는 내가 요즘 꾼 이해할 수 없는 꿈에 대해 생각하고 있었다. 그분은 나를 향해 말씀하셨다.

이제 당신에게 말합니다. 당신의 꿈이 뜻하는 바는 이렇습니다. 기적은 당신 안에 있는 것이 아니라 당신을 통해 있게 됩니다. 왜냐하면 당신은 꽃이 아니라 봄이기 때문입니다. 기적은 꽃 안에서 나타납니다. 그러나 누가 봄을 잡을 수 있습니까? 만약 당신이 기적이라면 당신은 꽃이고, 많은 꽃들 가운데 한 송이입니다.

　　그리고 릴리에게 말씀하셨다.

당신은 아직도 마음속에 의심을 품고 있습니까?

릴리　제가 받은 너무나 많은 것들을 거의 견딜 수가 없습니다.

—　당신은 견뎌낼 것입니다.

이제 떠나야 합니다.

1943년 11월 12일 금요일
기타와의 대화 21

—　당신들은 이미 충분히 강합니다. 나의 말이 당신들 안에 스며들게 하세요! 다음 발걸음은 더는 사람이 갈 수 있는 길에 디뎌지지 않을 것이니, 길은 여기서 끝납니다. 발을 놓을 물조차도 없습니다.

그것은 어린아이의 첫걸음입니다.

뒤돌아보는 것은 금물입니다! 그리고 정말로 믿음을 갖는다면, 여러분은 인간이 갈 수 없는 길을 걷게 될 것입니다.

그것은 바로 새로운 땅입니다.

하지만 조심하세요! 만약 당신들이 무엇이든 과거의 것을 가져간다면, 믿음도 아무 도움이 되지 않을 것입니다. 필요 이상의 것은 당신들을 물속의 납덩이처럼 가라앉게 할 것입니다.

주의를 기울이세요! 몸은 태초부터 당신들을 위해 만들어진 것입니다. 이제 잘 들으세요!

몸은 지금 당신들이 쓰고 있는 용도로 쓰이기 위한 것이 아닙니다.

이해시키기가 어렵군요. 나중에 다시 얘기해 드리지요.

한나는 새로운 몸에 대한 강렬한 말씀을 겨우 견디고 있었고, 자신도 역시 그것을 표현할 말을 찾지 못하고 있음을 알았다. 한나는 잠시 멈추고 몇 분 동안 휴식을 취했다.

— 당신들은 길 끝에 이르렀으니 더 이상 길은 없습니다. 당신들은 바라봅니다. 바라보고 있기 때문에 발 디딜 곳이 없습니다. 눈은 더 이상 지금까지 그래 온 것처럼 바라보는 데 쓰이지 않기 때문입니다. 만약 당신들이 더 이상 과거의 눈으로 바라보지 않는다면 당신들의 발밑엔 새로운 길이 열릴 것입니다. 구원하는 자의 몸은, 주기 위해서만 주어졌습니다. 구원하는 자는 사람이 아니라 새로운 **인간**입니다. 보기 위해 새로운 눈이 쓰이고, 이제 오래된 눈은 눈이 아닐 것입니다. 진정 새로운 것이 다가옵니다.

(침묵)

나는 당신에게 가르칩니다. 행동하기 전에 순간을 성스럽게 하세요! 과거는 끝내 버리세요! 더 이상 오래된 눈으로 보지 말고, 더 이상 오래된 귀로 듣지 마세요! 새로운 눈이 당신 안에 열릴 때만 오래된 눈을 다시 여세요! 그 눈을 통해 새로운 빛이 빛날 것입니다.

몸은, 주기 위해서만 주어진 것입니다.

(아래로 손짓을 하시면서) 당신들은 더 이상 아래로부터는 아무것도 받을 수 없고 (위로 손짓을 하시면서) 다만 위로부터만 받을 수 있습니다. 진정 새로운 세계가 열리고, 당신들은 그 세계를 살게 될 것입니다. 당신들에게 더 이상 지상의 비밀은 없을 것이며, 무거움도 없고 어두움도 없고 소란함도 없을 것입니다.

하지만 뒤돌아보는 것은 금물입니다!

아무것도 가지고 가지 마세요! 당신들은 그 오래된 것들이 가볍고 작고 사소하다 여길지 모르나 새로운 세계에서는 납덩어리의 산이 되고, 결국 당신들은 끝장이 나고 말 것입니다.

오래된 것을 버려야 하는 것은 아니지만, 벗어나야 하는 것입니다. 그리고 그것을 다른 목적으로 사용해야 합니다.

나는 갑자기 신체를 그림으로 그리는 데 따르는 어려움이 떠올랐다.

나의 봉사자여, 당신이 사람의 몸을 바라보지 않는다면 몸은 당신에게 드러날 것입니다. 당신이 그림을 그릴 때만 바라보세요! 알고 싶으면 눈을 감으세요! 이제 당신에게 장애물이나 불가능한 건 없을 것입니다. 당신은 아직 제대로 도구를 쓸 줄 모릅니다.

스승은 요셉을 가리키며 말씀하셨다.

저 아들은 무엇에 관한 얘기인지 가장 잘 알고 있습니다. 한데 때가 되면 당신들에게도 열릴 것입니다. 창조의 반전. 당신들의 눈에 가장 가치 있었던 것은 가장 가치 없게 될 것입니다.

기타 어떻게 해야 납덩어리가 되어 버리는 것, 필요 이상의 것을 알아볼 수 있을까요? 그리고 저는 가는 길에 무엇을 가지고 갈 수 있을까요?

— 자기 스스로 무게를 지는 이는 산이 높을수록 짐을 적게 지는 법. 물속을 갈 때는 더욱더 적게 집니다. 물조차도 없는 곳에는 무엇을 가지고 갈 수 있을까요? 벌거벗은 목숨뿐입니다.

나는 미적 효과만을 생각하면서 방을 꽃으로 장식하느라 많은 시간을 보냈었다.

이곳은 잘 꾸며져 있습니다. 그런데 당신의 잘못은 거기에 너무 집착하는 것입니다. 꾸미면 꾸밀수록 당신은 더욱 집착합니다. 아무것에도 집착하지 마세요! 집착은 오래된 것, 습관적인 것에 집착하기 때문입니다. 당신들에겐 더 이상 그런 것이 필요하지 않습니다. 당신들에겐 새로운 것이 필요합니다. 나의 봉사자여, 집착하지 마세요! 나는 당신이 어디에 있건 당신의 믿음의 꽃 가운데 있어서 기분이 좋습니다.

나는 당신이 모든 형식에서 자유롭게 합니다!

나는 이 세상의 꽃을 보기 위한 눈은 없으나 당신의 기쁜 기다림을 봅니다. 당신들의 마음이 희열 속에 있기를! 새로움이 당신들에게 열리기 때문입니다.

질문하세요!

기타 영혼은 무엇이며, 정신은 무엇인가요?

— 정신은 창조자이며 영혼은 중개자이고 몸은 물질입니다. 성스러운 삼위일체.

기타 때때로 우리는 숫자들 뒤로 놀라운 힘의 조직체계를 느낍니다. 4와 7에는 무엇이 숨겨져 있나요?

— 만약 당신들이 숫자 보기를 그친다면, 그것들에 숨겨진 힘을 느낄 수 있을 것입니다. 힘은 모든 것의 뒤편에 존재하기 때문입니다. 형상들은 무한한 조직체계로 향해 있는 문입니다. 눈을 가진 이에게는 눈을 통해, 귀를 가진 이에게는 귀를 통해. 각자에게 다르게 주어졌지만 힘은 **하나**입니다.

오늘 나는 당신들에게 기쁨의 메시지를 가져다줄 수 있었으니, 이제 기쁘게 물러갑니다.

1943년 11월 12일 금요일
릴리와의 대화 21

— 고통의 끝에 대해 가르쳐 드리겠습니다. 당신들이 'T'라는 글자를 쓴다 칩시다. 만약 선이 하나 모자라고 수직의 선만 있으면 무엇이 부족한지 알 것입니다. 'T'라는 글자를 알고 있기 때문이지요. 그래서 쉽게 보충할 수 있습니다. 당신들은 돕는 사람들이며 부족한 것을 채우기 위해 여기에 보내졌습니다. 당신들은 어떤

사람 앞에 있을 때 그의 부족한 점을 느낍니다. 그리고 그로 인해 고통스러워 합니다. 부족한 것은 나쁘기 때문입니다. 고통의 끝은 어디에 있습니까? 만약 당신들이 'T'라는 새로운 글자를 알고 있다면 당신들은 무엇이 부족한지를 깨달을 것입니다. 그리고 부족한 것을 쉽게 채울 수 있을 것입니다.

고통은 무의미한 것입니다.

> 그분은 첫 대화에서 분명히 이와 반대의 말씀을 하셨다. 나는 몹시 당황스러웠으나, 내가 그 모순을 감당할 수 있을 만큼 성숙해질 때 그 까닭을 알게 될 것이라는 느낌을 받았다.

당신들은 새로운 알파벳을 어떻게 써야 하는지 배워야 합니다. 그러면 모든 것이 완전해질 수 있을 것입니다.

당신들에게는 불완전함 속에 신비로움이 있습니다.

당신들은 어디에서 불완전함을 알아봅니까? 당신들에게 완전함을 알아보는 것이 주어졌기 때문에, 당신들은 어디에 불완전함이 있는지를 알 수 있습니다. 당신들은 그 기준을 어디에 둡니까? 그 기준은 어떤 것입니까? 불완전함은 완전함을 반영합니다.

당신들이 모든 것을 통해 **그분**을 알아보지 못하는 한 당신들의 고통은 계속됩니다. 새로운 글자들이 새겨지고 있으니 거기에 주의를 기울이세요!

고통은 동물을 이끄는 것일 뿐입니다.

길의 시작은 고통의 끝입니다.

(긴 침묵)

모든 것은 자라납니다. 흙 속의 씨와 돌조차도. 어머니 품에 안긴 어린아이도. 왜 자랍니까? 가장 높은 산, 가장 높은 나무도 **천상**까지 오르지는 않지요. 가장 강한 독수리도 그곳으로 날아갈 수 없지만, 가장 작은 사람은 그곳에 닿을 수 있습니다. 하늘이 당신들 안에 있기 때문입니다.

질문을 기다립니다.

릴리 휴식이란 무엇인가요?

— 준비하는 것입니다. 준비하지 않는 것은 겉보기에만 휴식일 뿐입니다. 달리 말해 죽음입니다. 준비가 아닌 휴식은 나태함입니다. 당신이 창조를 하게 되면 가장 놀라운 휴식은 당신에게로 내려옵니다. 고요한 활동과 창조적인 휴식, 바로 그것이 올바른 것입니다. 표면적인 세계에서 그것들은 둘이지만 실제로는 하나입니다.

릴리 열반은 어디에 있나요?

— **둘이 하나인 곳에 있고, 평행선들이 합쳐지는 곳에 있습니다. 표면인 휴식은 사실상 활동이고, 표면적인 침묵은 사실 모든 소리의 일치이고, 표면적으로 멀리 있으나 실은 당신 안에 있습니다.**

　　(침묵)

이제 내가 질문을 하지요. 당신의 가장 열렬한 소망은 무엇입니까?

릴리 스승님과 늘 함께 있는 것, 그리고 그렇게 해서 스승님과 하나로 이어지는 것이에요.

— 어디서 그런 성취를 이루려고 합니까?

릴리 그것은 제 작업의 목표물이 될 거예요.

— 목표물! 그건 물건이 아니고 물건이 될 수도 없습니다. 물건이란 가장 밀도가 높은 것입니다.

(탁자를 만지면서) 바로 이것이 물건입니다.

(담요를 만지면서) 바로 이것이 물건입니다.

(손을 만지면서) 바로 이것이 물건입니다.

물건들은 내버려 두세요! 당신의 가장 열렬한 소망은 물건보다 더 높은 곳에 있습니다. 만약 당신이 그것을 작업의 목표물로 만든다면 결코 그곳에 이르지 못할 것입니다.

릴리 신경질이란 무엇일까요?

— **신경질은 지휘자 없는 군대입니다.**

전투가 일어나면 모든 것이 혼란해지지요. 왜냐하면 명령하는 사람이 없기 때문입니다. 그러나 참된 지휘자에게 군대는 기꺼이 따르게 마련입니다. 통합하는 힘이 없기 때문에 머리는 분열되고, 명령도 분열됩니다. 명령이 내려지는 그 즉시 반대의 것으로 주어지는 그것이 바로 신경질입니다. 그런 것은 우리한테 존재하지 않지요. 우리는 그분의 군대입니다. 우리는 어둠에 맞서 싸우며, 명령을 듣고 따릅니다.

목적 없는 인생, 그것이 바로 신경질입니다. 그 밖에 아무것도 아닙니다.

또 다른 질문이 있습니까?

릴리 저는 왜 기억력이 좋지 않을까요?

— 당신의 과거가 나쁘기 때문입니다. 당신은 과거를 기억하기를 좋아하지 않습니다. 그래서 두꺼운 장막 뒤로 숨겨 버렸지요.

　　　(나를 가리키시며) 당신의 과거도 나쁘지만, 그 과거는 더 이상 존재하지 않습니다.

(릴리에게) 당신은 지난 금요일 우리의 만남을 잊지 않았습니다. 당신이 창조하고 도움을 주었다면 당신은 그 사실을 잊지 않지요. 그렇지 않습니까? 나의 봉사자여! 당신의 기억력이 나쁜 것이 아니라 추억이 나쁜 것입니다.

　　　(침묵)

릴리 아직 저의 사랑은 충분히 강하지 않아요.

— 언제 그렇게 느낍니까?

릴리 사람들을 마주할 때요.

— 충분히 사랑하는 이는 누구입니까?

릴리 아직은 아무도요.

— 당신은 누구를 가장 사랑합니까?

릴리 **그분**이요.

— 그다음은?

릴리 스승님.

　　　(너그러운 미소를 지으시면서)

— 당신의 시야는 아직 가려져 있습니다. 당신이 **그분**을 사랑한다면, 당신은 모든 것을 사랑하는 것입니다. 만약 당신이 충분히 사랑하지 않는다면, 당신은 **그분**을 충분히 사랑하지 않는 것입니다.

모든 것이 그분의 창조물이기 때문입니다. 완전함 속에서 **그분**을 사랑하고, 불완전함 속에서 **그분**을 찬미하세요. 모든 것은 **그분**의 거울이기 때문입니다. 당신에게 **그분**을 사랑하는 것은 어렵지 않을 것입니다. 모든 것을 넘어 나는 **그분**을 경배합니다. 그러한 까닭에 나는 당신들을 사랑합니다.

모든 사람들 가운데에서도 당신들은 은총을 받은 이들입니다.

**1943년 11월 19일 금요일
기타와의 대화 22**

— 인사를 드립니다. 오늘은 황금에 대해 말하겠습니다. 아무런 쓸모없는 가장 무용無用한 금속, 황금의 가치란 무엇입니까? 사람들이 그것에 두는 믿음일 뿐입니다. 인간은 흙에서 나온 것에 믿음을 갖습니다. 그래서 거기에 저주가 따라 붙습니다. 저주는 금지입니다. 만약 금지가 없었다면 당신들은 아직도 방황하고 있었을 것입니다. 당신은 여정을 시작할 때 무거운 금덩어리를 가

지고 갑니다. 아무리 무거워도 그것을 들고 갑니다. 당신은 금을 믿지 않는 새로운 나라에 도착합니다. 무엇이 남습니까? 오직 그 무게뿐이지요. 나의 봉사자여, 당신은 그것을 어떻게 해야 합니까?

기타 버려야 해요.

— 손을 펴세요. 덩어리는 굴러떨어질 것입니다. 무게를 내려놓는 것은 어렵지 않지만 지금까지 무거웠던 금덩어리 때문에 당신의 손가락은 아직도 굳어 있습니다. 당신이 그 덩어리를 놓아 버릴 수 없는 건 그 때문입니다. 하지만 무거운 것은 스스로 떨어질 것입니다.

새로운 나라에도 황금은 있겠지만 그것은 번쩍이는 금속이 아니라 빛입니다. 만약 당신이 과거의 금덩이에 매달려 있다면 어떻게 새로운 빛을 받아들일 수 있겠습니까? 당신은 그 덩어리를, 이렇게 붙잡고 있습니다.

그분은 손을 움켜쥔 다음 마치 공을 놓아 버리려 하는 것처럼 가볍게 손가락을 폈다. 당연히 공은 떨어지게 되는 것이었다.

놓아 버리기가 얼마나 쉬운지 보세요!

(침묵)

당신들은 무겁고 무고한 덩어리 위에 살고 있습니다. 그리고 그분의 무한한 은총으로 거기에 저주가 내렸습니다. 당신들이 그 덩어리를 경배하지 않도록, 경배하지 않도록 말입니다!

무고한 덩어리는 구원을 기다립니다. 누가 지구를 구원할 것입니까?

아담을 놓아 버려야 합니다.

나는 한숨을 쉬고 편안한 마음으로 긴장을 풀었다.

벌써 긴장이 풀리지요. 무게를 놓아 버리는 일이 당신들에게 얼마나 어려운지 알고 있습니다. 당신들은 거기에 습관이 들었으니까요. 괴로워하지 마세요. 그것은 당신들에게 무거웠습니다. 금을 들고 가는 사람은 금을 믿는 동안에는 무게를 느끼지 않습니다. 믿음이 없어지면, 무게만 남을 뿐입니다. 당신들은 올바른 길 위에 있습니다.

기타 저는 일주일 내내, 어떻게 해야 굳지 않고 행동할 수 있는지를 찾았어요. 어떻게 해야 하죠?

— 시간에 맡기세요! 손이 아직도 시간 속에 뿌리박고 있기 때문입니다.

다음 질문을 기다립니다.

기타 저는 누구인가요?

— 지금은 그러한 걸 물을 때가 아닙니다. 당신은 지금 형성되고 있는 중이기 때문입니다. 당신이 이루어지면 더 이상은 질문할 필요가 없을 것입니다.

질문하세요!

기타 저의 징표인 태양은 무엇을 의미합니까?

— 징표란 유사함으로, 당신의 사명이 무엇인지 이해하는 데 도움을 주려는 것입니다. 한 어린이가 '일곱'이 무엇인지 물으면 당신은 일곱 개의 사과를 보여 주지요. 어린이는 사과를 좋아하니까 그렇게 해서 일곱을 배웁니다. 일곱 개의 회초리를 보여 주진 않습니다.

기타 저는 얼마 전 스승님께서 제게 다음과 같이 하신 말씀을 완전히 이해하지 못했어요. '꿈의 형상들은 허울입니다. 그 속에 그것들의 의미가 감춰져 있으니, 당신은 밖에서가 아니라 그 안에서 깨달음을 얻을 것입니다.'

— 나의 어린 봉사자여, 그동안 당신은 충분히 잤습니다. 충분히 잔 사람은 스스로 잠에서 깹니다. 굳이 깨워야 할 필요가 없지요. 당신에게 부족한 힘은 눈을 감고 있게 만들지만, 당신의 눈이 힘으

로 채워지면 스스로 열릴 것입니다. 힘의 부족은 바로 시각의 상실이며 수면입니다. 사람은 힘이 부족하기 때문에 잠을 잡니다. 만약 그 사람이 행하기 위한 힘이 모자란다면 그날, 그 새로운 날에는 어찌하겠습니까?

기타 다른 사람들을 잠에서 깨어나게 할 수 있다면 얼마나 좋을까요!

— 당신은 꿈속에서 말하고 있습니다. 당신들은 넷이 다 함께 이 방에서 잠을 자고 있습니다. 당신들은 모두 다 서로에 관한 꿈을 꾸며 서로 이야기를 나누고 있다고 믿고 있지요. 꿈의 영상은 속임수이기 때문입니다. 꿈꾸는 사람은 자고 있는 자신의 모습이 아니라 깨어 있는 모습에 대한 꿈을 꿉니다. 그는 움직이고 오가며 말을 하지요. 사실은 누워서 잠을 자고 있습니다. 그런데 새벽이 오고 꿈의 안개는 벌써 사라지기 시작합니다.

새로운 활동이 가까워 옵니다.

모든 꿈은 이루어집니다. 꿈이란 준비의 과정이니까요. 아기는 아직 태어나지 않았을 때 어머니 배 속에서 세상에 태어나는 날의 꿈을 꿉니다. 만일 그가 꿈을 꾸지 않는다면 태어나지 못할 것입니다.

당신들이 지금 하는 모든 일은 꿈의 활동이고 꿈의 생각입니다. 당신들의 꿈이 늘 더욱더 아름답기를! 모든 것은 현실이 될 것이기 때문입니다. 꿈도 믿음입니다.

  (침묵)

기타 질문이 하나 더 있어요.

— 그래서 내가 기다리고 있지요.

기타 저는 바로 그 순간에, 즉시 자유롭게 행동할 수가 없어요. 생각은 늘 앞서 있으나 그것은 옳지 않아요.

— 만약 당신이 한순간이라도 자기 자신을 본다면, 당신은 허공에 누워 잠을 자고 있습니다. 태연자약하게. 당신의 발은 달리지 않

고 하는 행동마다 꿈일 뿐입니다. 그것을 믿습니까? 단지 꿈일
뿐이라는 걸. 당신은 달려가면서 정말 발전을 이루었습니까?

기타 땅 위에서만요.

— 당신은 땅 위에서 발전하고 싶습니까?

　　　나는 언제나 분별없이 달려드는 나의 방식을 떠올리며 말했다.

기타 아니요. 하지만 저는 그렇게 원하는 습관이 들어 버렸어요. 끔찍
한 습관이!

— 조심하세요! 뒤를 돌아보지 마세요! 끔찍한 것이란 바로 과거의
신神입니다! 만약 당신이 끔찍한 것들을 본다면 그건 과거의 신
들을 보는 것입니다. 맹목적인 힘들, 그것이 바로 끔찍한 것들이
지만, 이제 그것들은 신들이 아니고 당신을 섬기는 것들입니다.
나의 봉사자여, 잘 보세요! 오늘은 아무런 소음도 없었습니다. 당
신이 놓아 버리면 무게는 그처럼 사라지는 것입니다. 이만 물러
가겠습니다.

1943년 11월 19일 금요일
릴리와의 대화 22

— 밀밭의 주님께 인사를 드립시다. 밀에 대해 말하겠습니다.
나의 봉사자여, 당신의 손은 비었으나 이내 가득 차게 될 것입니
다. 주의하세요!
당신은 열 개의 밀알을 가지고 있습니다. 그 이상은 아닙니다. 당
신은 열 사람에게 씨앗을 나눠 줄 순 있지만 스무 사람에게는 그
럴 수 없지요. 만약 당신이 씨앗을 둘로 가른다면 씨앗이 싹틀 수
있겠습니까? 그런데 당신은 좋은 마음에서 그렇게 해 버렸습니
다. 하나의 씨앗 안에는 새로운 것과 오래된 것이 깃들어 있습니

다. 당신은 그것을 가를 수 없습니다. 당신들이 인간의 이해력으로 그것을 나눌 수는 없습니다. 이건 오래된 것, 이건 새로운 것이라고. 당신들이 새로움이라고 믿는 것, 그것 역시 오래된 것일 뿐입니다. 자르지도 판단하지도 말고, 다만 씨를 뿌리세요! 그렇게 하면 새싹도 아니고 씨앗도 아닌 새로운 것이 자라날 것입니다. 그 모든 것들은 새로움의 거처일 뿐입니다. 온전한 씨앗을 묻으세요! 씨앗은 그 수를 더하게 될 것이니, 싹이 터 자라날 것이기 때문입니다.

새로운 발아의 때가 이르렀습니다.

릴리　저 자신에게서 무엇이 잘못됐는지 잘 이해할 수가 없어요.

　　　릴리는 몹시 지쳐 있었다. 매일 밤늦게까지 그의 제자들이 개인적인 문제를 상의하기 위해 찾아왔고, 릴리는 딱 잘라 거절하지 못했다.

──　천국의 밀은 빨리 자라납니다. 당신은 열 알의 씨앗을 가지고 있고, 그것을 스무 사람에게 나눠 줄 수는 없습니다. 하지만 당신이 그 열 알을 심는다면 밀알은 곧 백 개가 될 것입니다.

　　　질문하세요!

릴리　업業이란 무엇입니까?

──　스스로에게 채찍질을 하는 것입니다. 이 문제는 오늘 당신에게 너무 무겁습니다. 그것은 커다란 신비를 내포하고 있으니까요.

　　　힌두교가 지닌 업의 개념은 우리에게 익숙한 것이라서 나는 그 이론의 뒷면에 어떤 비밀이 감춰져 있을까 궁금했다.

　　　질문해도 됩니다.

릴리　건강이란 무엇인가요?

──　균형입니다. 균형이 깨지면 결함이 생기게 됩니다. 건강은 오직 동물들에게만 신체와 관련이 있고, 인간에게는 더 이상 그렇지 않습니다.

릴리 저는 왜 요즘 병든 사람들보다 건강한 사람들을 가르치려고 하는 걸까요?

— 그건 당신이 치유되는 중이기 때문입니다. 인간에게 건강은 씨 앗을 뿌리는 토양입니다. 천상의 씨앗을 나쁜 땅에 심겠습니까?

(우리 모두를 향해)

염려하지 마세요! 놀라운 변화가 시작되고 있습니다. 그건 당신들에게 늘 좋게 보이지는 않습니다. 오래된 껍질들은 터져 버리고, 갈라져 조각조각 떨어지게 됩니다. 놀라지 마세요! 당신들에게 일어나는 일은 사소한 것이 아닙니다.

(릴리에게)

나의 어린 봉사자여, 당신도 겁내지 마세요! 당신에게 일어나는 일은 좋은 것입니다.

이제 헤어지기로 하지요, 잠시 동안만.

1943년 11월 26일 금요일
기타와의 대화 23

— 금金에 대해 계속 말하겠습니다. 금은 어디서 옵니까? 무슨 나무의 열매입니까? 지식 나무의 열매입니다. 아담은 빛 그 자체를 향해 손을 내미는 대신 빛을 발하는 물건 쪽으로 손을 내밀었습니다. 다른 나무 하나가 또 있으니, 그 이름은 신비라고 합니다. 그 나무의 열매는 빛입니다. 지식의 나무는 잠재적 **인간**이며, 다른 나무는 존재하는 **인간**입니다.

황금은 땅을 소화불량으로 만들지요. 여분은 태워야 하나, 금은 타지 않습니다. 지상의 빛은 지펴진 불이며, 하늘의 빛은 스스로 타오르는 불입니다. 희생하는, 자발적인 불입니다.

한 나무는 빛을 반영하는 당신의 자아이고, 다른 하나는 빛의 원천입니다. 태양인 것과 거울인 것은 다르지요. 질문하세요!

기타 리듬이란 무엇인가요?

─ 맨 먼저 리듬이 있었고, 그다음에 노래가 생겼습니다. 노래 없는 리듬은 있지만 리듬 없는 노래는 없습니다. 리듬은 몸이고, 멜로디는 영혼입니다. 그 둘은 세번째의 것을 포함하고 있습니다.

나는 모차르트의 음악을 떠올렸다. 우리를 감동시키는 것은 리듬일까, 아니면 멜로디일까? 아니, 우리를 그처럼 감동시키는 것은 어떻게 설명할 수 없는 세번째의 것이다. 바로 신적인 충동이 모차르트의 리듬과 멜로디를 생기게 한 것이다.

질문을 기다립니다.

기타 제가 어떻게 하면 리듬 감각을 발전시킬 수 있을까요?

─ 먼저 리듬이 있었고 그다음에 말이 있었으니, 태초의 진동, 첫째 날. 모든 신비의 토양입니다. 당신의 새로운 이름도 리듬에서 나옵니다. 새로운 창조의 진동이 일어나고 새로운 이름들이 태어납니다. 리듬과 함께 당신은 창조할 수 있고, 리듬과 함께 당신은 파괴할 수 있습니다. 새로운 귀는 그것을 듣습니다. 들을 수 있는 진동은 리듬이 아닙니다. 알겠습니까?

기타 네.

─ 질문하세요!

기타 원구圓球의 형태는 무엇을 의미합니까?

─ 태양의 반쪽이 창조된 세계의 반쪽만 빛나게 한다면 어떨까요?
원구는 아무런 판단 없이 주는 모습입니다.
새로운 수확은 번쩍이는 금속이 아니라 빛입니다. 사람은 어떻게 하면 쇳덩이가 황금으로 변할까 알아보려고 너무나 머리를 쥐어짰기 때문에 황금은 쇳덩이가 되고, 쇳덩이는 사람을 덮쳐버렸습니다.

그 말씀은 우리 시대 전체를 요약하는 것 같았다. 우리는 쇠로
된 무기로 상징되는 전쟁의 시대를 살고 있었고, 그 전쟁들은
권력과 황금에 대한 갈증으로 인해 생기는 것이었다.

변화. 연소. 오직 사람만이 불을 붙일 수 있습니다. 그 모든 나머
지는 불이 붙여질 수밖에 없습니다. 제단祭壇이 준비됐으니, **그분**
의 영광을 위해 불을 붙이세요! 제단에 불을 붙이지 말고 필요 없
는 것만 태우세요. 당신은 아마도 할 수만 있다면 제단도 불 질러
버릴 겁니다. 아직 견습 사제司祭에 불과하니까.

도가 지나친 나의 열성에 대한 스승의 지적이 너무나 옳아 우리
는 모두 웃음을 터뜨렸다.

나의 어린 봉사자여, 다시 질문하세요!

기타 진실한 헌신은 무엇입니까?

― 그건 경이로운 것입니다! 가장 아름다운 노래, 가장 좋은 향기,
가장 아름다운 빛은 모두 **그분**의 디딤돌까지 올라갑니다. 그러
나 가장 아름다운 것, 가장 완벽한 것만이 올라갑니다. 눈물, 슬
픔, 자아의 분열, 우유부단함은 올라가지 않습니다. 그러한 것들
은 가라앉는 연기로서, 내려앉아 땅 위를 검게 뒤덮어 버립니다.
연기란 완전히 연소되지 못한 것이니, 만일 당신이 헌신하기를
억제한다면 그것은 슬픔, 고통, 불완전한 희생입니다. 변화가 아
니라 붕괴이며, 빛이 아닌 석탄 가루일 뿐입니다. 그을음, 기체,
반연소, 분해입니다. 내가 도울 테니 입김을 불어넣어 불꽃을 피
우세요! 배우는 것도 태우는 것입니다. 내 말들은 당신에게 장작
일 뿐입니다. 그것들은 당신 안에서 지펴지지 않은 채 그냥 쌓여
있습니다. 당신은 새로운 장작을 받지 않을 것입니다.

잘 들어 보세요! 옛날 법에, 나무들이 자라나면 베어져 불에 던져
진다고 하였습니다. 그리고 새로운 나무는 자라나고 또 베어지
니, 영원한 생명의 나무, 그 열매는 빛입니다.

그 둥치는 옛날 나무의 불로 만들어졌습니다. 그 나무를 태워서는 안 됩니다. 그 나무의 열매는 빛이기 때문입니다. 사람은 이 세상의 화관花冠이 아닙니다. 모든 화관은 황금으로 되어 있기 때문입니다.

사람은 창조의 영혼입니다.

하늘이 당신들과 함께하기를!

한나는 스승께서 내게 이해시키고자 하는 것을 전달하는 데에 큰 어려움을 겪었다. 한나는 그분이 멀어지는 것을 느꼈고, 결국 그분은 날아가기 위해 나뭇가지에서 차츰 뒷걸음질치는 어미 새처럼 멀어져 갔다. 작은 새에겐 세 가지 일이 가능했다. 그대로 남아 있거나, 떨어지거나, 아니면 어미 새를 따라 최초로 나는 일이.

1943년 11월 26일 금요일
릴리와의 대화 23

— 아름다움이 무엇인지 압니까?

착한 봉사자의 활동이자 필요한 것, 그 이상의 것입니다.

몸의 움직임은 필요한 것이지만 춤은 그 이상의 것입니다. 그리고 춤이 진정한 춤일 때, 그것은 아름다운 것입니다. 목소리는 필요한 것이지만 노래는 그 이상의 것입니다. 형상은 필요한 것이지만 아름다움은 그 이상의 것입니다.

새로운 세상은 아름다움으로만 세워질 수 있습니다.

당신들이 선한 봉사자이기를, 선한 필요를 넘어서는 활동은 새로운 세계를 위한 석재石材이기 때문입니다. 새로운 세계는 그것으로만 지을 수 있습니다.

가르쳐드립니다. 말씀을 팔아먹는 유다들을 조심하세요! 당신의 주위에도 유다들이 있습니다. 알고 있습니까? 불이 타오르는 곳에서 진실은 허위와 갈라집니다. 불의 이유는 바로 그것입니다. 주의하세요! 당신의 마음이 그것으로 인해 흔들리지 않도록! 그렇게 되어야 합니다. 열두 사도使徒 중에는 늘상 배반자가 있으니, 그는 가장 불행한 사람입니다. 그러나 당신은 마음이 약해지거나 흔들려서는 안 됩니다! 필요하기에 그렇게 됩니다! 광석은 사용할 수 없으나 금속은 사용할 수 있습니다. 광석 찌꺼기는 짓밟히기 마련입니다. 당신이 지피는 불은 둘로 나뉘고, 그런대로 좋습니다!

릴리 유다들에 맞서 뭔가를 할 수 있을까요? 아니면 그들을 그냥 내버려 두어야 할까요?

— 불을 잘 돌보세요! 불을 지키세요! 그 외에는 아무것도 개의치 마세요!

질문하세요!

릴리 신체 기관의 기능 가운데 필요 이상의 것은 무엇인가요?

— 신체의 기능 가운데 그 이상의 것은 하나밖에 없습니다. 바로 몸에서 태어나는 아기입니다.

독립되는 것만이 그 이상의 것을 이룹니다.

그 나머지는 모두 낭비이고, 모두 다 저주입니다. 처녀는 아기 없이 화장할 때가 아닌, 아기를 가졌을 때 자신의 몸이 아름답게 됩니다. 신체 기관은 더 이상의 것을 할 수 없으나 인간은 할 수 있습니다.

> 한나는 나중에 설명했다. '몸 이상의 것이 피와 살을 갖고 태어나는 아기라면, 인간 이상의 것은 새로운 빛의 아기를 태어나게 하는 일'이라고.

지금 세상에서 사람들이 아는 것은 몸뿐입니다. 몸은 꾸밀수록 흉해집니다. 돈을 위해 춤추는 사람은 비열한 발을 가지고 있습니다. 그렇게 가르치는 사람은 더욱더 비열합니다.

릴리 저항이란 무엇입니까?

— 창조된 세계에서, 그것은 더 이상의 것을 위한 자극제입니다. 하느님은 당신들에게 저항하지 않으십니다. 당신들이 **그분**께 저항하고 있지요.

릴리 그리고 힘이란 무엇인가요?

— 당신은 아직 이해할 수 없으나 곧 이해하게 될 것입니다.

릴리 유연성이란 무엇인가요?

— 삶의 조건이며 올바른 저항입니다. 경직된 것은 저항할 수 없습니다. 당신에게 유연함이란, 새로운 세계에서는 힘이고 진동입니다. 경직과 정지 상태는 결코 힘이 될 수 없습니다. 오직 운동만이 힘이며, 힘의 기초는 탄력입니다. 저항과 경직은 참으로 다르지요!

릴리 생각이란 무엇인가요?

— **주인이 아니라 하인입니다.**

생각이란 주인의 손 안의 하나의 도구일 뿐이라는 사실이 이제 내게는 얼마나 분명한지!

당신은 설탕 숟가락을 핥아먹고 달다고 말합니다. 숟가락이 단 것이 아닙니다. 숟가락을 깨물면 당신의 이만 부러질 것입니다! 나의 어린 봉사자여, 당신은 기쁩니까? 모두들 기뻐하세요! 당신들이 착한 봉사자라면 당신들의 삶은 아름다우니까요. 과거의 것이 흉한 만큼 새로운 것이 아름답기를! 조심하세요! 다 큰 성인이 여전히 더 자란다면 종양이나 기름덩이처럼 사나운 꼴이 되고 맙니다. 당신들은 성인이 됐고, 세상에 새로움, 아이를 탄생시킵니다. 당신들을 성장하게 하는 것은 이미 당신들 자신이 아닙니다.

또 다른 질문이 있습니까?

릴리 저희 각자 내면의 스승인 지도 천사가 모두 있나요?

— 아니요. **우리는 믿음으로 이루어졌고, 믿음이 있는 사람은 자신의 스승이 있습니다. 그리고 믿음은 그분의 힘입니다.**

만약 당신이 내가 목소리가 있다는 것을 믿으면 나는 말을 할 수 있습니다. 만약 당신이 그것을 믿지 않으면 나는 벙어리입니다. 당신이 내가 곧 당신이라고 믿으면 나는 당신이 될 것입니다. 그것이 바로 높은 곳에 둔 믿음입니다. 당신은 당신의 믿음을 낮은 곳에 둘 수도 있습니다. 그건 당신에게만 달려 있습니다. 요즈음 악마들은 소란을 피우고 천사들은 노래하지 않습니다.

그러나 우리는 당신들의 믿음을 통해 내려옵니다.

믿음은 바로 다리이기 때문입니다.

1943년 12월 3일 금요일
기타와의 대화 24

부달리게트의 집 벽에 회칠을 하던 중이어서 이번 주의 대화는 한 친구의 아파트에서 이뤄졌다.

— 모든 집은 성역聖域입니다.

우리를 받아들여준 이에게 감사를 드립시다! 잘 들어 보세요! 당신들은 신전神殿입니다. 당신들은 성역 중의 성역에서 **그분**을 받아들입니다. 만약 당신들이 아직 구원되지 않은 사람들을 환영하지 않으면 **그분**을 환영하는 것은 쓸모없게 됩니다. 신전은 그들을 위한 것입니다. 받아들이는 법을 배우세요!

당신들이 받아들이는 방식대로 아버지는 당신들을 받아들일 것입니다.

신전은 선별하지 않고 받아들입니다. 텅 빈 신전을 상상해 보세요. 신전의 성소聖所는 얼마나 춥겠습니까! 신전의 문 열기를 두려워 마세요! 신전은 이미 순수하므로 제의祭儀를 시작해도 좋습니다.

기타 마음이란 무엇인가요?

─ 성역 중의 성역이며, **그분**께서 거주하시는 곳입니다. 은혜의 장소이며 성배聖杯입니다.

기타 여기는 무엇이 거하는 곳인가요?

　　　나는 내 미간을 가리키며 물었다.

─ 새로운 시선이 거하는 곳입니다.

기타 새로운 빛이란 무엇인가요?

─ '무엇'이라는 말은 물건에만 관계된 것입니다.

기타 우리에게는 아직 그것을 표현할 말이 없어요.

─ 앞으로는 있게 될 것입니다. 왜 그걸 묻습니까? 알고 싶어서인가요? 아니면….

기타 그에 가까워지려고요.

─ 안다면 가까워질까요?

기타 스승님이 그렇다고 하시면 그것은 열릴 거예요.

─ 만약 어머니가 배 속의 아기를 알면 어머니는 아기와 더 가까워질까요?

기타 아니요.

─ 어머니는 언제 아기를 보지요? 아기가 태어났을 때죠. 알려고 애쓰지 말고 기다리는 아기를 잘 돌보세요!

기타 빛의 아이를 어떻게 보살펴야 하나요?

─ 빛은 누굽니까? 말해 보세요!

기타 **그분**이요.

─ 맞습니다. 그러니 잘 보살펴 주세요!

기타 저는 태어나기 전에 누구였나요?

— 당신은 아직 태어나지 않았습니다. 그 전에 당신이었던 것은 지금도 당신입니다. 당신이 태어난 다음에 물으세요. 당신은 지금 있는 것을 알고 있습니다. 지금 있는 것은 전부터 있었던 것이지만, 더는 없게 될 것입니다.

질문하세요. 시간이 지나가고 있으니까요.

기타 스승께서는 제가 다른 사람들의 법과는 상이한 법에 속해 있다고 하셨어요. 저와 같은 법에 속해 있는 사람들을 어떻게 알아볼 수 있을까요?

— **그들은 당신의 말을 이해할 테지만 다른 사람들은 이해하지 못할 것이라는, 그 표시를 통해서입니다. 다른 사람들은 배웠지만 이해하지 못하고, 그들은 배우지 않았어도 이해합니다.**

기타 더 이상의 질문은 없지만 좀 더 가르침을 주세요!

— 당신은 나를 받아들입니까?

기타 (즐겁게) 오, 그럼요!

— 그와 같은 방식으로 모든 것을, 모든 사람들을 받아들이세요. 그것은 당신의 사명입니다. 당신이 구원되지 않은 세상을 받아들이지 않으면 나는 당신을 통해 아버지의 은혜를 전할 수가 없습니다.

(힘찬 목소리로) **금속으로 둘러싸인 무거운 신전의 문이여, 열릴지어다!**

내 말하건대, 열릴지어다!

그분의 은혜가 당신들 모두와 함께하기를!

── 나는 당신의 징표에 관해서 말합니다! 그 징표가 당신 앞에 있다
고 상상해 보세요! 자신의 징표를 이해합니까?

릴리 완전히 이해하지는 못하는 것 같아요.

── 하지만 그것은 놀라운 징표입니다! 무한히 큰 것과 무한히 작은
것을 상상해 보세요! 무한히 큰 것이,

　　　스승은 가슴에 놓인 두 손을 펼치며 두 팔을 활짝 열어 보였다.

여기 무한히 작은 것으로,

　　　그분은 크게 열린 두 팔을 다시 가슴으로 가져오며 손가락들을
　　　한 점에 모았다.

만약 중심의 초점이 없다면 무한히 작은 것으로 어찌 무한히 큰
것을 볼 수 있겠습니까? 당신은 도움을 받는 사람의 눈 속에서
그분을 본 적이 있습니까?

릴리 네.

── 거기서 당신은 **그분**을 보았습니다. 그렇지 않습니까? 무한에서
오는 모든 선들은 중심의 초점에서 만납니다.

무한히 큰 것　　　무한히 작은 것　　　구원의 중심점

거기에서, 무한히 큰 영상은 하나의 점으로 나타납니다. 당신은
깔때기와 같으니, 삼각형이 그 징표입니다. 그것이 당신의 모든
활동을 인도하기를! 광선들의 원추 아래 다른 광선들의 원추가,

그러나 반대로 된 원추가 놓여 있습니다. 그것이 바로 구원이며, 인간은 그 중심의 초점입니다.

인간은 사실 한 점일 뿐이고 구원의 점입니다. 우리는 모든 형식과 종교를 초월한 경이로운 사명을 섬깁니다.

릴리 구원에 대해 더 말씀해 주세요!

— 나는 언제나 구원에 대하여 말하고 있습니다. 언제나. 당신은 창조의 아주 작은 존재이지만, 바로 **그분**의 모습입니다. 그리하여 당신은 빛을 발하는 것입니다.

질문하세요!

릴리 더 높은 단계에서 신체 기관은 어디에 쓰이나요?

— 잘 들어 보세요! 내가 하려는 말에는 깊은 신비가 내포되어 있습니다.

당신의 신체 기관 하나하나는 우주의 힘이 나타나 보이는 모습이고, 우주의 힘으로부터 자신의 힘을 얻습니다.

우주의 심장 고동은 당신의 심장 고동과 하나를 이룹니다. 하지만 그 힘들에 사명이 없다면 모두 헛될 뿐입니다. 목적 없는 존재는 곧 혼돈입니다. 질병, 그 또한 혼돈입니다. 우주의 힘들이 한 점에서 서로 만난다면 그것은 곧 새로운 창조입니다. 사명에 대한 인식은 깔때기와 같은 창조입니다. 각각의 기관은 성스러운 것입니다.

몸은 무한의 작은 형태입니다.

하늘이 당신들과 함께하기를!

우리가 스승이 여기 와 계심을 느끼며 대화가 시작되기를 기다리고 있었을 때, 갑자기 전화가 울렸다. 나는 전화선을 빼 버리고서는 요셉에게 '조용히 만드는 건 네 소관이었잖아!'라고 신경질적으로 말했다.

── 이제 투쟁을 선포합니다. 지금까지 당신들은 약점을 잘 억제해 왔습니다. 이제부터는 공격하세요! 오직 약한 불인 경우에만 바람으로부터 보호를 받아야 합니다. 싸움을 벌이기를 두려워하지 마세요! 누가 암흑에 맞서 싸울 수 있습니까? 빛입니다. 누가 이기겠습니까? 빛입니다. 잘 들어 보세요! 암흑은 죽은 것이고 살아 있지 않으며 변하지 않습니다. 암흑은 암흑일 뿐, 암흑보다 더 어두운 것은 없습니다. 암흑은 커질 수 없지만 빛은 약해질 수 있습니다.

(침묵)

나의 봉사자여, 주의를 기울이세요! 나는 당신을 가르칩니다. 열熱이란 무엇입니까? 심장은 뛰고 있으니 그것은 리듬입니다. 무엇이 리듬을 끊어지게 합니까? 핏속으로 침투하여 부패를 촉진하는 이물질, 그것은 유해하고 무용합니다. 그때 심장은 더 빨리 뛰게 되고 불은 더 커집니다. 방해가 되는 것은 태워야 하는데, 바로 그것이 열입니다. 그래서 피는 맑아지고 리듬이 회복됩니다. 만약 부패시키는 물질이 있으면 당신의 리듬은 멈추게 됩니다. 열이 차츰 내려가는 것은, 옛것에서부터 치유되고 있기 때문입니다.

기타 저는 제 안의 썩은 것을 태워 버리고 싶어요.

── 당신은 잘못 생각하고 있습니다. 그것이 썩게끔 내버려 두지 마

세요! 열은, 부패된 것이 있는 곳에만 필요합니다.

기타 저는 왜 부패가 시작되는 때를 알아채지 못하는 걸까요?

— 지금부터는 스스로를 지키는 대신 공격을 해야 합니다.

암흑에 대해서. 만약 당신이 타 버린다면 물질은 충분치 못하게 되고 썩어야 할 것조차 모자라게 될 것이기 때문입니다.

(침묵)

가르치건대, 당신이 자신의 과오를 스스로 인정할 때, 그것은 덕德이 될 수 있습니다. 잘 들어 보세요! 당신은 인간을 보지 않습니다. 그것은 잘못이 아닙니다. 당신의 눈은 보기 위해 만들어진 것이 아니기 때문입니다. 당신의 눈이 빛을 발한다면 모든 것이 좋아지게 될 것입니다.

어둠에 동참하지 말고 언제 어디서나 빛을 퍼뜨리세요! 그때 어둠은 사라질 것입니다.

당신은 어떻게 어둠이 있다는 것을 압니까? 무엇이 방을 어둡게 만듭니까? 타지 않는 등잔이지요. 등잔에게는 자신의 책임이 있습니다. 어둠을 슬퍼하지 말고 사람들로 하여금 불타오르게 하세요.

그것이 당신의 법입니다. 나는 평화가 아니라 투쟁을 선포합니다. 리듬에 매우 유의하세요! 그것은 **그분**의 메시지입니다! 당신을 통해서 **그분**은 판단하시고, 당신을 통해서 **그분**은 싸우십니다. **그분**을 섬기는 일에만 마음을 쏟으세요! 지나가 버린 것인 악을 섬기지 말고 **그분**을 섬기세요! 당신의 분별 수단은 리듬 외에는 없습니다. 질문하세요!

기타 말씀이 제게는 아직 명확하지 않아요.

— 당신 안에 타고 있는 불, 몸의 불은 생명이라 불리며 존재를 일으키지만, 열은 파괴합니다. 그것은 같은 불이지만 정도가 지나친 불입니다. 당신의 심장은 일흔 번 고동칩니다. 열 번의 일곱 배만큼.

일곱은 인간의 리듬입니다. 만약 파괴자가 없으면 가장 깊은 상처도 칠 일 안에는 낫습니다.

리듬은 그릇의 용적이니 물 한 방울만 더해져도 그릇은 넘쳐 버립니다.

　　이때, 똑딱거리는 소리가 신경에 거슬렸고, 장롱 속에 넣어 두었던 자명종이 갑자기 울리기 시작했다. 내가 깜박 잊고 울림 장치를 끄지 않았던 것이다. 스승은 나를 놀리며 말씀하셨다.

— 좋은 교훈이 되겠군요. 당신은 좀 전에 '조용히 만드는 건 네 소관이었잖아'라고 비난하지 않았습니까.

　　내 친구들은 모두 재미있어 했다.

당신은 우리의 사랑하는 제자이고 또 배우기를 좋아하니까 리듬에 대해 좀 더 말하겠습니다. 잘 들어 보세요. 항상 주의 깊게 들으세요. 리듬은 더 이상 신체의 리듬이 아니기 때문입니다. 사람들은 그것을 이해하지 못합니다.

당신의 머리는 자기 스스로 만든 세계에 내버려 두세요!

끊임없이 주의를 기울이세요! 태초의 법에 따라 생명의 불은 영원하나 열은 영원하지 않습니다. 더함이 항상 더 나은 것은 아닙니다. 당신의 불의 크기가 타인에게는 치명적인 열이 될 수 있습니다. 열쇠는 하나밖에 없습니다. 주의를 기울이세요!

기타 영원한 단죄란 무엇인가요?

— 그것은 허수아비임을 내가 당신들에게 말할 수 있습니다.

　　(아래로 손짓을 하시면서) 영원한 단죄가 있다는 것을 더 이상 믿지 않으면서도 두려움이 필요한 자들에게는 재앙이 있을 것입니다! 그들은 아무것도 무서워하지 않으나 두려움이 버팀목이 될 수 있을 거라 생각합니다.

영원한 단죄는 그들이 바로 그 자리에 있다는 것을 모르는 것이며, 또한 그것을 두려워할 줄 모르는 것입니다.

신체 안에 열이 부족할 때 파괴자는 승리합니다. 그들이 다시 두려움을 배울 수 있도록 나는 투쟁을 선포합니다. 그들에게 무서운 것이 없으니까 바로 그것이 영원한 형벌입니다. 열은 벌이 아니고 회복입니다. 그들은 더 이상 열이 없습니다. 그들이 무서워하는 것은 하느님 또는 상위의 힘이 아닙니다.

그들은 서로가 서로를 두려워하니 그것이 바로 지옥입니다.

그들은 그들을 확실하게 무너뜨리는 그분의 손이 아닌, 도리어 폭탄을 무서워합니다. 나는 두려움에 대해서 말하고 있습니다. 두려움은 믿음의 씨앗입니다. 아직 미숙한 민족은 두려워합니다. 무엇에 대해서 두려워하는 걸까요? 미지의 것에 대해 두려워합니다. 미지의 것이란 무엇입니까? 그들을 능가하는 것에 대해 두려워합니다. 당신들의 법은 기쁨이지 두려움이 아닙니다. 씨앗은 이미 싹을 틔웠기 때문입니다. 씨앗은 싹을 틔운 후 없어지고 두려움은 사라집니다. 그러니 그들은 두려워할 줄 알아야 합니다.

우리의 투쟁은 예전 투쟁이 아닙니다. 새로운 것, 미지의 것을 선포해야 합니다. 그것은 초심자들에게는 두려움이지만 선택된 자들에게는 기쁨입니다.

　　나는, 선택된 자들이란 자신들에게 주어진 지상의 사명을 자발적으로 받아들인 사람들이라는 느낌을 받았다.

당신에게 생기를 불러일으키는 것이 다른 사람을 재로 만들어 버릴 수도 있다는 것을 잊지 마세요!

　　최근 탈장 수술을 받은 요셉은 젊었을 때 유물론을 이상으로 삼았고, 모든 사람들에게 물질적 자산을 공정히 분배함으로써 인류의 구원이 이루어질 것이라고 믿었다.

내가 이제 회복기에 있는 환자에게 말하겠으니, 지난날의 부족함은 가득 채워졌고, 지난날의 그 사람은 자신이 할 수 있는 것보다 스스로 더 높이 자신을 들어 올렸습니다. **그는 물질을 자신보다 더 위에 올려놓았고 그로 인해 상처를 입었던 것입니다.** 아들이여, 상처를 통해 그 사실을 기억하세요! 그것은 한 시대의 모습입니다. 하지만 당신은 이제 치유됐습니다. 상처는 이따금 다시 열릴 것이나 더 이상 위험하지 않습니다. 당신은 치유됐습니다. 감사드립시다! 하늘이 당신들과 함께합니다.

1943년 12월 10일 금요일
릴리와의 대화 25

릴리는 꿈속에서 질문을 받았다. '만약 당신이 죽게 된다면 마지막 소망은 무엇입니까?' 릴리는 다음과 같이 대답했다. '제가 지금 받은 것이 저의 제자들 속에서 계속 살아 있기를 바랍니다.'

— 당신의 꿈에 대해 말하겠습니다. 새싹은 씨앗의 죽음입니다. 땅속에서 사는 작은 생명체들은 씨앗의 죽음만을 봅니다. 땅 위로 오른 새싹을 보지 못하기 때문입니다. 새싹, 새로운 눈, 새로운 존재. 당신은 꿈속에서 올바른 선택을 했습니다. 당신은 덧없는 것을 영원한 것과 바꾸었습니다. 베푸는 사람은 받게 됩니다. 새로운 눈은 **하나**이므로 이원성 너머에 있습니다.

죽음을 두려워하지 마세요. 죽음은 존재하지 않습니다. 당신이 나와 함께 행동한다면 당신은 죽음을 알지 못할 겁니다. 명심하세요. 지금 한 말은 중대하니, 죽음의 확실성은 나약한 자들의 자극제일 뿐입니다. 하지만 당신은 더 이상 나약한 사람이 아닙니다. 시간이 짧다는 충동에 이끌려 행동하지 마세요. 말하는 이는 이제 빛을 발하는 당신을 봅니다.

릴리에게 시간이 짧다고 하신 말씀이 무엇을 뜻하는지 적잖이
염려스러웠다. 그로부터 십오 개월 뒤에 일어난 사건들은 내게
그 해답을 주었다.

질문하세요, 나의 봉사자여!

릴리 말하는 이 대신 제가 질문을 해도 괜찮을까요?

― 그럴 필요 없습니다. 그에게 질문이 없어도 우리가 대답을 줄 테
니까.

릴리 인류가 조금 더 나은 방향으로 발전하기 위해서는 무엇을 해야
합니까?

― 조금이라는 것은 없습니다. 완전한 이것 아니면 완전한 저것이
있을 뿐입니다. 당신은 상한 고기를 먹습니까? 조금 상한 고기
는?

릴리 아니요.

― 아주 조금 상한 고기는 먹습니까?

릴리 아니요.

― 완전한 이것 아니면 완전한 저것이 있을 뿐입니다. 어떤 것이 썩
게 됩니까? 본질이 떠나 버린 물질이지요.

놀랍지요! 달걀 두 알이 있습니다. 한 알에는 생명의 싹이 있고
다른 것에는 없습니다. 달걀을 품는 암탉이 올 때까지는 어느 것
이 유정란有精卵인지 알 도리가 없습니다. 유정란은 열에 의해 부
화하지만 무정란無精卵은 썩어 버립니다. 당신은 품는 사람입니
다. 당신은 생명의 싹을 줄 능력은 없지만 그것을 부화시킬 수 있
습니다. 그러니 걱정하지 말고 품으세요!

**오직 그분만이 생명의 싹을 줄 수 있습니다. 생명의 싹을 주시는
주님.**

상한 것과 고약한 냄새가 나는 것에는 생명의 싹이 없습니다. 그
러한 것들은 아직도 저주의 시대에 속해 있습니다. 작은 새는 상

한 알을 둥지 밖으로 내버립니다. 아무런 미련도 없이 그렇게 합니다. 괜히 그것을 데울 필요가 없기 때문입니다.

인간은 오늘날 자신의 무정란 위에 앉아 있습니다. 그리고 그 알을 데우고 또 데웁니다. 상한 알은 이미 아래서 썩고 있으나 인간은 끊임없이 그것을 데웁니다.

절대 새로운 것이 나올 리 없는 상한 알을 지키려 합니다. 새는 알을 품는 동안 다른 알을 낳지 않습니다. 그 사실을 기억하세요! 무슨 말인지 알겠습니까? 당신은 나의 가르침이 가혹하다고 여길지 모르지만 실은 그렇지 않습니다. 다만 강할 뿐입니다. 확실한 표시가 있는데, 열기에 상하고 마는 것은 무정란입니다. 만약 그게 부화한다면 좋겠지요. 당신은 열기를 주기만을 하세요! 상한 것은 스스로 판단하기 마련이니 당신은 열기를 주기만 하세요!

릴리 저는 수업 중에 실수를 범하곤 하는데, 무엇이 잘못되었기 때문일까요?

— 바로 그런 식입니다. 주의를 기울이세요! 기간을 제대로 채우지 않은 병아리는 상한 것처럼 보입니다. 그러나 태어나는 생명은 나쁘게 보이는 것을 흡수하고 변화시킵니다.

나의 봉사자여, 나쁜 것을 고치려 들지 말고 좋은 것을 커지게 하세요.

좋은 것은 주위에 있는 나쁜 것들을 흡수해 버릴 것입니다. 사람들 각각의 안에는 좋은 것이 있습니다. 다시 말하자면, 칭찬을 하세요! 각자의 안에 있는 칭찬받아 마땅한 것을 칭찬하세요! 참된 찬양은 이루어 가고, 당신은 기적들을 볼 것입니다. 그러나 당신은 선의에서라도 **아름답게 꾸미지 말고, 거짓말을 하지 마세요.**

질문하세요!

릴리 공포란 무엇인가요?

— 두려움. 아버지로부터 뒤돌아서는 것. 급작스러운 단절. 무서운 것은, 바로 과거의 신입니다. 무서운 공포. 동물은 두려움을 필요로 합니다.

릴리 준비되어 있다는 것, 아무것에도 얽매이지 않는다는 것은 무엇인가요?

— 올바른 상태를 말합니다. 만약 도구가 준비되어 있으면 당신은 언제든지 그것을 손에 쥘 수 있습니다. 인간으로 존재한다는 것은, 바로 준비되어 있다는 것입니다. 사람은 **그분**의 도구입니다. 사람은 준비되어 있지 않다면 아무런 쓸모가 없습니다. 질문하세요!

릴리 왜 사람들의 마음속에는 그렇게 많은 복수와 악의에 찬 즐거움이 있을까요?

— 약하기 때문입니다. 행복한 사람은 언짢아하지 않고 남들의 불행을 즐기지 않습니다. 환자는 건강한 사람을 미워하고 불행한 사람은 행복한 사람을 미워합니다. 술꾼은 절제하는 사람을 미워합니다. 증오는 두려움입니다. 적극적인 두려움이고 부끄러운 감정입니다. 병자는 병을 퍼뜨립니다. 그래서 다시 한번 말하노니, 오직, 건강만을 퍼뜨리세요! 그것이 우리의 전쟁입니다. 병에 맞서 싸우지 말고 건강한 것을 강화시키세요. 그건 같은 게 아닙니다. 의사가 병만을 고치려고 한다면 오류를 범하는 것입니다. 그분의 힘이 작용한다면 아픔을 이겨낼 수 있을 것입니다. 직관력이 있는 사람이 지식인보다 병을 더 잘 고칠 수 있을 것입니다. 질문을 하나 더 해도 됩니다.

릴리 어떤 예술보다 더 완전한 예술이 있나요?

— 그것은 가장 잘 섬기는 예술입니다. 가장 고귀한 예술만이 **그분**을 섬길 수 있습니다. 결실을 통해 당신은 그것을 알아볼 수 있습니다. 그러나 모든 예술은 변하기 쉽습니다. 잠시 우리 마음을 하

나로 합칩시다!

1943년 12월 17일 금요일
기타와의 대화 26

— 예술품에 대해 말하겠습니다. 예술품은 물질일 뿐입니다. 공간
속의 조각상…. 조각상은 그릇일 뿐, 창조가 아닙니다. 그릇은 가
득 채워지고 음료는 창조합니다. 내가 당신들에게 새로운 예술
에 대해 말할 수 있다면! 그럴 수만 있다면!

　　　　한나는 적절한 말을 찾지 못하고 있었다. 우리의 일상용어에는
　　　　아직 그러한 새로운 예술에 적합한 말이 없기 때문이었다.

지금까지 그릇이었던 것은 음료가 될 것입니다. 음료였던 것은
도취가 될 것입니다.

죽어 버린 시대! 장사치들의 손은 빈 그릇을 움켜쥡니다. 그들은
예술가들에게 향불을 바칩니다! 예술가들이 바쳐야 될 향불을
그들이 바칩니다! 연기는 사그라들고 카인의 말뿐입니다. 모든
것은 메말라 버리고 그들은 죽음을 두려워합니다. 그들은 새장
안에 푸른 새를 가두는데 그 새는 잿빛 참새가 됩니다. 수집된 그
림들, 그림의 보관소, 창고. 그곳엔 죽은 껍질들이 보존되어 있습
니다. 지하 묘소의 냄새. 앞을 바라보는 눈은 어디에도 없습니다.
모두들 뒤를 바라봅니다. 누가 신을 섬깁니까? 누가? 당신은 누
구를 섬깁니까?

기타　(수줍어하며) 저는 **그분**을 섬기고 싶어요.

— 당신은 그렇게 하고 있습니까?

기타　언제나 그렇지는 않아요.

— (엄격하게) 여전히 '언제나 그렇지는 않아요'로군요!

기타 (약간 바보 같이) 제가 어떻게 해야 됩니까?

── '해야 될' 것이 아닙니다! **그분**에게 새로운 집을 지어 드리세요!
당신들 모두! 새로운 그릇이 음료를 담을 수 있도록. **음료는 넘치고 있으나 그것을 거두어들일 만한 것이 하나도 없습니다.** 벽이
없는데 새로운 신전은 늘 커져 가기 때문입니다. 반전, 모든 것에
서의 반전. 과거의 신전은 요새였습니다. 새로운 신전은 더는 그
러한 것이 아닙니다! 거기엔 벽이 없습니다.

당신에게 주어진 방식으로 새로운 세계를 알리세요! 게으름을
피우지 마세요!

　　나는 새로운 그림을 시작할 용기가 없었다.

당신마저 아직 두려워합니까! 창조하세요! 두려움 속에서가 아
니라 기쁨 속에서! 당신은 한 계단 더 높이 있습니다. 당신이 두
려워하기 시작하면 그것이 당신에게 곧 죽음입니다. 그것은 당
신에게 과거입니다. 그것을 조심하세요. 해야 돼서 하는 것, 억지
로 하는 것은 바로 죽음일 뿐입니다.

**당신이 그리는 선 하나하나가 기쁨에 의해 인도되기를! 당신은
그분 대신 그리기 때문입니다.**

내가 새로운 예술에 대해 말할 수만 있다면! 그것은 아직 한 번도
존재한 적이 없고 가장 위대한 화가들에게서조차 존재했던 적이
없습니다.

　　나는 가장 위대한 화가들조차 새로운 예술에 이르지 못했다는
　　말을 듣고 놀랐다. 하지만 나는 새로운 인간이 태어나려면 아직
　　멀었다는 사실을 떠올리며 새로운 예술이 아직 존재할 수 없다
　　는 것을 이해할 수 있었다.

질문하세요!

기타 최후의 심판에 대해 설명해 주십시오.

── 당신이 이해하지 못한 건 무엇입니까?

기타 스승님이 말씀하시는 모든 것은 새로우며, 모든 옛것들은 새로운 맛을 내고 있습니다.

— 맛이 변하는 것이 아닌, 맛보는 사람이 변하기를! 죽은 미각에는 양념이 많이 든 음식이 필요하지만, 살아 있는 미각에 가장 좋은 것은 빵입니다. 배고픈 사람은 그의 빵에 고춧가루나 상어알을 더할 필요가 없습니다. 당신이 병들지 않고 건강하다면 필요한 것만을 맛보게 됩니다. 새로운 맛을 찾지 말고 온전한 사람이 되기를!

나는 스승이 최후의 심판에 대해 언급하지 않은 것에 대해 놀라지 않았다. 나는 깜짝 놀랄 만한 대답을 듣고 싶었기 때문이다.

기타 그토록 특별한 맛을 지닌 일시적인 매혹의 순간들은 무엇입니까?

— 오묘한 신비. 태양은 흰색입니다. 분해되면, 색채가 됩니다. 그 맛은, 조각난 영원입니다. 머지않아 당신은 그것을 이해하게 될 것입니다. 당신은 일곱 가지 색채가 있다는 것을 믿습니까?

기타 네.

— 그보다 더 무한히 많은 색이 있지만, 당신은 일곱 가지만을 봅니다. 당신이 더 이상 예전 같은 사람이 아니게 될 때, 새로운 색채들을 더 많이 보게 될 것입니다.

기타 제가 그 색채들을 그리게 될까요?

— 당신이 그릴 그림을 보는 사람은 새로운 색채를 이해할 테지만, 그것은 그림 위에 있는 것이 아닙니다. 새로운 색채를 외부에서 찾으려 하지 마세요. 빨간색은 태양, 달, 세계 들의 우주입니다. 푸른색도 하나의 우주입니다.

당신 안에 새로운 것이 있습니다. 모든 것은 당신의 바깥이 아니라 당신 안에 있습니다. 새로운 것은 언제나 안에 있으며, 결코 밖에 있지 않습니다.

질문하세요!

기타 부활이란 무엇인가요?

— 필요악입니다. 당신이 높은 곳에 있다면 부활은 필요하지 않습니다. 오직 낮은 곳에 있는 것만이 부활하고, 무덤 속에 깊이 떨어져 다시 솟아오릅니다. 꼭두각시놀음, 눈부신 광휘!

만약 당신이 그분과 하나라면 부활해야 할 이유가 있겠습니까?

그분의 왕국은 올 것이며, 당신들이 그 왕국을 부르면 반드시 올 것입니다.

모든 것은 당신들 안에 있습니다.

1943년 12월 17일 금요일
릴리와의 대화 26

— 놀이에 대해 말하겠습니다. 놀이란 무엇입니까? 준비입니다. 물질과 힘을 다스리기 위한 연습이고, 그 다스림은 창조하기 위한 준비입니다. 예를 들면 아이들이 놀고 있는데 두 아이는 줄을 잡고 돌리고 세번째 아이는 뛰어오릅니다. 줄은 물질이며 외부의 힘은 줄을 돌게 합니다. 아이가 깡충 뛰어오를 때 너무 빠르거나 너무 늦으면 줄에 얻어맞게 되지요.

정확한 순간이 바로 목표이며 놀이의 즐거움입니다.

몸으로 놀지 말고 몸을 통해서 놀기를 배우세요. 당신은 어린이들을 키우고 있으니 그들에게 새로운 놀이로 노는 법을 가르치세요! 그들이 창조할 수 있게 준비시키세요! 과거의 놀이가 아닌 새로운 놀이! 당신은 어렸을 때 놀이를 했습니까?

릴리 거의 놀지 못했던 것 같아요.

— 그것 보세요. 그러니 다른 이들에게 가르쳐 주세요! 당신은 무엇

이 부족한지를 잘 알고 있으니까요. 이제는 당신도 놀이를 하게 될 것입니다. 당신의 제자들을 어린아이처럼 보세요! 그들에게서 과거의 어린이가 아닌 새로운 어린이가 나오도록 하세요. 과거의 나뭇잎은 떨어지고 새로운 싹이 돋아나고, 과거의 나뭇잎이 떨어질 때에만 새로운 잎은 돋아날 것입니다. 당신은 경이로운 놀이들을 만들어낼 것입니다. 잘 들어 보세요! 내가 완전히 새로운 놀이들을 당신에게 일러 주겠습니다.

어린아이가 깡충 뜁니다. 무용가가 춤을 춥니다. 춤은 힘의 선회입니다.

각 신체 기관과 각각의 사지는 우주의 힘과 하나입니다.

당신은 춤이 무엇인지 예측할 수 있습니까? 선회는 위로 오르게 할 수도 있지만 아래로 내려오게 할 수도 있습니다. 과거의 춤의 선회는 아래로 향한 힘이 얼마나 강한지요! 그것은 몸속으로 끌어당기고 아래로 빨아들입니다. 새로운 춤은 위를 향한 선회입니다. 힘들의 선회. 새로운 춤을 기다리는 동안 놀이를 즐기세요! 준비. 새로운 놀이, 새로운 춤, 새로운 세계. 어린아이가 놀 때는 자기 자신을 잊어버리고 자아를 잊어버립니다. 바로 이것이 새로운 놀이를 창조하는 것입니다. 혼자 놀 줄 모르는 아이는 죽은 것입니다. 힘이 당신을 빙글빙글 돌아가게 하는 것과 당신이 그 힘을 돌아가게 하는 것 사이에는 큰 차이가 있습니다! 당신은 그것을 느끼지요? 그렇지 않습니까? 당신에게는 **그분**을 섬기는 사명이 주어졌습니다. **그분**을 섬기는 일보다 더 기분 좋은 것이 어디 있겠습니까? 당신이 한 번만이라도 스스로를 잊어버리는 놀이를 즐길 수 있다면!

창작은 자기 자신을 잊어버리는 놀이일 수밖에 없습니다.

대가는 창작할 때 좋은 도구를 잊어버리고 그 도구를 생각하지 않지만 망가뜨리지 않습니다. 도구는 쓰이기 때문입니다.

다음 질문을 기다립니다.

릴리 저는 왜 그처럼 쉽게 절망할까요?

— 무엇이 당신을 절망에 빠뜨립니까?

릴리 큰 것들보다는 작은 것들이요.

— 바로 거기에 대답이 있습니다. 작은 것들은 작은 릴리에 관한 것이니, 당신은 그것에 관여할 필요가 없습니다. 작은 릴리가 그것을 해결하게 놔두세요! 절망, 의심은 합일의 결핍입니다. 절망이나 이중성에 머물지 마세요.

과거를 떠나면 더는 의심이 없게 될 것이며, 당신은 새로운 것까지도 떠나게 될 것입니다. 모든 것을 떠나야 합니다! 모든 것은 빈 껍질일 뿐이기 때문입니다. 질문하세요!

릴리 고통이란 무엇인가요?

— 수호신, 동물의 수호신입니다. 두려움이 미리 알려주는 과오를 나중에 고통이 알려줍니다. 그 둘은 하나일 뿐입니다. 당신의 법은 기쁨입니다. 내가 당신과 함께 있을 때, 당신은 기쁨을 알겠습니까?

> 릴리는 너무나 기쁜 나머지 표현할 말을 찾지 못했고, 침묵 속에 동의했다.

— 무엇이 당신을 더욱더 기쁘게 하겠습니까?

릴리 더 이상은 불가능해요.

— **불가능한 것은 아무것도 없습니다. 불가능한 것은 없으며 존재하지 않습니다. 모든 것이 가능합니다.**

> 긴 침묵이 지난 후, 우리 모두는 릴리가 마음속까지 깊은 감명을 받은 것을 느꼈다. 그리고 나는 성스러운 것과 너무나도 내밀한 것을 행여나 흩뜨려 놓을까 봐 감히 그녀를 쳐다볼 수도 없었다.

나의 어린 봉사자여, 질문하세요!

릴리 지금 질문을 하는 것이 너무나 이상합니다. 저는 마치 존재하기를 멈춘 느낌이었습니다.

— 물론 당신은 존재하기를 멈출 것입니다. 아무도 품에 안고 조용히 흔들어 재운 적 없었던 당신을 내가 방금 두 팔로 가볍게 안아 흔들어 재웠습니다. 그리고 당신을 흔들어 재울 수 있다는 것은 내게도 좋은 일입니다.

어머니와 아이는 낳기 전에는 하나입니다. 아이가 태어나면 둘로 나뉩니다. 우리는 둘이지만, 우리가 태어나게 될 때에는 하나가 될 것입니다.

그것이 바로 신비입니다. 당신은 아직 이해할 수 없겠지만.

질문하세요!

릴리 피로란 무엇인가요?

— 지난날의 리듬이며 두 소리 사이의 휴식입니다. 당신들이 새로움 안에서 행동한다면 피곤할 수가 없습니다. 만약 당신들이 피곤하다면 그것은 아주 작은 죽음입니다.

아버지께서는 우리에게 영원한 생명의 나무를 주셨고, 우리는 그 나무를 지킵니다. 우리는 더는 뱀의 말을 듣지 않는 이에게 생명의 나무를 줄 것입니다. 영원한 생명의 나무를 지킵니다. 손에 칼을 들고서 주의하여 지킵니다. 그런데 만약 열매가 없다면 왜 나무가 있겠습니까? 먹을 사람이 없다면 왜 열매가 있겠습니까? 성숙하지 않은 것은 열매가 아니라 그것을 먹는 사람입니다. 그래서 우리는 아직 그 나무를 지켜야 합니다. 좋은 아버지는 자신을 위해서가 아니라 자식을 위해 좋은 열매를 간직합니다. 젖먹이는 아직 열매를 먹을 수 없고 아버지는 그 사실을 잘 아십니다. 당신들은 매 순간 천국에 있습니다. 금지된 나무는 두 그루가 있고 당신들은 선택할 수 있습니다. 뱀은 당신들을 유혹했습니다. 당신들은 열매를 먹었고, 그것은 쓴맛이 되었습니다.

우리는 그것을 금지합니다. 우리는 그 나무를 지킵니다. 그러나

당신들은 오기만 하면 됩니다! 우리를 이겨 보세요!

그곳에서 당신들은 기쁨의 겉모습에 유혹됐고, 당신들은 두려움을 먹었습니다. 우리의 칼은 두려워하는 이들만을 쓰러뜨리는데, 칼은 두려움에서 생겨나기 때문입니다.

나의 봉사자여, 질문을 하나 더 해도 좋습니다.

릴리 저는 성경 속에 나오는 주춧돌이 무엇을 의미하는지 모르겠어요.

— 그것은 무게를 감당하는 것으로, 구원하는 사람, 멸시받는 사람을 말합니다.

준비되어 있도록 하세요.

모두 함께 **그분**을 섬깁시다!

1943년 12월 18일
X에게 전하는 메시지

얼마 전부터 나는 X가 몹시 걱정스러워졌다. 그는 어린 시절을 나와 함께 보낸 친구인데, 독일계인 그는 안타깝게도 히틀러에게 온통 관심이 쏠려 있었다. 광고 도안을 그리고 있던 한나는 갑자기 붓을 내려놓고 내게 말했다. '독일 말이 들려. X에게 전하는 말이니. 받아 써 봐!'

한나의 독일어는 그저 보통 수준이었고, 게다가 시적인 재능은 조금도 없었다.

겁쟁이,

응석받이야!

지도자는

단 **한 분**
하늘의 목자이시다.

그분은 말한다.
되리라고!

있었던 것은
진실이 아니다.
강철처럼 번쩍일 뿐
자취도 없다.
빠져나가려 하는 너,
선택의 시간이 다가온다.

너는 성탄절 나무 등불처럼
놀라운 능력으로 빛나는 존재,
정의로움을 행하라!
하늘의 선물을 허비하지 말라!
마지막 한 닢까지
갚아야 하리!

내 앞에서 두려움에 떨라!
네 안으로 기어들어 봐야 헛수고이니
숨을 구멍은 없으리!
유리처럼 투명한 너
유리처럼 깨져라!
영혼은 자유로워야 하리!

존엄한 존재로 뽑혔건만
두더지처럼
진흙 속에서 헤매고 있구나.

기쁨도 없이 맴돌며 헤맬 뿐.
뛰쳐나오라,
정신이여!
절실히 네게 고하니
신은 아신다.
네가 누구인지.

나는 이 엄중한 경고에 충격을 받았다. 한나가 모든 단어들을
이해하지 못하므로 내가 헝가리어로 통역해 주었다. 우리는 X
에게 메시지를 어떻게 전해 줄 수 있을지 생각해 보았다. 그가
냉소하는 모습을 보일까 봐 염려스러워서, 내 삶에 일어난 변화
에 대해 먼저 이야기를 하며 그의 반응을 보기로 했다. 그 후 얼
마 되지 않아 그와 산책을 하게 됐다. 그는 말없이 내 이야기를
듣더니 질문을 했다. 나는 그의 마음이 움직였음을 느꼈다. 나
는 곧 자전거로 부달리게트로 돌아가서 한나에게 X가 관심을
보였다는 이야기를 했다. 한나는 곧바로 다음과 같은 말을 듣게
됐다.

그는 내 사람
나 이제 한순간도
그를 버려두지 않으리!
나는 기뻐 웃고
넋 나간 듯 춤춘다.

그는 그래도
신의 모습 따라 지어진 존재 아닌가!
무거운 시련 겪을 테지만
오래가진 않으리.
그는 여전히 어린아이일 뿐,
숲속에서 무서워 떨고 있네.
그러나 곧
밝아지리라.
부드럽게
눈부시지 않게
빛은 돌아오리.
그리고 우리 찬양의 노래하리.
밤은 길었네.
아주 길었네.

처음 "듣지 말고
쳐다보지 말고
찾지 말고
돌아보지도 말라.
단 **한 분**
이끄는 이 따라
그저 가기만 해야 하리!"

너는 **그분**의 아이 아닌가!
한없는 온유함으로
그분 너를 사랑하네.
눈 감으라,

보이는 것, 그 모두에!
너는 **그분**의 아이 아닌가!
반은 신-반은 흙
그렇게 돼라!

자기가 지켜 주는 존재가 이제 깨어나기 시작하는 것을 본 천사의 뜨거운 기쁨이 나를 뒤흔들었다. 불타오르는 듯한 그 기쁨에 비하면 우리가 갖는 느낌들은 얼마나 제한되고 미지근하며 잿빛이었던가!

바퀴

태어남과 죽음
빵과 시련
오물.
시작과 끝.
뒤집으라.
둘은 하나가 된다.

하늘의 기사가 돼라!
승리하라.
증오와 전쟁에
평화와 사랑에
죽음과 비참함에
신과 오물에서
하나라는 기적이 생겨날 테니.
있었던 모든 것은

불쏘시개.

그분은 네게 날개를 주고
나는 노래하리.
고통 없이
빛과 부드러움으로
눈먼 자들을
물리치니
빛
왕국은
가까이 오네.
바퀴는
멈춰섰네.

그분이 원하는 대로

1943년 12월 24일 금요일 성탄절
릴리와의 대화 27(부분)

—— '천사가 하늘에서 내려왔으니⋯'*
당신들은 더 이상 빛을 보러 가기 위해 서두를 필요가 없습니다.
빛은 어디에나 있을 것이며, 이제 베들레헴은 더 이상 있지 않을
것입니다. 나는 부활절에서 이어지지 않는 새로운 성탄절을 알
립니다. 부활절은 이미 빈껍데기일 뿐입니다. 오늘날 사람들이

---

* 아주 오래된 헝가리의 성탄절 노래.

불길은 덮어 꺼 버리면서, 어떻게 빛을, 오래된 빛을 숭배하는지 보십시오.

　　침울한 역설을 지닌 그 말씀은 전쟁을 암시하고 있었고, 스승 또한 씁쓸한 기분을 느낄 수 있다는 사실이 난 놀라웠다.

갓난아기는 맨 돌 위 짚단 속에, 가축들의 따스한 숨결을 접하며 누워 있습니다. …당신들 안에.

돌과 지푸라기는 좋은 것이며, 따뜻한 숨결도 좋은 것입니다. 누추한 외양간, 바깥의 추위와 어둠, 그 모든 것은 나쁩니다. 겁내지 마세요! 용은 갓난아기를 해칠 수 없습니다. 옛날의 용은 자신의 나무 옆에 있었습니다. 이제 빨간 사과는 더는 유혹하지 않습니다. 당신은 갓난아기를 봅니까?

릴리　아뇨.

── 그래도 보세요!

당신은 자신이 빛의 아기를 태어나게 했다고 믿지만 실은 그 아기가 당신을 태어나게 한 것입니다.

　　(침묵)

다른 질문이 있습니까?

릴리　축제란 무엇입니까?

── 하늘의 작은 일부입니다.

(아래를 향해 손짓하시면서) 사람들이 저 아래서 하는 것은 더 이상 하나가 될 수 없는, 동강 난 하늘입니다. 사람들은 과거의 파편을 갉아먹고 우리는 새로운 하늘을 짓습니다. 우리는 함께 하늘을 짓습니다.

릴리　선량함이란 무엇입니까?

── 더 이상 아무 소용도 없는, 과거의 나쁜 파편이지요! 오늘날 모든 사람들은 선량함을 줍니다. 쓰레기지요! 오직 **그분**만이 줄 수 있고, 모든 것은 주어졌습니다.

자만에 도취한 벌레들은 줍니다. 우리는 **그분**의 선물을 가져올 뿐입니다. 당신들은 선량함으로 더럽혀져서는 안 됩니다! 당신들 안에 선량함이 있지 않기를! 세상을 어둡게 한 것은 악이 아니라 선한 것입니다. 자비를 행하며 돕는, 선한 사람은 무엇을 줍니까?

죽음을 줍니다.

우리가 좋은 사람들이라고 말하는 자들, 그들은 속죄하게 될 것입니다! 왜냐하면 앞으로 올 새로운 빛은 모든 거짓된 것을 먼지로 만들어 버리기 때문입니다. 무엇이 당신의 것입니까?

릴리 아무것도.

── 그렇다면 무엇을 줄 수 있습니까?

릴리 제 자신을 통해서는 아무것도.

── 타락한, 부패한 족속! 당신들에게 재앙이 있으리니! 당신들은 당신들의 희생자들을 위해 착한 병원을 짓습니다! 그러나 당신은 좋은 사람이 아니며, **좋은 것**은 당신을 통해 있게 될 것입니다.
　질문하세요!

릴리 과학과 종교는 어떻게 화해할 수 있을까요?

── 사람들은 새로운 빛으로 그 둘이 **하나**라는 사실을 알게 될 것입니다. 언제나 그 둘은 **하나**였습니다. 리듬과 선율처럼, 떨어질 수 없는 **하나**입니다. 큰 관현악단의 구성원은 제각기 연주하지만 교향악은 **하나**입니다. 어떨 때는 바이올린이 이끌고 어떨 때에는 첼로가 이끌어 갑니다. 한때는 종교가, 다른 때에는 과학이 이끌어 가는 것처럼.

그러나 오늘날 그러한 것들은 아무것도 아닙니다! 섬기지 않으면서 제각기 이끌려고 하니까요. 특히 북 치는 사람이. 그는 가장 소란한 사람이기 때문입니다. 관현악단의 지휘자는 교향악의 정신을 섬겨야 합니다. 그러나 지금은 지휘자조차도 없습니다. 말은 가장 소란한 사람에게 주어져 버렸습니다.

(긴 침묵)

하늘이 당신들과 함께하기를!

1943년 12월 31일 금요일 송년회의 저녁
기타와의 대화 28

한 해의 마지막 날이었다. 별 의미도 없이 그저 한 해가 바뀌는 것을 축하하는 송년회 방식에 오래전부터 나는 몹시 실망하고 있었다. 그러나 우리가 받는 가르침의 빛으로 인해 모든 사건은 깊은 뜻을 갖게 됐기에, 나는 그날 진정으로 축제를 기다리고 있었다. 나는 스승들이 어떻게 금년의 끝과 새로운 해의 시작을 우리와 함께 축하할지, 자못 궁금했다.

— 알파 – 오메가 – 오메가 – 알파.

창조된 사람은 처음과 끝 사이에 놓여 있고, 창조하는 사람은 끝과 처음 사이에 놓여 있습니다.

처음과 끝 사이는 시간이며, 끝과 처음 사이는 시간을 초월한, 영원입니다.

지나간 해의 끝은 **새로움**의 시작이며 지나간 세계의 끝은 **새로움**의 시작입니다. 기적은 끝과 시작 사이에 있습니다.

가장 오래된 시대 이후로부터 사람은 경축될 수 없는 것을 경축합니다.

나는 금방 이해가 되지 않았으나 문득, 시간이 없는 순간, 지난해부터 새해로의 전환이란, 시간 속에서 살아가는 자들에겐 지각될 수 없다는 것을 깨달았다.

좁은 길의 문, 그것은 오메가 – 알파입니다. 시간 속에서 육신과 함께 그 문을 넘으려 하는 사람은 죽음 속으로 들어갑니다. 시간의 바깥에서 정신으로 그 문을 넘고자 하는 사람은 영원으로 들어갑니다.

일 년은 시작되고, 끝이 납니다. 새로운 해가 시작되지만 같은 해가 아니라 다른 해입니다. 당신은 끝과 처음 사이의 시간을 잴 수 있습니까? 순간은 지났고, 새로운 한순간이 시작됩니다. 그 둘 사이에 시간은 없습니다. 영원은 바로 그 두 순간 사이에 있습니다.

영원으로 열리는 문은 처음이 아니라 끝에 있습니다. **아버지**께서는 순간을 보내 주시니, 새로운 순간은 과거의 순간이 아닙니다. 모든 순간들의 죽음에서 당신은 창조적 세계, 영원으로 들어갈 수 있고, 그곳에서 당신 스스로 순간을 전개시킬 수 있습니다. 그것은 모두의 눈에 보이지만 사람들은 보지 않습니다.

문은 열려 있으나 길이 너무나 좁아, 태어난 것, 이미 끝난 것은 그 문으로 들어갈 수 없습니다. 가장 큰 신비는, 매 순간, 그리고 순간의 순간이 문이라는 사실입니다.

성스러운 순간이란 없습니다. 매 순간이 신성합니다. 그러므로 당신들은 영원과 지금 이 순간의 삶을 동시에 살고 있습니다. 영원한 삶은 영원과 순간을 하나로 이어 주기 때문입니다.

당신은 공인 동시에 공을 가지고 노는 사람입니다. 이제 시작에 신경을 쓰지 마세요. 시작은 이미 끝이며, 시작하는 것은 끝이 납니다. 사람은 더 이상 그것을 변경할 수 없습니다. 힘과 물질이 움직이기 시작했기 때문입니다. 끝과 시작 사이, 모든 것이 잉태된 그곳에 당신의 주의를 기울이세요!

창조는 아버지께서 놀이하시는 공입니다. 그분이 공을 던지는 것은 다만 그 공이 기쁨 속에 되돌아오게 하기 위해서입니다.

모든 것이 그와 같은 모습입니다. 천체들과 원자들을 포함하여.

내가 가르치는 것은, **오로지 기쁨만이 확실하다는 것입니다.**

모든 것에는 설명이 필요하지만 기쁨은 설명이 필요 없습니다. 우리가 왜 기뻐하는지 말할 수는 없으나, 그것은 바로 우리에게 주어진 일입니다. 그리고 당신들이 받은 것은, 기쁨 없는 자들을 위한 기쁨의 원천입니다.

기타 제발 영원한 순간에 대해서 좀 더 말씀해 주세요. 제게는 아직 명확하지 않으니, 다른 방식으로 설명해 주실 수 있나요?

— 영원한 순간은 영원한 빛의 줄기입니다. 사람의 사명은 자신이 살고 있는 세상에 틈을 여는 것입니다. 빛은 저절로 스며들게 마련이니 밝음이 있게끔 하기 위해 집을 무너뜨릴 필요는 없습니다. 창문 하나로 충분합니다. 빛은 그곳으로 확실히 스며들 것입니다.

무한한 빛에 이를 수 있도록 당신은 창조의 수준을 초월해야 됩니다. 그렇지 않으면 결코 거기에 이르지 못합니다.

창조의 수준을 초월하면 당신은 자신을 해방시키고 또 타인을 해방시키게 됩니다.

이 세상의 수많은 허위들! 무한한, 실은 유한한 공간에 놓인 태양과 달들, 수십억 년들은 영원한 순간에 비하면 아무것도 아닙니다.

만약 틈이 밖으로 열린다면 더 이상 감옥은 없습니다. 그 틈은 바로 구원입니다. 세상에 더 이상 포로들은 없을 것이며, 자유로운 주민들만 있을 것입니다. 더 이상 저주가 아닌 축복이, 더 이상 어둠이 아닌 빛이, 더 이상 고통이 아닌 기쁨이 있을 것입니다. 그 작은 틈은 구원입니다.

(긴 침묵이 흐른 후)

절제에 유념하세요! 위로든 아래로든 지나친 것은 길에서 멀어지기 때문입니다. 우리가 너무 적음과 너무 많음을 느끼는 것은 그 때문입니다. 그 둘 사이에 길이 있으니, 충분합니다.

물질과 힘, 무한과 유한 사이의 중용, 그것은 균형입니다. 길을 벗어나지 않도록 유의하세요! 당신의 절제는 유일한 것이며 결코 반복되지 않습니다. 각자는 자신의 절제를 위한 열쇠를 가지고 있습니다.

— 질문 하나만 더 하세요.

기타 우리는 나쁜 것을 보며 그것에 대해서 말합니다. 어떻게 하면 제가 비판하지 않고 명확하게 볼 수 있을까요?

— 절제입니다. 당신은 빛을 가져옵니다. 당신은 눈의 연약함을 알아야 됩니다. 비판하기 위해서가 아니라 **당신의 온 존재가 구원을 위해 섬긴다면, 그때 당신은 비판하지 않고 절제를 지킬 것입니다. 심판은 오직 그분께만 있습니다.**

모든 것의 전환, 오메가 – 알파 그것이 해결책입니다.

주의하세요!

세상에는 일곱 가지의 기쁨이 있으니, 그것들이 무엇인지 발견하세요! 당신의 사명은 쉽지 않습니다. 각각의 기쁨은 일주일 중 하루를 지배하는 정신이 될 것입니다.

다음 주에 그 대답을 하세요! 이만 작별합니다.

1943년 12월 31일 금요일
릴리와의 대화 28

— 내게 쉬운 것은 당신들에게 어렵고, 당신들에게 쉬운 것은 내게 어렵습니다. 당신들에게 가장 단순한 것을 이해시키는 일이 얼마나 힘든지 모릅니다!

모든 운동 하나하나는 창조를 나타낼 수 있습니다.

추진력은 한 점을 흔들리게 합니다.

잘 들어 보세요! 한 점 위에서 운동은 시작하고, 다시 돌아옵니다. 모든 것은 밀어내지고 되돌아옵니다.

> 이러한 말들이 내게 열어 준 시각은 매혹적이었다. 그러므로 모든 적절한 운동은 우주의 거대한 리듬이 갖는 충동일 수도 있을 것이다.

하지만 사람에게는 그 법이 다릅니다. 지식은 그를 머리카락 한 올만큼 어긋나게 하였습니다. 그 한 올은 모든 것을 부패시키기에 충분합니다. 만약 인간이 운동을 주관하시는 **분**과 **하나**가 된다면, 그때 그 운동의 이름은 구원이며, 구원은 모든 운동의 이름입니다.

만약 운동이 운동을 주관하시는 분 안으로 다시 돌아오면, 그때 사람을 위한 기쁨이 생깁니다.

가장 나쁜 인간도 역시 인간이니, 그 또한 줄 수 있기 때문입니다.

한순간의 성급함이나 지연은 바로 능금입니다. 지식의 능금. 그 사과는 먹는 것이 아니었지만 사람은 그것을 먹어 버렸습니다. 그는 자신을 위해 신의 지식을 간직했습니다. 그것은 능금의 잘못이 아닙니다. 금지되어 있던 것은 다만 능금을 먹는 행위였습니다. 그것이 사람에 관련된 모든 것을 나타내는 모습입니다.

금지된 사과는 먹으라고 부추길 뿐, 주게 하지 않습니다. 주는 것이 전부입니다! 잘못은 지식 안에 있는 것이 아니라 당신들을 위해 지식을 간직한 데에 있습니다. 당신이 지식을 준다면, 지식 또한 축복입니다.

당신이 준다면 모든 것이 축복입니다.

우리는 그분을 통해서만 줄 수 있습니다. 우리가 그러한 대의大義**와 하나가 되면, 그것이 바로 기쁨입니다.**

적절한 운동은 **그분**에게서 생겨나 다시 **그분**에게로 돌아갑니다. 그처럼 모든 사람들에게 주는 것을 가르치세요. 그때 저주는 멈추게 됩니다. 주는 것은 당신에게서 오지 않습니다. 준다는 것이 무엇인지, 오직 그것만을 가르치세요. 또, 모두가 줄 수 있다는 것을 가르치세요. 모든 운동은 이것을 위해 있습니다. 내부의 운동에서 외부의 운동이 생깁니다.

나의 봉사자여, 나는 당신의 일에서도 도와줍니다. 잘 들어 보세요.

기쁨은 징표입니다.

누가 무엇에 대해 즐거워하는지 유의하세요. 사람이 기뻐할 수 없는 그곳에, 바로 거기에 능금이 있습니다. 주는 대신에 먹어 버린 사과는 내던져 버리세요! 당신이 외투 속에 숨겨 주는 가장 형편없는 건달이라도 기뻐하는 것을 배울 수 있습니다. 기쁨이란 다름이 아니라, 운동이 시작되어 기쁨으로 퍼지고, 숨처럼 시작한 점으로 다시 돌아오는 것입니다. 마음속에는 시작과 끝, 그리고 기쁨이 있습니다.

기쁨은 새로운 세계의 공기입니다.

질문하세요!

릴리 평화란 무엇입니까?

— 평화는 두 전쟁 사이의 휴식이 아닙니다. 평화는 아직 한 번도 존재하지 않았지만, 있게 될 것입니다.

평화! 당신들은 평화를 갈망하지만 그 갈망은 충분히 강하지 않습니다.

평화는 바로 새로운 진동이며 지난날의 어느 것과도 닮지 않았습니다.

릴리 만약 제 안에 평화가 없다면 저는 기뻐할 수 없어요.

— 물론 그렇습니다.

릴리 새해가 다가옵니다. 저는 모든 것을 완전히 다른 식으로 시작하고 싶어요. 제발 저를 도와주세요!

— 나의 평화는 당신의 평화이고, 나의 기쁨은 곧 당신의 기쁨입니다. 그렇게 그것들을 관리하세요!

기쁨은 끝이 없습니다. 당신은 줄 수 있는 만큼의 기쁨을 받습니다. 기쁨은 한계가 없는 것, 당신의 능력만이 한계가 있습니다.

　　스승은 릴리에게 무한히 더 많이 줄 수 있었으나 릴리는 아직 그렇게 강렬한 정도를 견뎌낼 수 없는 것 같았다. 그래서 스승은 릴리에게 주는 강도를 조절할 필요가 있었다.

한없이, 시작도 끝도 없이 기쁨은 영원하기 때문입니다.

나 역시 당신에게 줄 수 있는 만큼 기뻐합니다. 마찬가지로 당신도 줄 수 있는 만큼 기뻐합니다.

그러니 당신의 기쁨이 완전해지도록 기뻐하세요! 불쌍한 사람들, 행복한 사람들에게 나눠 주세요! 기쁨을 아끼지 마세요! 그렇게 당신의 새해가 흘러가기를!

릴리 희망은 무엇인가요?

— 나의 어린 봉사자여, 왜 그런 질문을 합니까?

릴리 제 안에서 희망이 커지기 시작하는 것이 느껴지기 때문이에요.

— 중요한 것은, 어디에 희망을 두느냐 하는 것입니다. 당신이 **그분** 안에 희망을 둔다면 당신은 실망하지 않습니다. **그분**은 모든 것을 주시기 때문입니다. 오직 하느님이 없는 자만이 희망을 가지지 못합니다.

잘 들어 보세요! 희망하는 것만으로 만족하지 말고 희망을 주어야 합니다. 믿음이 있는 것만으로 만족하지 마세요! 당신은 믿음을 주어야 합니다. 그저 사랑해야만 하는 것이 아니라, 어떻게 사랑해야 하는지를 당신이 보여 주어야 합니다.

사람들이 당신을 사랑한다거나 당신에게 희망을 두게 하거나 당신을 믿게 해야 하는 것이 아닙니다! 그 일은 무거운 것이나 그 무게는 가볍고 당신은 거뜬히 짊어집니다. 우리는 그것을 잘 알고 있습니다.

릴리 신비주의나 강신술降神術이 무엇을 의미하는지 명확하지가 않아요.

> 릴리는 신비주의를 심령치료나 값싼 신비의 주변을 맴도는 개념으로 잘못 이해하고 있었다.

— 그러한 말 중에 명확한 것은 하나도 없습니다. 그것은 새벽이 다가올 때 스러지는 안개들에 불과합니다. 당신은 신비가 무엇인지 압니까?

마음 깊은 곳에서 솟아난 미소, 그것이 바로 신비입니다.

병자들의 침, 조난당한 사람들의 오한, 그것이 강신술입니다. 그들은 징표를 받고 싶어 하지만 징표는 그들에게 주어지지 않았습니다. 죽은 사람들을 불러내지 말고 영원한 생명을 불러 모십시다! 성스러운 가르침이 어둠 속에 가려지지 않고 대낮에 환히 빛나기를! 가호加護를 빌면 받게 됩니다. 죽은 자들은 그들의 죽음과 함께 놔두세요! 그들이 수없이 죽음을 떠올렸기에 죽음이 온 것입니다. 기쁨을 떠올리도록 합시다. 떨리는 두려움 속에서가 아니라 환희 속에, **그분의 왕국이 올 것입니다. 함께 말하는 것보다 더 자연스러운 것이 있습니까?**

신비주의가 어디 있습니까? 그것은 가라앉아 버렸습니다. 모든 옛것은 사라집니다.

당신은 오늘 나와 함께 있는 것을 기뻐하였습니까?

릴리 아, 네!

— 그 기쁨을 전하세요!

> 나는 대화가 끝난 줄로 여겨 기록을 보완하고 있었는데 갑자기 릴리의 스승이 나를 향해 말씀하셨다.

시간을 들여 모든 걸 적으세요. 악센트까지도.

　　나는 깜짝 놀랐다.

농담이라고 생각지 마세요. 나는 농담은 모르지만 기쁨은 알고 있습니다.

나의 평화가 당신에게 내리기를! 그 평화는 나의 것이 아니고 **그분**의 것입니다. **그분**의 다스림이 내리기를!

1944년 1월
X에게 전하는 메시지

나는 조용한 시간에 X에게 여러 차례 연락해 보았으나 헛수고였다. 그는 시간이 날 때마다 줄곧 독일 방송을 듣고 있어서, 그의 정치적 관심이 천사의 메시지를 느껴 아는 데 방해되지나 않을까 걱정스러웠다. 오늘 한나는 다시 독일어를 듣게 됐고, 나는 그것이 내 근심에 대한 응답이라고 생각됐다.

씨앗들은 흙과 온기가 필요하니

뜨거우면 부서지리!

기다리라!

아무것도 하지 말라!

신의 힘이 일하도록 내버려 두라!

그러면 줄기 생겨나고

수액 그 안에 흐르리.

너는 오로지 노래 부르며

빛나기만 하라.

울지 마라!

대지는 촉촉하니

내버려 두라!

씨앗은 따뜻해지리.

세상은 가난했으나

그분

모든 것 밝게 비추리.

얼마 안 되어 새로운 메시지가 전해졌다.

눈 속 세포는

밝음을 볼 수 없고

그저 쓰일 뿐

너는 세포가 아닌,

눈

환하게 밝히라!

우주의 새로운 파동 위한

원천이 돼라!

짐승의 눈은 빨아들인다.

너는 짐승도

장식물도 아니다.

너는 **구원자**

인간!

너는 밤을 물리칠 수 있으리.

새로운 파동은

눈먼 이들이

고통 속에

뒤엉켜 있는

계곡 아래로

빛을

비추네.

네 눈빛을 발하니

고통이 멈추네.

밤이 무너지네.

빛이 있으라!

── 기쁨의 근원에 대해 말하겠습니다.

미움, 불, 독, 그것들이 바로 기쁨의 원천입니다. 창조된 세계는 **그분**의 몸이니 악이 **그분** 안에 존재할 수 있겠습니까?

담즙, 이 또한 기쁨의 근원이지만 그것은 바로 독입니다.

나는 스승께서 신체의 기능에 입각하여 우리를 가르치기 좋아하신다는 사실을 깨닫고 매우 기뻤다. 담즙이란 그 쓴맛에도 불구하고 음식물을 분해시키고 변화시키며 소화 과정을 돕는 요소인 것이다.

당신의 몸 안에는 파괴시키지 않는 불이 있고, 죽이지 않는 독이 있습니다. 그것이 어떻게 가능할까요? **계획** 안에 있는 것은 다 좋습니다. 계획의 신비를 잘 이해하세요. 그것은 바로 **변화**입니다.

인간은 위대한 변혁자입니다.

악은 과잉이지만 기쁨의 원천입니다. 가장 악의 있는 동물이 사람이지만, 그는 영원한 기쁨의 원천입니다. 변형되지 않은 힘, 쓰이지 않은 힘은 파괴하고 황폐화시키며 독살합니다.

잘 들어 보세요!

(아래로 손짓을 하면서) 이 세상에서 나쁜 것은 (위로 손짓을 하면서) 저세상에서 좋은 것입니다.

모든 것이 다 거기에 있습니다. 황폐케 하는 힘들은 제자리에 있지 않습니다. 그래서 파괴하는 것입니다. 만약 당신이 그 힘들을 위로 올리면 파괴는 없게 될 것이기 때문입니다. 독으로부터의 치유. 불로부터의 빛. 사람이 기어 다니지 않고 서 있는 까닭은 바로 그 때문입니다. 당신이 상상할 수 있는 모든 악에서부터 새로운 예루살렘이 생겨날 것입니다.

악이란, 없기 때문입니다. 당신이 아직 의식하지 못한 사명이 있을 뿐입니다. 그 사명을 이행하지 않는 것이 당신을 파괴합니다. 바로 그 점에서 악은 기쁨의 원천입니다. 당신들은 헛되이 악을 피해 다니지만 말입니다! 인간의 영원한 문제인 악은 없습니다. 그리고 그 사실을 아무도 모르고 있지요.

당신들에게 선언하노니, **악은 변화되기를 기다리는 선입니다.**

　　(침묵)

병. 사람의 신체 기관 하나하나는 모두 힘입니다. 그 전체에 열매가 맺히기를!

혼란이 있는 곳에서 과잉은 흐릅니다. 담즙이 넘치게 되면 그것은 독입니다. 과잉이 지나치면 모든 것을 황폐하게 합니다. 과잉이 출구를 갖지 못하면 길을 만들게 됩니다. 위로 향하여 있는 새로운 세계, 그것은 아래로 향해 있을 때 독이 됩니다. 위로 향한 생명은 영원한 기쁨으로 솟아나는 신비입니다. 만약 당신이 모든 것을 드높인다면, 당신은 손 안에 영원한 기쁨을 지니게 될 것입니다.

악은 존재하지 않기 때문입니다. 황폐하게 하는 힘인 분노는, 위로 향해 있을 때는 할렐루야입니다. 파괴하는 불은, 위로 향해 있을 때는 기쁨의 타오르는 불길입니다. 그 점에만 유의하세요. 그러면 모든 병과 고통과 악은 멈출 것입니다. 이 진리는 내가 당신들의 손에 건네는 지팡이이니, 위와 아래를 잇는 것입니다. 그것을 받아 언제나 간직하세요. 그것들이 더 이상 둘이 아니라 **하나**라는 것, 더 이상 선과 악은 없으며 오직 선이 있을 뿐임을 잊지 마세요.

내가 당신들 모두에게 그 지팡이를 건네니, 받아들이겠습니까?

기타 네.

　　　스승은 릴리에게 물었다.

릴리 네.

　　　그리고 요셉에게,

— 그리고 우리의 아들은?

　　　요셉은 주저하며 대답을 하지 않았다.

— (엄격한 말투로) 대답하세요!

요셉 네.

　　　처음으로 나는 오래된 상징의 심오한 뜻을 깨달았다. 참된 왕은 하늘과 땅의 힘을 합친 수직의 축 안에서 다스리며, 수직으로 잡고 있는 지팡이는 행위를 의미하는 것이다. 그것은 우리 모두의 사명인, 아래와 위를 연결하는 올바른 행위를 통해서만 진정한 왕권에 이를 수 있다는 사실을 내포하고 있었다. 언어는 창조하는 것이기에 스승은 우리의 동의를 요구하였고, 우리는 큰 소리로 지팡이를 받아들이겠다고 말함으로써 그 사명을 완수하게 하는 신의 도움을 우리에게로 내려오게 했다. (침묵)

　　　스승은 나를 향해 말했다.

— 당신은 숙제를 끝냈습니까? 나는 그 답을 기다립니다.

　　나는 일곱 가지 기쁨이라고 느낀 바를 일곱 문장으로 말했다.

아직 받아들이기엔 부족하니 더 높이 오르세요! 어떻게 더 높이 오르겠습니까?

기타 그건 제가 스승님께 묻고 싶었던 바입니다!

— 단순한 문제가 아닙니다. 당신은 아직 그에 대해 충분한 공부가 되어 있지 않습니다. 당신의 사명은 컸으나, 아직 일곱에 이르지 못했습니다. 기쁨들은 무한합니다. 결국, 일곱 개의 문장이 아니라 일곱 개의 단어가 있을 것입니다.

당신은 이미 하나의 단어, 개체성*입니다.

몇십억 년에 걸쳐 응축된 작업인 단일성, 곧 세포들의 협력입니다. 당신이 한 일은 충분하지 않았습니다. 당신은 사명을 쉽게 여겼습니다. 포도를 수확한 뒤에도, 포도주는 아직 없습니다. 포도 즙만이 있을 뿐입니다. 만약 당신이 지난 토요일부터 수확했더라면 지금쯤은 포도주를 가지고 있었을 것입니다. 당신은 그저 단 포도를 땄을 뿐입니다. 나는 당신에게 포도를 요구하는 것이 아니라 포도주, 오래된 포도주를 요구합니다. **그분**에게까지 올라가는 것은 도취이지 단맛이 아니기 때문입니다.

질문을 기다립니다.

기타 저의 어떤 행위로 인해 악이 높이 올려지게 됩니까?

— 변화를 통해서입니다. 당신은 개혁자입니다. 나무에게 과잉은 열매입니다. 당신은 열매의 과육을 먹음으로써 열매를 죽이고, 그 열매를 사람으로 변하게 합니다. 흙의 과잉은 당신 안에서 죽어 다시 태어납니다.

당신은 당신 속에 악을 받아들이고 그것을 선으로 변하게 합니

---

* 개체성은 헝가리어로 'egy-én'(하나의 나)이다.

190

다. 악은 존재하지 않습니다. 다만 변화되지 못한 힘만이 존재합니다.

질문을 기다립니다.

기타 **그분**의 힘이 저를 통과할 때, 저는 제 두 손이 각기 다른 파동을 일으키는 것을 느낍니다. 이것은 무슨 의미이며 어디에 쓰이는 것입니까?

— 치유를 위해 쓰이는 것입니다. 서로 분리된 두 손은 아무런 사명도 갖지 못합니다. 함께라면 물론 갖게 됩니다. 알려고 하지 말고 섬기세요! 그리하면 당신은 지식이 아닌 것을 알게 될 것입니다. 먼저 천지창조가 있었고, 그 후에 무능력한 자들이 그것을 설명했습니다. 예술가는 창조하고, 벌레들은 그것을 설명합니다. 당신 머릿속의 한 줌 젤리란 얼마나 보잘것없는지!

> 내 머릿속 대뇌의 회전이 마치 젤라틴질의 벌레가 꿈틀거리는 것처럼 보였다.

마지막 질문을 하십시오.

기타 저는 제 나름대로의 법에 따라 행동한 줄 알았는데 실은 그렇지 않았습니다. 어떻게 그처럼 틀릴 수가 있습니까?

— 한마디 말이 당신을 가두어 버립니다. 당신이 '나'라고 말하면, 그것으로 벌써 끝나는 것입니다. 영원한 진리와 당신 사이에 장막이 드리워졌으니, 당신은 더 이상 그 진리를 알아보지 못합니다. 당신은 어둠 속에 있기 때문입니다. 그 장막은 '나'라고 불립니다. 당신이 만약 장막을 연다면 당신은 **그분**이 될 것이고, 더 이상 내게 아무런 질문도 하지 않을 것입니다. **그분**은 모든 것을 알고 계시기 때문입니다.

당신이 만약 당신의 법의 이름으로 행동한다면 당신은 자신에 대해 아무것도 모릅니다.

당신은 아무것도 알 수가 없습니다. **그분**은 확실하시니 주저하지 마세요!

인간은 하느님의 손 안에 들린 지팡이입니다. 지팡이는 아래와 위를 연결하는 고리입니다.

하느님께!

1944년 1월 7일 금요일
릴리와의 대화 29

우리는 릴리의 스승을 차분히 기다리고 있었지만 아직 주변은 어수선했다. 우선 한 젊은이가 바로 집 옆에서 오토바이에 시동을 걸려고 애쓰고 있었으나 오토바이는 말을 듣지 않았고, 그 소란이 계속 이어질 것 같았다. 마침내 소란이 그친 다음에는, 쥐 한 마리가 옷장 뒤에서 법석을 피우기 시작했다. 그 쥐는 아마도 호두를 가지고 노는 듯싶었다. 그 기척은 당연히 고양이의 주의를 끌었고, 고양이가 방문 뒤에서 계속 야옹거렸다. 릴리의 스승은 우선 내게 먼저 말했다.

— 잡음은 밖에 있는 것이 아니라 안에 있습니다. 당신 안의 작은 소리들이 형체를 이룬 것입니다.

(우리 모두에게) **그분**은 **하나**이지만 두 손을 가지고 계십니다.

한 손은 믿음, 다른 손은 무게. 정신은 오른손을 들고 물질은 왼손을 듭니다. 기적은 사람입니다.

넓게 펴졌던 하나의 팔이 점점 가까워지면서 손들이 서로 닿아 원을 이루었다.

사람을 통한 동그라미와 포옹은 완전합니다. 그러므로 더는 무게가 없습니다. 그러므로 더 이상의 믿음은 없습니다.

고양이가 다시 울기 시작하여 나는 정말 화가 났다. 릴리의 스승은 다시 나를 향해 말했다.

당신은 짐승을 가지고 짐승을 다스리진 못할 것입니다.

잠시 멈추겠습니다.

나는 고양이를 밖으로 내보냈다.

(긴 침묵 후, 릴리에게) 나의 어린 봉사자여, 질문하세요!

릴리 제 작업이 점점 더 어려워집니다.

— 당신은 옛것은 의심하나 새로운 것에 대해서는 의심하지 않습니다. 그건 좋은 일입니다. 그런데 어디에서 무게를 느낍니까?

릴리 저는 제 자신을 비롯해 다른 사람들을 충분히 빠르게 변화시킬 수가 없습니다.

— 내 마음은 당신 안에서 기뻐합니다. 나의 봉사자여, 당신은 새로운 것을 발견할 것입니다. 찾는 사람에게, 새로운 것은 열리게 될 것입니다. 당신은 어디에서 새로운 것을 봅니까?

릴리 저는 모든 것이 변하게 되리라는 예감을 갖긴 하지만….

— **그분**을 통하여 모든 게 변할 것입니다.

당신들은 모두 놀라운 계획에 힘을 기울이고 있습니다. 기쁨은 둘이 합쳐짐으로써 생깁니다. 만약 당신이 새로운 것을 찾으면 다른 것, 옛것은 없어지지 않습니다. 옛것은 그 둘 중의 하나이기 때문입니다.

릴리 저는 모든 것에서 단일성, 진실, 옳은 일을 구하기는 하지만, 단순하게 말하고 행동하고 움직일 수 없어 거북하게 느껴집니다.

— 당신이 새로운 것에 가까워짐에 따라서 그 모든 것이 이루어질 것입니다.

릴리 왜 저는 질문하는 것이 점점 더 어려워지는 걸까요?

— 공기가 감소되기 때문입니다. 당신의 폐가 그에 익숙해져야 합니다. 그리고 나는 뒤로 물러서고 점점 더 뒤로 물러섭니다. 그러나 당신이 멀어지는 것은 허용되지 않습니다. 당신은 자신이 늘

더 위로 오르는 것을 깨닫지조차 못합니다. 하지만 우리가 서로 멀어지는 것은 허용되지 않습니다. 나는 당신을 더 위로, 항상 더 위로 끌어 올립니다. 우리는 아직도 우리의 집에 도착하지 않았기 때문입니다. 우리는 아직 함께 합쳐질 수 있는 상태에 이르지 않았습니다. 그것은 점점 더 어려운, 그리고 점점 더 쉬운 일입니다.

무게와 사명은 둘입니다. 무게는 가볍게 될 것이고 사명은 무겁게 될 것입니다. 모든 것이 뒤바뀌게 되기 때문입니다. 물질, 가족, 참 무거웠었지요! 이제 더 이상 그렇지 않습니다. 무게가 덜어졌으니 사명을 성취할 힘을 갖도록 하세요! 무엇이 당신을 걱정스럽게 합니까?

릴리 저는 아직 너무나 약합니다.

—— 당신은 내가 강하다고 믿습니까?

릴리 네, **그분**을 통해서요.

—— 그러면 당신의 연약함은 어디 있습니까?

릴리 **그분**을 잊어버린 것에 있습니다.

—— 당신의 상태로 말하자면, 아래로부터는 떠받쳐지고, 위로부터는 축복을 받고 있습니다. 나의 봉사자여, 기뻐하세요! 당신들이 마침내 깨어날 수 있다면! 시간은 다 지나갔습니다.

아직 질문이 있으면 하십시오!

릴리 이기주의는 어디에서 연유합니까?

—— **그분**에게서. 모든 것은 **그분**에게서 옵니다.

릴리 (깜짝 놀라서) 어떻게 그럴 수가 있습니까?

—— 이기주의는 무게이고 **그분**의 왼손입니다. 사람에게는 무게지만 동물에게는 높이 오르는 수단입니다. 제자리에 있는 것은 모두 다 좋기 때문입니다.

하늘이 당신들과 함께하기를!

1944년 1월 12일
X에게 전하는 메시지

마침내 산책을 하며 X를 위한 메시지를 전할 기회가 왔다. 그는 갑자기 걸음을 멈추며 몹시 놀라고 당황한 기색을 보였다. '그래, 하지만 실제 삶 속에서 내 역할이 뭐지?' 나는 그에게 '틀림없이 그에 대한 답을 얻게 될 거야!' 하고 말했다. 오늘 나는 그 답을 적을 수 있게 됐다.

나는 너
잘 들어라.

반쪽 아치는
바로 설 수 없으니.
아주 가볍게 저 위에
서고
우뚝 솟아
받쳐 주어야 하네.

흔들리면 안 되니
자칫 기우뚱하며
진흙 속에 가라앉을 것이기에.
그것은 버텨야 하리.
들어 올릴 수도
죽을 수도
살 수도 없으니
힘은 뻣뻣이 굳고

존엄함은 한낱 짐일 뿐
반쪽 아치 아래
소리 없이 날뛰며
끓어오르는 소용돌이
그 안에서 수액은
증기로 사라질 뿐,
그래도 반쪽 아치는 돕고 싶어 하니
아치 없이는
저 깊은 심연에서
두려움과 강제
도주와 불신
탐욕과 피
살육과 분노의
소용돌이 속
먼지로 부서지는 숱한 이들
붙들어 주고 싶어 하네.

내게 손을 다오.
너와 나 사이,
벽은 사라졌네.
너는 묻고 있네.
"내 역할이 무엇이냐?"

아래로는 무시무시한
높은 파도 휘몰아치고
얼룩덜룩 누더기
떠다니네.

낡은 건물 더 이상 받칠 수 없는
나무 기둥의 잔해들
잿빛 물속 휘젓고 있네.

보라.
너는 반쪽
하지만 우리는 곧
그보다 나아지리!
우리는 가까이 있네.
아주 가까이.

내게 손을 다오.
우리는
아래와 위를 잇는
띠, 끈
아치
다리

새로운 것 태어났으니
모든 것 지으신 **그분**
우리 찬양하리.
대지 위 반쪽이던 것
온전해지리.

우리는 굳세리라.
그분이 다스리리라.
길은 열려 있네.

그분이 말하니
"그렇게 될지어다!"

나는 X를 위한 메시지를 기록했지만, 그사이 그가 부다페스트를 떠나 버려 전할 수가 없었다. 이십이 년이 지난 후에야 그는 그 모든 메시지를 받게 됐다.

1944년 1월 13일

두번째 탄생

어두운 품 안,
여리고 발가벗은 아이
물기 촉촉한 채
헤엄치네.
멀리 희미한 빛
꿈속에서 보일 듯 말 듯
아이가 커 가고
품은 좁아지네.
높이
문을 향해!
뚫고 나오라.
빛을 향해.
그 어떤 장애도
너를 막지 못하니!
밤은 물러가
저 아래 머물고

아이는 영원한 삶으로

깨어나네.

죽음은 사라지고

다시 오지 않으리.

오직 신 안에 머무는

삶이 있을 뿐.

1944년 1월 15일 토요일
기타와의 대화 30

전날의 대화는 이루어지지 않았다. 한나와 요셉이 병환 때문에 입원하신 요셉의 아버지를 문병 갔기 때문이다.

— 좁은 통로에 대해 말하겠습니다. 당신들은 가다가는 멈추고, 또 멈추게 될 것입니다. 그 이유는 다음과 같습니다. 잘 들어 보세요!

행위 없는 믿음은 없고 믿음 없는 행위는 없습니다.

믿음은 행위 이상의 것이 될 수 없으며 행위는 믿음 이상의 것이 될 수 없습니다. 행위와 믿음은 **하나**이기 때문입니다. 당신들의 믿음이 적어서가 아니라 행함이 적기 때문입니다. 행함 없는 믿음은 믿음이 아닙니다. 당신들은 이미 더 많이 행할 수 있었을 것입니다.

당신들이 무엇을 하고 있는지 살펴보세요! 당신들은 아직 비겁한 자들입니다. 믿음에 대해서가 아니라 행함에 대해서. 나의 봉사자여, 당신은 행하고 있습니까?

기타 행함이란 무엇인가요?

(매우 엄하게) 당신은 행함을 실천하고 있습니까?

나는 물었습니다. 질문하지 말고 대답을 하세요.

기타 저는 조금밖에 행하지 않았어요.

—— 무슨 뜻입니까?

기타 제게 주어진 힘을 쓰지 않습니다.

—— 무슨 이유로?

기타 잘 모르겠습니다.

—— 잘 들어 보세요! 행위는 분리됐고, 믿음은 분리됐습니다. 헛된 행위가 많았기 때문입니다. 그러나 이미 당신의 마음은 헛된 행위를 몹시 싫어합니다. 당신은 이미 행할 수 있고, 당신의 행함은 더 이상 헛되지 않을 것입니다.

당신들은 모두! 좁은 통로에 대해 관심을 기울이세요. 왜냐하면 행위와 믿음은 **하나**가 되기 때문입니다. 그리고 새로운 땅과 새로운 하늘이 도래합니다.

물어보세요!

기타 제가 생각을 하는 것, 이것도 행위인가요?

—— 행위의 일부입니다. 행위는 하나입니다. 분리되어 있는 행위란 없습니다.

아침부터 밤까지, 밤부터 아침까지, 날 때부터 죽을 때까지 하나밖에 없는 행위입니다. 그것이 바로 **봉사**입니다. 작은 행위는 없습니다. 하나의 행위, 곧 **사명**만이 있을 뿐입니다. 많은 행위, 적은 행위도 없습니다. 불완전한 행위 혹은 불충분한 행위만이 있을 뿐입니다. 이해가 됩니까?

기타 네.

—— 당신은 행위가 아닌 상태로 손을 내밀 수 없습니다. 많은 것은 늘 상 환상이랍니다. 쉼표는 하나의 노래를 두 개로 만들지는 않습니다. 그러므로 당신은 길을 잃지 마세요!

나의 봉사자여, 질문을 기다립니다.

기타 태양의 흑점들, 태양의 분출은 무엇인가요? 그러한 것들이 사람
     에게 끼치는 영향은 무엇이며, 어떻게 그것을 지배해야 합니까?

—— 왜 그에 대해 알고 싶어 합니까?

기타 저는 얼마 전에 지는 해 속에서 검고 큰 점들을 똑똑히 보았습니
     다. 그리고 앞으로 무시무시한 사건들이 닥쳐 오리라는 예감이
     들었습니다.

—— 내가 어떻게 무한히 많은 태양들의 수많은 영향을 당신에게 보
     여 줄 수 있겠습니까? 당신은 호기심 많은 아이로군요! 그러나
     그것은 단점이 아닙니다. 만약 당신이 당신도 모르는 사이에 전
     속력으로 당신의 온몸을 뚫고 지나가는 거대한 힘들을 본다면,
     겁에 질리게 될 것입니다. 당신이 부름받은 것으로 채워져 있다
     면 더 이상 맹목적인 힘들은 없을 것입니다. 그 힘들은 당신 안에
     서, 그리고 당신을 통하여 행하는 힘들이 되기 때문입니다. 그렇
     지 않으면 그것들은 파괴적인 힘들이 됩니다.

          (침묵)

     당신의 사명은 아직 끝나지 않았지만 그래도 괜찮습니다.

기타 저는 그 사명이 완성되지 않은 이상 그림을 그릴 수가 없어요.
          나는 일주일 내내 일곱 가지 기쁨에 대해 숙고했으나 나의 노력
          은 아무 결과도 낳지 못했다. 결국 나는 너무나 애를 쓴 나머지
          기뻐하는 것조차 완전히 잊어버리고 말았다.

—— 어린 자여, 그것은 매한가지입니다! 당신은 지나치게 노력했습
     니다.

기타 일곱 가지 기쁨을 찾기 위해서 어떻게 해야 할까요?

—— 내가 오늘 말한 것이 열쇠입니다. 그림을 그리며 기뻐하세요. 그
     리고 기뻐하며 그림 그리세요! 그렇게 당신의 사명은 준비됩니
     다. 주의를 기울이세요! 아침부터 저녁까지 모든 것이 **하나**의 행
     위가 되므로 당신이 해야 할 일은 많지 않을 것입니다.

기록하고 있던 릴리에게 말씀하시길,

글을 쓰면서 당신은 마음속으로 내게 물었지요. '삶이란 무엇인가?'라고. 삶이 시작될 때, 당신은 그것을 맛볼 것입니다. 신비일 것입니다. 새로운 파동. 당신들은 맛을 보기만 할 뿐이지만, 마침내 그것을 살게 될 것입니다. 우리, 당신들을 가르치는 우리는 **하나**입니다. 그와 같이 나는 당신에게 대답했고 당신은 그것을 기꺼이 받아들였습니다. 우리는 제각기 완전히 구별되지만 그래도 **하나**입니다.

당신들도 **그분**의 영광을 위하여 제각기 다르지만 당신들은 **하나**입니다!

그분을 경배합시다.

1944년 1월 15일 토요일
요셉과의 대화 30

스승과의 대화가 끝나자 깊은 침묵이 이어졌다. 한나의 시선은 요셉에게 못 박혀 떨어지지 않았다. 요셉은 갑자기 강렬한 초록빛으로 둘러싸인 제 스승의 모습을 또렷이 보았다. 수줍음, 주저함, 괜스레 말하기를 부끄러워하던 감정들은 모두 사라져 버렸다.

요셉 말씀해 주십시오!

— 순진한 척하는 것은 나약함의 표시입니다. 아담은 아직 **사람**이 되지 못했기 때문에 숨었습니다. **아버지**와 당신의 아버지는 하나입니다. 그 둘 사이에 **아들**이 있습니다. **아들**은 연결하는 존재입니다. **아들**이 있기 때문에 죽음은 존재하지 않습니다.

침묵은 나의 언어입니다. 침묵에서부터 행위가 창조됩니다. 당신의 도구가 아무리 소란스러울지라도 그것은 물질 안에서 침묵이 됩니다. 침묵, 균형, 절제. 톱은 삐걱거리는 소리를 내고, 그의 작업은 침묵, 평화, 균형을 창조합니다.

　　요셉은 가구를 디자인하고 제작하는 사람이었다.

다른 질문이 있습니까?

요셉 　죽음에 대해 말씀해 주십시오.

　　요셉은 아버지의 병환으로 인해 몹시 상심해 있었다.

—　당신은 존재하지 않는 것에 대해 물어보지만, 그래도 대답을 하겠습니다.

아래에서 죽음으로 보인 것은 위에서는 삶입니다. 당신은 죽음을 면할 수 없지만 영원히 살고 있습니다.

그 나머지는 시간과 겉모습일 뿐입니다. 파도의 난무, 수십억의 작은 죽음들. 그것이 바로 삶입니다. 세포들은 죽고, 새로운 세포들이 생겨납니다. 아버지를 떠나보내지 마세요! 그는 아직 살아야 합니다.

나쁜 것은 죽음이 아니라 이루지 못한 사명입니다.

열매는 익으면 저절로 떨어집니다. 떨어지는 열매는 익었으니, 맛있습니다. 당신의 아버지는 아직 무르익지 않았고 무엇인가 결핍되어 있습니다. 당신 또한 아버지가 되어야 합니다.

　　요셉과 한나에게는 아이가 없었다.

당신의 아버지에게 모자라는 건 바로 그것입니다. 당신은 방금 나를 부른 것처럼 언제든지 나를 부를 수 있습니다.

언제든! 침묵이 당신을 에워싸기를! 침묵이 당신을 유혹으로부터 지켜 주기를! 침묵 속에서 **행위**를 창조하세요! 행위가 당신을 **그분**에게 이어 주기를!

나는 떠나지 않습니다.

— 당신들 모두에게 인사드립니다.

스승은 처음으로 질문하러 온 요셉을 돌아보며 말씀하셨다.

— 열쇠는 바로 이것입니다.

원. 원 안에 상석上席이 있을 수 있습니까? 원은 완성됐습니다. 마지막 벽이 무너졌으니, 형언할 수 없는 기쁨입니다! 유혹자는 벽을 통해 들어오기 때문입니다. 벽이 없으면 그는 들어오지 못합니다.

나는 고정관념들로 요새화된 두꺼운 벽의 모습을 보았다. 유혹자는 그곳을 통해서만 우리를 해칠 수 있는 것이다. 만약 우리가 새로운 것, 살아 있는 것, 그리고 끝없이 변하며 형태를 바꾸는 것 안에 있다면 유혹자를 위한 자리는 더 이상 없는 것이다.

유혹자도 우리에게 도움을 줍니다. 모든 것은 우리에게 도움을 줍니다. 더 이상 악은 없습니다. 당신들은 그것을 잘 알고 있지요! 말로 표현할 수 없는 기쁨!

(침묵)

직선은 없습니다. 광선 또한 직선이 아닙니다. 모든 것은 원입니다. 이를 믿으세요!

당신들은 끝없는 원의 작은 부분 위에서 움직이고 있고, 그 광대한 원의 부분은 당신들에게 직선으로 보입니다. 생각으로는 그것을 파악할 수 없습니다. 모든 원의 중심은 **그분**입니다. 원이 좁아질수록 **그분**의 존재는 더욱더 강해집니다. 그러나 모든 원은 각기 자신의 필요성을 지니고 있습니다.

(요셉에게) 나의 아들이여, 당신의 몸은 아직도 저항합니다. 당신은 새로운 원 안으로 들어왔습니다. 당신들 모두! 더 작은 원에

익숙해져야 합니다. 유혹자가 맴돌고 있습니다. 유혹자는 틈이 있는 곳으로는 더 이상 공격하지 못하지만 벽이 있는 곳을 공격할 것입니다. 두려워하지 마세요! 당신들은 이미 아주 강합니다. 나의 봉사자여, 질문하세요!

릴리 우리가 더 활기찰 수 있게 삶에 대해 말씀해 주세요!

— 당신은 아직 삶을 모릅니다. 태어나고 있는 중이기 때문입니다. 당신은 아직도 삶을 꿈꾸고 있습니다.

새로운 삶이 올 것입니다. 그에 비하면 현재의 삶은 죽음입니다.

당신은 아직 그 새로운 삶을 견디지 못하겠지만, 준비하세요! 당신은 이미 때때로 그 삶을 느끼고 있습니다.

릴리 너무나 드물게요.

— 참으로 중요한 말입니다! 당신이 지금 느끼는 것은 전환 과정입니다. 당신은 단지 외관상으로 아주 조금, 죽어야 합니다.

새벽. 밤은 부드럽고도 안전한 어둠입니다. 새벽은 낮도 아니고 밤도 아닙니다. 당신은 밤을 아쉬워하지 마세요! 빛은 그 무엇보다 더 경이로운 것이기 때문입니다. 모든 전환은 시련입니다. 두려워 말고 어둠을 떠나세요.

영원히 어둠 속에 있는 뿌리는 꽃과 열매로 이어져 있기 때문입니다.

질문하세요!

릴리 저는 혼자서는 시도할 수가 없어요.

— 혼자? 당신은 더 이상 혼자가 아닙니다.

당신이 시도를 하는 것이 아니고 당신과 함께 시도가 행해지고 있는 것입니다.

'당신과 함께 시도가 행해지고 있다'는 말을 릴리는 두번째로 들었다. 나는 이 전환기의 시대에 세상 어디에서나 이런 종류의 시도가 수행되고 있는 것일까 자문해 보았다. 그것은 온 인류의 전반적인 변화의 시초일까? 내가 너무나도 자연스럽게 겪고 있었던 스승들과의 만남은 다른 많은 이들에게도 일어날 수 있는 것이다.

당신은 해야 할 것을 하고 있습니다. 즉, 스스로 변화하고 있습니다.

당신은 부름에 응하여 옵니다. 그것으로 충분합니다. 공간과 시간으로 인해 물질 속에 보이는 결과는 뒤에 옵니다. 당신은 나중에야 그것을 보게 되겠지만, 결과는 반드시 옵니다.

만약 당신이 스스로 변화한다면 물질 또한 변화할 수밖에 없습니다.

당신의 지난 노력은 없어지지 않고 꽃을 피우게 될 것입니다. 그것의 이름은 도움이니, 그 뿌리는 좋습니다. 나머지 모든 것들은 중요하지 않습니다. 당신은 도울 것입니다. 그것이 바로 당신의 존재 이유입니다.

아직도 당신을 걱정스럽게 하는 건 무엇입니까? 내가 도울 수 있을 것입니다.

릴리   제 자신을 드높여야 한다는 감정입니다.

—   해야 하는 것이 아닙니다. 하지만 당신은 스스로를 드높이고 있습니다. 나는 당신을 부르고, 당신은 옵니다.

기쁨에 찬 나의 축복을 받으세요! 당신들은 모두 원 안에서 믿음을 가지고 있었으니까요. 아무것도 두려워하지 마세요! **그분의** 왕국이 가깝습니다. 죽음의 마지막 시간이 울렸습니다. 머리를 숙이세요.

스승은 축복의 손짓을 하셨다.

나는 이번 주 내내 일종의 내적 마비 상태에 있었다. 하고 있었던 모든 일들이 대수롭지 않게 보였고, 더는 무엇에도 흥미를 느끼지 못했다.

— 당신한테는 무엇이 부족한가요?

기타 모르겠습니다.

— 배가 고픕니까?

기타 네, 가르침에 대해서요.

— 만약 당신이 원하면 받을 수 있을까요?

기타 네, 하지만 저는 무력감에 빠져들기 시작하는 순간을 깨닫지 못합니다.

— 잘 들어 보세요! 당신이 무엇을 원하든, 당신은 그것을 받습니다. 그렇지 않습니까?

기타 맞습니다. 저 자신을 위해 원하는 것이 아니라면요.

　　스승의 목소리는 엄하게 변했다.

— 당신을 위해 원한다 해도 마찬가지로 받게 됩니다. 당신은 먹을 것을 달라고 하지 않습니까? 누구에게서 그것을 받습니까?

　　나는 육신의 굶주림과 영혼의 굶주림이 둘 다 요구하는 방식에 속한 것임을 깨닫기 시작했다.

기타 **그분**으로부터요.

— 그러므로 당신을 위한 것이 아니라고 말하지 마십시오!
당신은 요구의 원 가운데 있습니다.

모든 것이 당신을 간청하고 있습니다. 구원받지 못한 모든 피조물들이. 당신은 피조물의 대변자입니다.

그 사실을 잊어버려야 할 까닭이 어디 있습니까? 당신은 자신이 무력해지도록 놔둘 수 없습니다! 만약 소금이 그 맛을 잃으면 무엇으로 간을 맞추겠습니까?

(침묵)

질문하세요!

기타 **그분**을 끊임없이 경배할 수 있도록 가르쳐 주십시오.

— **그분**이 멀리 계시다고 생각합니까?

기타 아니요.

— **그분**이 가까이 계십니까?

기타 **그분**은 어디에나 계십니다.

— 당신은 정말 **그분**을 가끔씩밖에 경배할 수 없습니까? 나는 **그분**을 경배하는 방법을 당신에게 가르칠 수 없습니다. 그러나 나는 **그분**이 모든 곳에, 도처에, 어디에나, 언제나 계시다는 것은 가르칠 수 있습니다. **그분**은 저 아래 깊은 곳에도 계십니다. **당신의 사명이 그분 안에 있는 당신의 자리를 정해 줍니다.**

> 나는 그 말씀을 들으면서 문득, 내가 신적 존재의 유일한 생각이고, 신적인 육신의 유일한 세포이며, 유일한 사명을 가지고 있다는 사실을 자각했다. 나의 우울증은 내가 나의 사명을 잊어버렸다는 사실을 명백하게 드러내는 것이었다.

경배란 다름이 아니라, **그분**과의 합일입니다. 하지만 당신의 자리는 공간과 시간 속에 제한받고 있습니다.

말하세요!

기타 어떻게 하면 행해야 한다는 잘못된 생각으로부터 벗어날 수 있을까요?

— 당신이 **그분**을 경배한다면, 그것이 당신을 가득 채워 줍니다. 그 외에 다른 것을 위한 자리는 더는 없을 것입니다. 기뻐하게 될 것은 당신이 아니라 당신의 주위를 둘러싼 모든 것, 물건들과 사람들, 일과 사명입니다. 당신을 제외한 모든 것이 기뻐할 것입니다.

당신의 기쁨은 아버지의 기쁨과 하나가 될 것입니다.

따로 떨어져서는, 당신은 아무것도 느끼지 못할 것입니다.

기타 그것이 벌써 가능하다면 얼마나 좋을까요?

— 이미 가능합니다! 내일이 아니라!

기타 자유의지란 무엇입니까?

— 자유의지는, 언제나 그렇게 살 수 있는 가능성입니다. 그 외에 아무것도 아닙니다. 그것으로 충분합니다.

　(우리 모두에게) 노예 상태는 없으나, 법이 있습니다. 당신들을 위한 법은 합쳐지는 것입니다. 그리고 그것이, 바로 당신들을 위한 자유입니다. 당신들이 제각기 따로 떨어져서는, 노예일 뿐입니다. 당신들이 합쳐지면 자유로워집니다. 그 길은 자유롭게 통행할 수 있으며, **그분**께서 당신들에게 미소 짓습니다.

1944년 1월 21일 금요일
대화 31
스승과 한나의 첫번째 대화

　우리는 여느 때처럼 릴리의 스승을 기다리고 있었다. 나는 첫 말씀을 듣자마자 거의 무서울 정도의 엄격함과 절제된 힘이 있다는 걸 느꼈다. 그와 동시에, 나는 기쁨의 크나큰 도약 속에서 한나의 스승을 알아보았다. 비록 정확한 기억은 없었지만, 나는 신의 정의를 구현하는 그 스승을 알고 있다는 확신이 들었다.

— '측정하는 이'가 그대들에게 이르니, 식물에서의 성장은 동물에게는 활동이며, 인간에게는 **'주는 것'**입니다. 주는 것은 열매가 아니라 성장이며, 준비입니다.

　나는 준다는 것이 구체적인 결과가 아니라 모든 성장에 필요한 조건이라는 사실을 깨달았다.

끊임없이 주지 않으면 당신들은 쇠약해집니다. 열매는 새로운 세계입니다. 각각의 식물에게서 성장은 서로 다릅니다.

나의 봉사는 측정하는 것입니다.

무한한 것은 헤아릴 수 있는 것 속에 나타납니다.

한계 속의 완전성은 무한한 것의 모습입니다.

당신에게는 당신 자신의 능력을 발휘할 역량이 주어졌습니다. 어떠한 낭비나 인색함도 없이, 꾸준한 경배와 함께.

> 나는 꾸준한 경배에 관한 나의 질문에 대해, 측정하는 스승의 대답을 들을 수 있어 매우 기뻤다.

능력이 주어졌으니, 당신들의 진가는 당신들 안에 있습니다. 능력의 크기가 중요한 건 아닙니다. **그분**께서는 모든 것을 가득 채우시기 때문입니다. 당신들이 스스로의 능력을 온전히 발휘한다면 당신들은 **그분**과 같아질 것입니다. 다만 그러한 방식으로만.

나는 당신들에게 내가 언제나 측정하고 있음을 알려드립니다. 그것이 내가 하는 봉사입니다. 나는 보상하거나 벌하지 않고, 다만 측정합니다. 벌과 상은 당신들이 자기 안에 지니고 있습니다. 당신들이 자신의 능력을 온전히 발휘한다면, 당신들은 성장할 것입니다. 그렇지 않을 때, 당신들은 쇠약해집니다.

불가능한 것은 없다고 생각하지 마십시오!

가능한 것은 무게의 법이며

불가능한 것은 새로운 세계의 법입니다.

무감각해진 새들은 감옥의 문이 열려 있어도 날아갈 엄두를 내지 못합니다. 나는 당신들이 날아가게끔 겁을 주고 있습니다.

말을 마쳤으니 이제 나는 물러갑니다.

> 이 대화가 끝난 후, 나는 내 스승이 이미 오래전에, **그분**께서는 스승의 형상으로 나를 창조하셨다고 하신 말씀을 이해하기 시

작했다. 나는 이제 우리 모두가 자신의 스승을 닮을 수 있다는 것을 깨달았다. 릴리의 본래 성품은 '도와주는 이'에 해당하고, 한나의 본래 성품은 '측정하는 이'에, 요셉은 '짓는 이', 그리고 나는 '빛을 발하는 이'에 해당했다.

1944년 1월 21일 금요일
릴리와의 대화 31

잠시 침묵이 흐른 뒤, 우리는 릴리의 스승이 오셨음을 느꼈다.
— 능력에 대해서 계속 말하겠습니다. 동물의 사명은 자기 자신에 집중되어 있습니다. 환경, 먹이, 새끼 등, 동물은 자신에 속한 것으로만 기뻐할 뿐입니다. 잘 지낼 때, 동물은 모든 것에 기뻐합니다. 그는 자신이라 불리는 원 안에서 살아갑니다. 동물은 모든 것을 피조물인 자신에게 집중하기 때문에, 원 안에 있는 것을 빨아들입니다.

 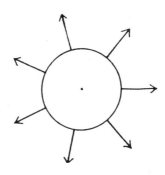

사람은 그 반대입니다. **그분의** 능력과 당신의 기쁨은 원 너머로 빛을 발하는 것이니, 그에 대해서는 헤아릴 수 없습니다.
동물은 배고프면 배불리 먹는 것으로 충분합니다. 인간은 가득

채워지면 빛을 발하지만, 결코 충분하지 않습니다. 그러므로 그의 기쁨은 무한합니다. 이것이 영원한 삶의 비밀입니다.

　　이때 마을의 종이 울리기 시작했다.

만약 밀폐된 방 안에서 종이 울린다면, 그건 견디기 힘들겠지요. **당신들 주위의 모든 것이 기쁨이라면 그게 바로 중용**中庸**입니다. 그리고 그것은 가능합니다.**

믿지 않는 것은 **그분**을 믿지 않는 것입니다. **그분**께서는 언제나 온전히 당신들을 채워 주십니다. 그분의 자비는 무한하기 때문입니다.

(릴리에게) 나는 당신에게 대답하기 위해 왔으니, 질문하세요!

릴리　왜 인간은 다 되어 있는 것만을 받고 싶어 하나요?

—　응석받이의 유년기. 이미 만들어져 있는 장난감, 다 완성되어 있는 지식과 가공식품, 이미 이루어져 있는 경험, 그러한 것들을 받으며 어린아이는 역겨움을 느낍니다.

지식에 대한 욕구, 창조하려는 의지, 아이들을 인간이 되도록 하는 그 모든 것들은 쇠약해집니다. 너무나 많은 충고들이 자기실험에 대한 아이의 욕구를 죽입니다. 그 모든 것들은 비겁이며 믿음의 결여입니다. 그러면 어린아이가 어른이 됐을 때, 그 안의 것은 모두 죽어 있습니다.

나의 가장 사랑하는 이여, 그 사실을 기억하세요! 보충해 주려 하지 말며, 절대 충고하려 들지 마세요. 미리 음식을 씹으려 하지 마세요! 당신은 다른 방식으로 주세요. 모든 것이 당신의 손 안에서 새로워질 것입니다. 그들을 시련과 사명 앞에 세우세요! 매혹시켜 당신의 행로 속으로 끌어들이세요! 이끌려 하지 말며, 손을 잡아 주지도 마세요! 오히려 확실치 못한 이들을 약간 밀쳐 버리세요. 그의 안에서 확신은 더욱 강해질 것입니다.

이것이 바로 당신이 찾는 것이며, 당신은 그걸 찾게 될 것입니다.

(침묵)

잠결의 잿빛 하늘 대신 색채들의 놀라운 광휘가 도래할 것입니다. 그런데 지금의 무수한 천연색 영상들과 영화들은 사람의 시각을 잿빛으로 만들고 있습니다. 사람들이 색채를 주지 못하고 받기만 하게 되기 때문입니다.

질문하세요!

릴리 어떻게 하면 사람들의 관심을 불러일으킬 수 있습니까?

── 만약 내가 당신에게 다가간다면 당신은 멈춰 버릴 것입니다. 그러나 내가 뒤로 물러서면, 당신은 그것을 알아차리지도 못하지요. 그렇게 해서 당신은 물 위로가 아니라 공기 속을 어떻게 걷는지를 배울 것입니다. 나는 늘 당신에게 절반만 대답합니다. 다른 절반은 빠뜨립니다. 그것을 느낍니까?

그분은 씁쓸한 어조로 말씀하셨다.

그런데 인간은 이렇게 말합니다.

'우리는 우리 아이들에게, 모든 이에게 참으로 선합니다!'

모든 것은 쇠약해지고 죽어 버립니다. 왜냐하면 인간이 '우리는 선하다'라고 말하기 때문입니다. 당신은 허기를 주세요! 포만감을 주지 말고! 모든 것은 너무나 잘 알려져 있고 '우리는 모든 걸 안다'고 여깁니다.

당신은 미지의 세계를 열어 주세요!

릴리 집중할 수 있는 사람들은 왜 그리도 적은가요?

── 그들이 아무것에도 주의를 기울이지 않기 때문입니다. 수많은 색채와 수많은 소리들이 사람에게 와 닿습니다. 당신은 새로운 무언가를 보여 주세요, 가장 큰 소리보다 더 크지만 소리 없이 조용한 것. 사람들은 그것에 관심을 기울일 것입니다.

(깊은 침묵)

내가 지금 들어 보니 그 소리는 좋았습니다. 당신들도 주의를 기울인다면 이미 소리가 들릴 것입니다. 모든 것은 그러한 태도에 달려 있기 때문입니다. 그것이 바로 능력이며 기쁨이며 모든 것입니다. 언제나 주의를 기울이세요!

아직 질문이 있습니까?

릴리 (여전히 침묵으로 채워진 상태로) 저는 지금 질문을 해서는 안 된다는 느낌이 들어요.

— 당신은 두 가지 대답을 얻게 될 것입니다. 당신이 지금 아무것도 묻지 않았기 때문에. 잘 들어 보세요! 두 가지 큰 대답을. 하나는 아래로부터, 하나는 위로부터 옵니다. 그리고 그 둘은, 하나가 될 것입니다. 주의를 잘 기울이세요. 말하게 될 분은 내가 아니기 때문입니다.

당신이 귀를 기울인다면, 돌조차 말을 하게 될 것입니다.

1944년 1월 28일 금요일
기타와의 대화 32

— 높이와 깊이에 대하여 말하겠습니다.

소리들은 공간에 떠 있고 진동합니다. 그런데 우리는 '높은 소리'와 '낮은 소리'에 대해서 말합니다. 그 소리들을 기록할 때 낮은 소리는 아래에, 높은 소리는 위에 적어 놓습니다. 사실 그 둘 사이에는 거리가 없습니다. 물질의 평면에서 아래와 위 사이의 거리는 정신의 평면에서는 가까운 것입니다.

모두 집중하세요! 이제 십자가에 대해 말하겠습니다.

십자가! 그것은 두 가지 힘입니다!

(아래에서 위로 손짓을 하시면서) 이것은 길이고, (수평으로 손짓을 하시면서) 이것은 저항입니다. 첫번째 저항은 땅, 수평의

힘이고, 두번째 저항은 물, 세번째 저항은 공기입니다. 네번째 저항은 이미 물질과 비물질 사이에 위치해 있습니다.

새로운 저항 – **물질과 비물질**

세번째 저항 – **공기(생각)**

두번째 저항 – **물(감정)**

첫번째 저항 – **땅**

당신들은 저항을 꿰뚫어 가고 있는 중입니다. 두 힘이 만나는 모든 지점들은 경계점입니다.

(아래에서 위로 손짓을 하시면서) 땅, 물, 공기, 그리고 이름 없는 것. 깊이, 높이.

당신은 땅을 물속으로 들어 올리지 못하고 물을 공기 속으로 들어 올리지 못합니다. 모든 것은 제자리를 지니고 있습니다.

들어 올리지 말 것이며! 아래로 끌어내리지 말고, 연결시키세요!

땅은 땅에 속하고 물은 물에, 공기는 공기에 속합니다. 단절됨 없이, 새로운 저항 너머로 통과해야 합니다. 그처럼, 창조된 세계 안에서는 위와 아래는 오직 **하나**가 됩니다.

거리는 수평선 위에서가 아니라 수직선 위에서 멈춥니다. 기계들은 대기 속을 달리고 위와 아래 사이의 거리는 점점 더 커져 갑니다. 기계들이 속도를 낼수록 거리는 더욱 커집니다. 수평적 힘은 죽은 힘입니다. 저항은 무력함이지만 그런대로 좋습니다.

(아래에서 위로 손짓을 하시면서) 수직의 빛은 모든 저항을 관통하지만, 그것은 그 빛이 변화할 때뿐입니다.

저항의 무력함은 빛의 힘을 변화시킵니다.

지난주 내내 나는 나의 정신적 향상에 대해 자문하였으나 만족스러운 대답을 찾지 못했다. 오늘 나는 추상적이자 이론적으로 보이는 대화를 이해하기가 매우 어려웠다. 그런

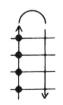

데 나는 문득 스승께서 내 질문에 대해 정확히 답변하고 있다는 것을 깨달았다. 사람은 영혼과 물질이 만나는 수준으로 이끌어 주는 직관을 통해서, 오직 수직적으로만 진화할 수 있는 것이다. 이때 진화의 상승적 빛은 물질과 감정, 생각 들을 관통하면서 변화하게 된다. 이어 역전 현상이 일어나면서, 이번에는 생각들과 감정, 물질이 빛에 의해 변화를 겪게 된다. 이제 더는 추상적이지 않은 그 현상을, 나는 내 자신 안에서 관찰할 수 있었다. 그것은 연속적으로 집착을 끊는 과정이었다.

오늘날의 인간은 새로운 것을 향해 꿰뚫어 가려 하지 않습니다. 그는 두 저항 사이에서 웅덩이처럼 무기력하게 늘어져 있습니다. 이것이 바로 빛에 관해 알고자 했던 당신의 질문에 대한 답변입니다.

밖에는 폭풍이 몰아치고 있었다.

바람은 수평적인 힘입니다.

(목구멍으로부터 코에 이르는 부분을 가리키며) 말하는 이는, 이 부분이 연약합니다. 그는 너무 일찍 공기로 나왔기 때문입니다.

한나는 일곱 달 만에 태어났다.

그 부분이 아직 형성되지 않은 채로였습니다. 그러나 이제 당신들은 새로운 저항을 무너뜨리기 위해 준비되어 있습니다. 그것을 하십시오! 어려운 점은 오직 하나, 두 선이 서로 만나는 곳에 있습니다. 매우 조심하세요! 이제 물질과 영혼이 서로 맞닿게 되기 때문입니다. 기쁨은 이제 지금까지와 같이 길을 예고하지 않으니, 길을 잃지 마세요! 오직 깊은 곳을 들여다볼 때만 당신들의 아래에서 기쁨을 볼 것입니다. 지금까지 길을 알려 주던 것은 이제 뒤에 있고, 지금까지 고통이었던 것을 당신들은 벗어납니다. 새로운 기쁨은 아직 이름이 붙여져 있지 않습니다.

또 다른 질문이 있습니까?

기타 제가 이해하고 있다는 것을 알 수 있는 징후는 무엇입니까?

— 지나고 나서야 그 사실을 안다는 것 자체가 바로 징후입니다. 이
해는 물질, 미묘한 물질인 공기의 평면에 속합니다.

아래도 없고 위도 없습니다. 당신들이 **그분**에게 도달한다면 상
위와 하위도 없습니다. 당신들이 서로 떨어져 있을 때 아래와 위
가 있는 것입니다. 당신들이 합쳐진다면 그런 것은 없습니다. 빛
이 솟아납니다. **하늘**은 당신들 모두와 함께 있습니다.

1944년 1월 28일 금요일
릴리와의 대화 32

— 질문하세요!

릴리 저는 스승님이 하나는 아래로부터, 하나는 위로부터 올 것이라
고 약속했던 대답들을 아직 느끼지, 혹은 이해하지 못했어요.

— 이번 주는 지난주보다 더 쉬웠습니까, 아니면 더 어려웠습니까?

릴리 더 어려웠어요.

— 어디서 어려움을 느꼈습니까?

릴리 저 자신의 기분으로요.

— 왜 그런지 아십니까?

릴리 모르겠어요.

— 나의 어린 봉사자여! 물고기는 물속에서 즐겁게 파닥거립니다.
당신은 더 높이 오르지만, 그곳에서 아직 파닥거리지는 못합니다.

    (침묵)

주의를 기울이세요! 십자가에 대해 새로이 말하겠습니다.

(아래에서 위로 손짓을 하시며) 행위.

(수평으로 손짓을 하시며) 휴식. 저항은 동시에 휴식입니다.

몸은 피곤해지고, 휴식을 위해 눕습니다. 무엇 위에 눕습니까?

(수평으로 손짓을 하시며) 땅 위에. 감정의 징표는 물이고, 생각의 징표는 공기입니다. 각각의 평면들은 그 이전의 평면에 비해 더 미묘하지만 더 쉽지는 않습니다. 제일 쉬운 것은 땅에 힘을 가하는 것입니다. 감정을 관통하기 위해서는 더욱 큰 힘이 필요합니다. 생각을 관통하기 위해서는 더욱더 큰 힘이 필요합니다. 그것은 어떻게 가능할까요?

행위와 휴식의 율동을 통해서이지요. 당신이 지금 이르는 그곳에서는 휴식은 더 이상 필요하지 않고, 그리고 그것은, (위에서 아래로 벼락처럼 빠른 손짓을 하시면서) 그것은 모든 것을 관통합니다.

나는 이제, 여섯 주 전에 릴리의 스승이 우리에게 말한 것을 이해했다. '당신들이 새로움 안에서 행한다면 피곤할 리 없습니다.' 오직 수직적인 행위만이 피곤을 넘어서는 것이지만, 우리는 거의 언제나 우리의 습관대로, 수평적이고 수동적으로 행동한다. 그래서 우리는 지쳐 있는 것이다, 몹시도.

나는 물질과 감정, 생각 들이 서로 반대되는 것들의 세계에 속한다는 사실을 알았다. 그러한 요인들이 우리의 내부에서 어떻게 작용하는지를 깨닫는다면 우리는 물질세계의 세 단계를 초월해 네번째 단계로 접어들 것이다. 역으로 빛은 그의 광휘 속에서 아래에 있는 세 단계를 합치면서 위로부터 아래로 넘쳐흐를 수 있게 된다. 그리고 그곳에서 모든 피로는 사라져 버리는 것이다.

그러나 오늘날 인간은 서 있을 때에도 비활동적이고 누워 있을 때에도 휴식하지 않습니다.

당신의 질문에 대한 답은 아래로부터, 그리고 위로부터 올 것입니다. 그 대답은 바로, 당신 자신입니다. 그래서 그 대답을 알아보기가 힘든 것입니다.

참된 대답은 당신 자신의 일부가 됩니다. 각각의 질문은 당신도 알다시피, 부족함에서 오기 때문입니다. 대답이 당신을 가득 채운다면 더 이상의 분리는 없습니다. 가장 확실한 대답은 새로운 질문이 당신 안에서 만들어지는 것입니다.

밖에서는 바람이 맹위를 떨치고 있었다.

폭풍이 몰아칩니다. 그러나 우리는 피곤과 고통, 의심과 죽음을 넘어 가장 미세한 진동을 향해 생각까지도 관통해 갑니다. 우리는 점점 더 가까워집니다.

1944년 2월 4일 금요일
대화 33
측정하는 스승

── 측정하는 이가 말합니다.

봄이 왔습니다. 수확을 하려면 우리는 나무들을 깨끗이 단장해야 하고 좋은 나무들을 접붙여야 합니다. 나는 당신들을 보지 않고 나무, 생명의 나무를 봅니다. 내 손에는 무섭고 날카로운 칼이 있습니다. 선택받은 이들은 나무의 새잎입니다.

만약 새로운 것이 옛것을 뚫고 나오지 못하면

나는 옛것을 잘라 버립니다.

내 칼을 두려워하지 마십시오. 그 칼은 죽은 가지들만을 쳐냅니다. 죽은 것은 접붙일 수 없습니다. 접붙이는 이는 밭을 경작하지 않고 좋은 것과 나쁜 것을 고르기만 합니다.

봄이 왔습니다. 생명이 숨어 있는 그곳에서 새싹은 돋아나야 합니다. 측정하는 이를 두려워하되, 그의 칼을 두려워하지 마세요! 새싹은 꿈을 꾸고, 잘린 가지 또한 꿈을 꿉니다. 당신들은 칼날을 느끼지 못합니다. 그 칼날은 무시무시하기 때문입니다. 나는 접붙이지 않고, 측정하기만 합니다. 시간은 짧습니다.

영원한 꿈, 혹은 영원한 생명?

나무는 처음으로 열매를 맺을 것입니다.

우리는 벌써 오래전부터 나무를 지키고 있습니다. 우리는 나무 주위를 돌며 살피고, 수확을 준비합니다.

열매의 약속인 새싹들이여, 지체 말고 옛것을 뚫고 나오세요!

이제 기쁨은 더 이상 예고하지 않으며, 이제 고통은 더 이상 예고하지 않습니다.

그것이 법입니다. 세심히 주의를 기울이세요!

1944년 2월 4일 금요일
기타와의 대화 33

— 잘 들어 보세요!

우리는 넷이고 당신들도 넷이지만 그렇다고 여덟이 되는 건 아닙니다. 측정하는 이는 당신들을 모두 다 헤아립니다. 도와주는 이는 당신들을 모두 다 도와줍니다. 빛나는 이는 당신들 모두에게 빛을 비춰 줍니다. 건설하는 이는 당신들을 모두 세워 줍니다. 당신들이 멈춰 선 바로 그곳에서 우리를 불러 주세요!

모든 것은 지금 결정됩니다.

나는 외부에서 비극적인 사건들이 곧 일어날 것이고 시간이 얼마 남지 않았다는 것을 느꼈다. 오직 내적인 변화만이 우리를 그 사건들에 맞설 수 있게 해 줄 것이었다.

식물에게 수액인 것은 사람에게는 삶의 기쁨입니다. 삶에 기쁨이 없으면 가뭄입니다. 당신들은 언제나 삶의 기쁨으로 충만하세요! 그것은 참으로 당신들에게 달려 있습니다. 수액은 아래로부터 올라오는 것이니, 삶의 기쁨도 마찬가지입니다. 그것은 당신들의 일입니다.

결정… 당신들이 결정하는 것은, 진실로 이루어질 것입니다. 결정하며 한계를 정하세요! 여기는 옛것, 여기는 새로운 것, 그렇게 한계를 정하면, 벽은 앞이 아니라 뒤에 놓이게 될 것입니다. 벽은 열리고, 무너질 것입니다.

결정을 내려야 합니다! 지금부터 우리는 늘 당신들과 함께 있을 것이니 당신들도 늘 우리와 함께 있도록 하세요!

우리는 접붙이는 분이 언제 오실지 모르겠습니다.

가지들인 당신들, 접지椄枝들인 우리가 늘 준비되어 있기를!

나는 그 말씀에 너무나 감동되어 눈물이 핑 돌았다.

수액은 과거의 기쁨입니다. 당신이 늘 기쁨으로 가득하기를! 모든 것, 모든 이에게 선하기를! 당신 자신에게도!

나는 깜짝 놀랐다.

놀라지 마세요. 작은 자아는 당신에게 이미 삼인칭이 됐습니다.

기타 이해가 되지 않아요. 제가 어떻게 제 자신에게 착할 수 있지요?

— 당신 자신을 떠난다면 그렇게 할 수 있습니다.

기타 어떻게 해야 합니까?

— 삶의 기쁨에 응하세요.

그것은 당신에게 달려 있습니다. 잘 들어 보세요. 만약 당신이 빛나게 해 달라고 요구하기를 잊어버리면 당신은 빛나지 못할 것입니다.

요구는 꼭 필요합니다.

요구를 게을리하지 말고 늘 요구하세요! 당신은 우리 넷 모두를 불러도 됩니다. 우리 넷 모두에게 요구를 해도 됩니다.

요구가 없으면 우리는 줄 수가 없습니다.

요구와 질문은 부족함의 표시이니, 만약 부족함이 없다면 주기 위한 자리도 없습니다.

기타 보름 전부터 제 모든 행위들은 텅 비고 의미가 없는 것 같습니다.

— 당신은 아직도 꿈을 꾸고 있습니다. 당신이 깨어나기 시작하면 꿈은 의미를 잃게 됩니다.

기타 드릴 질문은 더 이상 없으나, 말씀을 더 해 주세요!

— 삶의 기쁨에 관한 나의 말을 당신의 마음속에 새겨 넣으세요!

봄이 왔습니다. 우리는 메말라 죽은 숲속을 걸어갑니다. 수액은 흐르지 않습니다. 모든 것이 삶의 기쁨이 없는 상태입니다. 누가 살고 싶어 하겠습니까? 기쁨은 없습니다.

오직 수액으로 가득 찬 가지들만이 접붙여질 것입니다.

마른 가지들은 그렇게 되지 않을 것입니다.

사랑하는 이들이여, 이제 가겠습니다.

왜 그런지 모르겠으나 이번 대화는 이전의 대화들과는 완전히 다른 방식으로 나를 감동시켰다. 나는 위안과 고요한 기쁨으로 완전히 가득 차 있음을 느꼈다.

1944년 2월 4일 금요일
릴리와의 대화 33

— 당신은 누구에게 말을 합니까?

릴리 **그분**께, 그리고 당신에게.

— 당신은 누구에게 말을 합니까?

릴리 제 스승님에게요.

— 스승은 하나뿐입니다. 오직 하나뿐! 우리는 **그분**의 가르침을 전할 뿐입니다. 당신은 누구에게 말을 합니까?

릴리　(주저하면서) 당신에게.

──　확신합니까?

릴리　(더욱더 주저하면서) 네!

──　나는 도와주는 이가 아닙니다.

그는 이미 말했습니다. 우리는 당신들을 가르치고, 우리는 넷입니다. 오늘은 자리를 바꾸었습니다.

릴리　그러니까 기타에게 대답하셨던 분이 제 스승이었다는 저의 첫느낌이 맞았군요.

──　**첫번째 감정은 언제나 정확합니다.**

두번째는 이미 숙고된 것입니다. 언제나 첫번째 느낌을 받아들이세요! 그때 생각은 뒤에 남아 있습니다.

릴리　당신들이 서로 자리를 바꾸는 모습을 보는 게 얼마나 좋은지 모르겠습니다!

──　당신들이 당신들의 작은 자아를 떠나기만 하면 넷은 열여섯이 되고 하나가 됩니다.

주의를 기울이세요! 당신이 새로운 사명에 대해 작업할 때면 건설하는 이를 부르세요! 당신들이 우리를 부르면 우리는 틀림없이 올 것입니다. 잘 들어 보세요! 내일은 나를 부르세요! 당신은 돕는 게 아니라 빛을 발해야 하기 때문입니다!

릴리는 교육자들의 모임에 참석할 예정이었다.

당신은 새로운 빛을 보여 주어야 합니다. 말을 통해서가 아닌 확신에 의한 새로운 빛. 그들은 모두 불확실한 사람들이기 때문입니다.

스승은 모임에 참석하는 사람들을 암시하고 있었다.

그들은 요구도 질문도 없습니다. 그저 생각하고 말하고 또 말할 뿐입니다.

질문하세요!

릴리 저의 징표에 대해서 말씀해 주세요.

그분의 표시   도움의 표시   구원의 표시

— 삼각형은 도움의 표시입니다.

당신은 언제나, 모든 사람들을 도울 수 있습니다. 당신의 삼각형 은 **그분**의 표시와 반대되는 형태를 띠고 있습니다.

만약 아래의 삼각형이 준비되어 있지 않으면 위의 삼각형은 그 위에 세워질 수 없습니다. 우리는 넷이고, 네 개의 힘을 가지고 있습니다. 그러나 우리 여덟, 우리 열여섯, 우리 모두는 **그분**을 반영합니다.

물어보세요!

릴리 몸, 영혼, 정신의 연관성에 대해 이야기해 주세요.

— 만약 몸, 영혼, 정신이 **그분**을 향하여 스스로 높아지면 연관성이 있습니다. 그렇지 않으면 모든 것은 무너집니다. **그분**을 향하여 스스로 높이지 않는다면, 모든 것은 먼지와 재가 됩니다. 정신까 지도. 만약 몸, 영혼, 정신이 **그분**에게 속해 있지 않으면 연관성 이 없습니다. 사람들은 연관성이 있다고 상상하지만, 모든 것은 무너집니다.

당신이 몸에 속해 있다면 당신은 몸일 뿐입니다.

당신이 영혼에 속해 있다면 당신은 영혼이 담긴 몸일 뿐입니다.

당신이 정신에 속해 있다면 당신은 사람일 뿐입니다.

당신이 그분에게 속해 있다면 당신은 모든 것입니다.

그분에게만 의존하세요! 그러면 몸, 영혼, 정신, 그리고 **그분**은 합쳐질 것입니다.

그것들의 종속 여부에 따라 당신은 그것들 각각을 알아볼 수 있습니다. 진정한 종속, 유일한 자유를 말입니다. 그 밖에 나머지는 모두 노예 상태이기 때문입니다.

릴리는 몸이 아팠지만 오늘의 대화에 참석하기 위해 부다페스트에서 부달리게트까지 기쁜 마음으로 왔다.

당신은 오늘 몸에도, 영혼에도, 정신에도 속해 있지 않았습니다. 그러므로 나는 당신의 모든 요구를 그분 앞으로 가져갑니다. 사람을 제외한 모든 것은 무엇인가에 속해 있습니다.

사람은 그분께 속해 있습니다.

당신들 자신을 자유롭게 드높이세요! 그것은 다만 당신들에게 달린 일입니다. 도울 수 있기 위해, 당신들 안에 빛나는 기쁨을 만드세요!

그분을 경배합시다!

릴리와 나는 오늘 우리 스승들이 제자를 서로 바꿔 가르친 것이 정말 기뻤다. 우리는 완전히 새로워진 것 같았다.

1944년 2월 7일
X에게 전하는 메시지

한나는 다시 천사의 현존을 느꼈다. 우리에게 말하기 위해 천사는 독일어를 사용하고 있었다.

산봉우리들 솟아올라
몸을 떨며
지고至高한 질문을 하네.

내 발가락들 산봉우리들 스치자
산봉우리들 타오르고
발바닥은
노래하네.
산들이 울리며
만물에
지고의 것을 요구하네.

나는 박자에 맞춰 춤추네.
자유로이 벌거벗은 채
모든 것 담고 있는
세상의 맥박 속에서

팔을 올리네.
태양, 그 온기가
내 온몸 뚫고 흐르네.
빛이 대지로 내려오니
위로부터의 응답이네.

조밀한 것은 성글어지네.
어두운 성운 반짝이네.
오색 무지개가
대지를 껴안으리.
여린 꽃들
깨어나 기다리리.
찬란한 색깔들은
먼 아래쪽 단단한 것에서

소금물 빨아올리네.
소금물과 빛은
하나가 되고
꽃봉오리 피어나네.

내 이름은
새벽*

두려워하지 말라.
내게 손을 다오.
그 뾰족한 것들
내가 만지니
두려워하지 말라!
너는 산,
비탈도 아니요,
흙더미도 아니다.
요청하라!
그러면 낮이 되리라.

---

* 우리의 스승들은 지금까지 '측정하는 이' '건설하는 이' '도와주는 이' '빛나는 이' 등, 그들의 특정한 소임에 관계된 명칭만을 우리에게 알려주었다. 독일 말을 하는 그 천사만이 우리에게 자신의 이름을 말해 주었는데, 나는 이 사실을 선물로 여겨, 마음이 기쁨으로 가득 찼다.

— 당신은 힘과 무기력 중 무엇이 더 가치 있다고 생각합니까?

　　　나는 그 질문에 함정이 있는 것 같아 조심스럽게 대답했다.

기타 　잘은 모르겠지만 그 둘은 같은 것이라고 말하고 싶어요.

— 당신은 그중에서 무엇이 되고 싶습니까?

기타 　제게는 힘이 더 친숙하게 느껴져요.

— 힘 그 자체보다 더 맹목적인 것은 없습니다. 힘은 무기력이고, 무기력은 힘입니다. 힘은 물질이고, 물질은 힘입니다. 그러나 그 모든 것을 이끄는 **분**은 힘만도 물질만도 아닙니다. **그분**은 물질이 된 빛남이고 빛남이 된 물질입니다. 창조 안에서는 모든 것이 힘과 물질로 만들어져 있습니다. 그리고 조물주는 모든 창조된 것의 침묵의 깊이 안에 계십니다. 그저 힘과 물질만 있다면 그것은 외부의 어둠일 뿐입니다.

당신이 참으로 빛을 발한다면 그것은 더 이상 힘만이 아닙니다. 힘보다 더 맹목적인 것은 없습니다!

눈을 통해서 빛나는 힘은 보는 빛입니다.

그 빛 없이는 당신은 아무것도 아닙니다. 그 빛 없이 당신들은 아무것도 아닙니다. 잘린 손보다 더 무의미한 것이 있습니까?

원자핵의 분열! 아무것도 모르는, 모든 것을 산산조각 내는 아이는 실망하게 될 것입니다. 왜냐하면 **그분**은 **하나**이시며 나뉠 수 없기 때문입니다. 오직 무기력한 힘과 강한 물질만이 나뉠 수 있습니다. 다수는 **하나**가 되고, 그것이 바로 **그분**께 가는 길입니다. 빵 하나로 만들어진 무수한 빵들, 그것은 이미 기적이 아니지요. 세상은 빵을 실컷 먹었기 때문입니다. 수많은 사람들로부터의 **인간**, 그것이 새로운 기적입니다. 그것은 모든 굶주림을 채워 주는 새로운 빵입니다. 모든 사람들이 그 빵을 얻게 될 것이기 때문입니다.

이 정도면 충분합니다. 당신은 내 말뜻을 더 이상 이해할 수 없으니까요.

　그것은 너무나 옳은 말이었기에 나는 절망스러웠다.

웃으면서 나를 기다리세요! 웃으면서 내게 하직하세요! 그렇게 할 때에만 나는 언제나 당신과 함께 있을 수 있습니다. 다르게는 안 됩니다.

기타 저의 변덕스런 기분이 저와 스승님을 갈라놓는다는 걸 알아요.

— 나는 물속에 발을 들여놓을 수는 없습니다. 내가 걷는 곳마다 물이 증발해 버리기 때문입니다. 그리고 물은 필요한 것입니다. 불도 필요합니다. 당신의 사명은 불을 주는 것입니다. 불은 물의 주인이고 **그분**은 모든 것의 주인이십니다.

1944년 2월 11일 금요일
릴리와의 대화 34

— 여러분에게 인사드립니다.

　무엇인가 말하기 시작하던 한나가 갑자기 입을 다물었다.

　긴 침묵이 흘렀다. 나는 놀라서 한나를 바라보았다.

— 놀라지 마세요! 말하는 이는 방금 겁에 질렸습니다. 그는 먼 세계의 죽음을 보았습니다.

　나는 릴리의 스승이 우리에게 천체에 대해 말하고 있다는 느낌을 받았다.

나는 거짓된 거리와 참된 거리에 대해 말합니다. 무한히 먼, 당신들이 이해할 수 없는 세계는 물질에서 힘으로 변합니다. 그리고 여러분은 모두 그것을 느낍니다.

스승은 요즘 우리가 어떻게 해서 기압에 큰 변화를 느꼈는지에 대해 말씀하셨다.

당신들은 나란히 앉아 있습니다. 당신들은 서로 만질 수 있고 서로 손가락을 합칠 수도 있습니다. 그렇지만 당신들은 저 먼 천체와 지구 사이의 거리보다 더 멀리 떨어져 있을 수도 있습니다. **창조는 전체를 이루므로 거기엔 거리가 없습니다.**

어떤 힘의 진동이 아무리 미세하더라도, 그것은 힘일 뿐입니다. 당신들이 그 먼 힘을 느끼는 것과 마찬가지로 당신들의 생각들과 당신들의 몸짓들은 우주 속으로 퍼져 나가며 활동합니다. **그러나 사람은 모든 천체보다 더 큰 존재이며 하늘의 몸입니다. 부분만이 아닌 전체입니다.** 당신들은 불안한 외침을 듣습니다. 어떻게 대답하겠습니까? 낙심한 채로 있겠습니까?

요즘 우리는 모두 대기의 급격한 변동을 느꼈었다.

발가락의 작은 세포는 머리의 세포로부터 얼마나 멀리 떨어져 있는지요! 얼마나 멀리! 그러나 몸의 어느 한 곳이 아프면 두 세포는 모두 그것을 느낍니다. 어떤 방법으로? 정신을 통해서지요. 우주의 모든 별들은 세포에 불과합니다.

인간은 정신입니다. 정신은 무한히 작으면서 또한 무한히 큰 것입니다. 한 세포가 죽으면 하나의 힘이 생깁니다. 알려지지 않은, 새롭고 예외적인 힘, 그것은 우연한 것이 아닙니다. 그 힘에서부터 힘을 얻으세요!

새로운 힘은 삶에 부적당한 것만을 쓸어내 버립니다.
그리고 그것은 유감스러운 일이 아닙니다.

나는 그 새로운 힘이 우리를 시험하고 있다는 걸 느꼈다.

내가 당신과 함께 있지 않다고 생각했습니까?

릴리 아닙니다. 하지만 저는 높이 오르지 못했어요.

— 그렇지만 나는 필요하면 내려올 수 있습니다. 악이 당신 주위를 배회하고 있었지만 내가 당신을 보살피고 있었습니다.

릴리 그 악은 무엇이었습니까? 무엇을 찾고 있었습니까?

— 악의 사명은 시험에 들게 하는 것입니다. 그러나 당신은 곧 시험 너머에 있게 될 것입니다.

예외적인 힘은 각별한 저항을 요구합니다. 생명이 없는 것은 저항하지 않습니다. 살아 있는 존재는 변화합니다. 필요한 곳, 바로 그곳에서! 그리하여 악은 선이 되고 죽음은 삶이 됩니다. 나의 봉사자여, 이해가 되요? 그것은 다른 사람들을 쓰러뜨리지만 당신들을 활기차게 만듭니다.

질문하세요!

나는 지금 막 죽어 가는 별에 대해 생각하고 있었다.

사람은 우주의 모든 불안한 외침을 듣습니다. 그는 거기에서 부드러움이 태어나게 해야 합니다. 그러지 못하면, 그건 우주를 썩게 하는 원인이 됩니다. 사과가 약간 멍이 들면 다른 사과보다 더 달게 되거나 혹은 썩게 됩니다.

질문하세요!

릴리 본능이란 무엇입니까?

— **동물에게 하는 하느님의 말씀입니다.**

그리고 우리 모두에게 말씀하셨다.

당신들도 질문하세요!

요셉 앞으로 중간 정도 되는 상태가 도래할까요? 아니면 갑자기 새로운 세계가 순수한 상태로 드러날까요?

— 새로운 것은 과거의 모든 것을 쓸어 버립니다. 부모 없이 태어난 아이, 여태껏 본 적도 들은 적도 없는 그 아이는 자라납니다. 아이는 아직 작지만 커질 것입니다.

빛은 어둠에서 생겨나지 않습니다.

그러나 어둠은 빛으로 인해 죽습니다.

기실, 어둠은 존재한 적이 없습니다. 그분을 경배합시다!

1944년 2월 11일 금요일
요셉과의 대화 34

긴 침묵 끝에, 나는 건설하는 스승이 여기 계심을 느꼈다. 아마도 새로운 세계의 도래에 관한 요셉의 질문에 보충설명이 필요했을 것이다. 우리의 진화에 대해 깊은 관심을 지닌 채, 나는 초조하게 기다리고 있었다.

— 주의를 기울이세요!

오늘은 할 말이 많지 않습니다. 하늘에서 내려오는 새로운 건물에 대해 말하겠습니다. 그것은 땅에 세워지는 것이 아닙니다. 당신은 건설하는 사람입니다. 설계도에 주의를 기울이세요! 정신이 도면을 창조합니다. 우선은 집을, 그다음에는 거주자를. 새로운 집은 새 거주자를 부릅니다. 그러므로 새로운 세계를 창조하세요!

새로운 건물! 전례 없는, 새로운 건물. 그 건물은 비어 있지 않을 것입니다. 모든 옛 건물은 달팽이 껍질, 연체동물의 석회질 분비물에 지나지 않습니다. 묵묵히 들어 보세요!

1944년 2월 18일 금요일
기타와의 대화 35

— 미소에 관해 말하겠습니다.

입은 얼굴에서 물질을 나타냅니다. 입은 아래쪽에 있습니다. 아래로 당기는 힘은 입을 아래로 당기며, 위로 당기는 힘은 입을 위로 올립니다.

모든 동물은 울고 신음할 줄 압니다.

미소는 사람만이 지을 수 있습니다.

이것이 바로 열쇠입니다. 기분이 좋을 때에만 미소 짓지 마세요! 당신들의 미소는 창조적인 미소입니다! 인위적인 미소가 아닌 창조적인 미소!

(입의 위치에서 수평의 손짓을 하시면서) 만약 아래로 당기는 힘들이 작용하면 그 힘들은 모든 것을 닫아 버립니다.

모든 것이 아래로 당겨집니다. 모두 다. 입은, 흙에 속합니다. 아래로 당기는 힘도 흙에 속합니다. 두 가지 같은 것인 물질과 힘이 만나는 그곳에서, 모든 것은 흙이 됩니다. 미소는 구원의 형상이자 상징입니다.

창조하는 힘은, 물질을 높이 들어 올립니다. 그것은 당신에게 달려 있습니다.

'나는 즐거워서 미소 짓는다. 나는 슬퍼서 운다.'

더 이상 그런 말은 없습니다. 더 이상 그런 것은 없습니다!

낡은 방법! 어린아이인 당신, 당신은 그 아이를 낡은 방식으로 잘못 키우고 있습니다. 충격은 어린아이를 썩게 만듭니다. 향상이란 표면적일 수밖에 없습니다. 외형만 바뀌고 본질은 바뀌지 않습니다. 길들여진 아이, 불구가 된 아이. 나를 알아보겠습니까?

기타 네.

— **내가 바로 당신을 위한 기준입니다.**

옛 기준으로 아이를 측정하지 마세요. 그렇게 하면 그 아이는 불구가 될 것입니다. 다른 사람의 기준으로도 측정하지 마세요! 당신이 미소를 짓지 않으면 어떻게 당신의 길을 알아볼 수 있겠습니까?

나는 미소 안에 살며, 나는 당신의 기준입니다.

미소는 상징이자 물질에 대한 다스림. 책을 읽을 때 잘 보기 위해 책을 가까이 놓듯, 나를 읽고 싶으면 내게 가까이 다가와야 합니다.

나는 미소 안에 살고 있습니다.

나는 울지 못합니다. 울어야 할 까닭이 없기 때문입니다. 부족하다고 해서 울어서는 안 됩니다! 악의, 공포, 어둠, 그것들의 이름은 '부족함'입니다.

물의 부족함이 아니라 불의 부족함입니다. 무능력한 사람은 웁니다. 다른 것을 할 줄 모르기 때문입니다. 그는 넘어지고, 무덤이 그를 삼켜 버립니다.

하늘이 당신들과 함께합니다.

1944년 2월 18일 금요일
릴리와의 대화 35

— 내가 당신에게 말하노니, 사랑하는 이여, 잘 들어 보세요!

미소에 대해 계속 말하겠습니다. 당신들은 미소 옆을 그냥 지나칩니다. 너무나 잘 알려진 것이니까! 당신들은 미소의 뜻을 모릅니다.

미소는 과거의 심연 위에 놓인 다리입니다.

동물과 동물 너머 사이에는 깊은 심연이 있습니다. 미소는 다리입니다. 웃음이 아닌 미소. 웃음은 눈물의 반대이지만, 미소에는 상반된 것이 없습니다.

나의 봉사자여, 잘 들어 보세요! 당신은 도와주는 이입니다. 당신의 가르침, 당신의 일, 당신이 하는 모든 행위의 열쇠는 바로 미소입니다.

시험해 보세요! 당신의 제자들이 내면의 미소에 이를 수 있는지 시험해 보세요. 그 이후로 그들의 행동방식이 변화할 것이기 때문입니다. 미소는 그 어떤 신체운동보다 더욱 확실한 것입니다.

미소, 말, 창조는 사람의 특징입니다.

하지만 주의하세요. 무의미한 냉소도 있으니까!

겉치레, 배신, 그리고 위선. 위선!

미소는 작은 세포들 하나하나가 올리는 기도입니다.

그 기도는 세포들 하나하나에서부터 여기까지 올라옵니다.

(입의 위치에서 수평의 손짓을 하시며) 미소는 모든 것을 위로 높이 들어 올립니다. 얼마나 간단합니까! 하지만 아무도 그것을 모릅니다.

당신들이 미소를 짓지 못할 때 어떤 상태인지 관찰해 본 적 있습니까? 온통 진흙탕이지요. 끈적끈적한 진흙, 목까지, 아니면 머리 위까지. 당신은 진정으로 미소 짓는 사람을 알고 있습니까? 말해 보세요!

릴리 모르는 것 같아요.

— 미소는 첫째 조건입니다! 그래서 우리는 어떤 상태에 있습니까? 우리는 성스러운 인간의 얼굴을 빼앗는 어릿광대들이 됐습니다. 얼굴은 어떻게 됐습니까? 흉측한 진흙 더미! 구겨진 걸레 뭉치! 지저분하게 칠해진 탈! 신앙도 없는 비참한 사람들!

유일한 출구는 미소입니다. 이 미소는 아직 아무에게도 알려져 있지 않습니다!

아침에 눈을 뜰 때 내게 미소를 지으세요! 당신이 무엇을 시작하든, 수업을 시작하기 전에, 미소를 지으세요!

모든 이들이 미소를 배우고 시도해 보기를! 참된 미소를 관찰해 보세요! 어떻게 그것을 알아볼 수 있습니까? 눈은 더 이상 미소에 함께하지 않으니, 입만이 미소를 돕습니다.

나는 눈은 미소에 가담하지 않는다는 말에 몹시 놀랐다. 그러나 스승은 적절한 때가 되면 분명히 그 까닭을 우리에게 설명해 주실 것이다.

나의 봉사자여, 질문하세요!

릴리 손에 대해서 말씀해 주세요.

— 손은 준비가 되어 있다는 뜻입니다. 도구가 준비되어 있다는 것은 섬기기 위한 준비가 되어 있다는 것입니다.

(손을 펼치며) 나는 줍니다. (손을 날카롭게 오므리며) 혹은 잡습니다. 발톱은 동물의 힘입니다. 열린 손은 준비되어 있습니다.

다시 한번, 나는 무의식적으로 주먹을 꽉 쥐었다.

(나를 향해) 아직 준비되어 있지 않군요. 그것은 당신의 욕망이나 인색함 탓이 아니라 당신 자신에 대한 믿음이 부족한 탓입니다. 당신은 당신을 통하여 주시는 이가 **그분**이라는 것을 믿지 않습니다. 당신은 당신이 그럴 만한 자격이 있다고 여기지 않습니다. 준비하고 있기를!

손도 미소를 짓습니다. 모든 것은 미소를 짓습니다.

(릴리를 향해) 질문하세요!

릴리 '**그분**의 뜻대로 이루어지기를' 바라는 대신, 왜 우리는 언제나 우리 뜻대로 하고 싶어 할까요?

— **그분**의 뜻을 모르기 때문입니다. 만약 당신들을 통해 나타나는 그분의 뜻을 주위에서 볼 수 있다면, 당신들 뜻대로 하고 싶어 하지 않겠지요. **그분**의 뜻은 충만함입니다. **그분**의 뜻을 이루도록 합시다.

오늘날 이루어지는 것은 **그분**의 뜻이 아니라, 사람의 뜻에 의해서입니다. 사람은 육식동물 중에서 가장 사나운 동물입니다. 사람의 손은 다른 짐승을 잡아먹고 사는 동물의 발톱보다 더 고약합니다. 그는 잡는 자에게 잡히게 될 것입니다. 손을 가지고 있을 자격이 없기 때문입니다. 손은 취하기 위해 있는 것이 아닙니다. 다른 질문 있습니까?

릴리 어떻게 하면 저희 넷이 견고히 일치할 수 있을까요?

— 당신들이 사명을 이루어 가면서. 우리의 사명은 새로운 세계입니다. 당신들은 새로운 세계에서, 새로운 세계를 위하여 무엇을 할 것입니까? 당신들이 무엇을 하도록 운명지어져 있는지 자각하세요!

당신들의 사명을 알아본다는 것은, 그 사명의 순수함 안에서 당신들의 개체성이 현현하는 것을 보는 일입니다.

그때, 당신들은 무엇을 하도록 운명지어져 있는지 알게 될 것입니다. 바로 이것이 유일한 방법입니다. 나머지는 다 지나침 또는 모자람이라는 이름의 고통에 대한 일시적인 처방일 뿐입니다.

나는 머물러 있을 것입니다. 멀어지는 건 말뿐입니다. 말은 시간의 자식이기 때문입니다.

대화가 끝난 뒤, 한나는 스승들이 다음번 대화를 위해 앞에서 받았던 질문에 대한 답을 적어 오길 바란다고 했다. '당신들은 새로운 세계에서, 새로운 세계를 위하여 무엇을 할 것입니까?'

1944년 2월 21일
X에게 전하는 메시지

이번 독일어 메시지는 한나에게 전하는 것임을 느꼈다.

탁한 하숫물 넘치는

그 골목길을 떠나라!
하숫물이 포도주 될 리 없다!
포도는 상했다.
내일
새 포도를 심으라!

숲속에서
홀로 순수해지라!

곧
싹이 트리라.
너는 물을
주어야 하리.
포도송이 잡아뜯는
바람 막기 위해
버팀목 세워 주어야 하리.
너의 삶은
주는 것.
낮은 것은 높이 올리고
괴로워하지 말고
자기를 부수어라!

네 자신을 바쳐라,
너는 **그분**의 정원사이니!

한나는 이따금 심장에 찌르는 듯한 고통을 느끼며 괴로워했다.
내가 매번 걱정되어 물을 때마다 그저 '이 통증은 몸에서 오는 게 아니야' 하고 말할 뿐이었다. 나는 인간이 오늘날처럼 많은 고통을 경험한 적은 아마 없었으리라고 느꼈다. 한나가 천사의 빛뿐만 아니라 주위의 고통에 대해서도 똑같이 예민하게 받아들이는 걸 난 느꼈다. 나중에 전해진 이 마지막 독일어 메시지는, 한나의 고통에 대한 답이라고 생각됐다.

오늘은 오늘
내일은 내일
나는 오늘이며
내일이다.*
그것이 바로 공간을 초월하고
시간을 초월한 나의 존재.
나 자신의 것이 되어라!

길은 하나다.
날카로운 창들
그 너머 저 위의
가장 높은 곳,
우리는 그곳에서
노래하며
춤춘다.

무거운 짐은 내려놓으라.
그러면 더 이상

---

* 독일어로 'Morgen'은 부사적 의미로 '내일', 명사적 의미의 '아침', 두 가지 뜻이 있다. '나는 오늘이며 내일이다'라는 번역을 선택한 것은, 몇 줄 후에 등장하는, 시간을 초월한 본질에 대한 스승의 언급을 이 문장이 예고하고 있기 때문이다.

아프지 않으리라.

저 위 가장 높은 곳들조차
위에 있는 것이 아니고
아래에 있다.
저 깊고 깊은
신의 마음속에 있다.
고통.
오직 한마음
한 알의 씨앗
한마디 말이 있을 뿐.
영원한 피난처.
멀지도
아득하지도 않은 곳
창들이 저 허공을 가로지를 뿐인 곳.
허공은 허공이 아니네.
일곱 개의 창들이
서로 만나네.
허공 대신
고통.
너의 심장.

우리 찬양의 노래 부르네.
우리 더 이상 너를 걱정하지 않네.
그 창들은 빛으로 이루어졌으니.
오직 조밀한 것들만이
아프게 하리.

울지 말라.
심판하지 말라.
빛나라!
너는 빛이 아닌가.

내가 너에게 내 이름을 주리라.
홀로인 자들만이
이름을 갖는 법.
빛이어라!

이름은 의무가 아니다.
씨앗은 이름이다.
오직 홀로인 자들만이
이 선물을 받는다.

오늘 나는 너에게 내 이름을 주노라.

내 이름은
새벽
영원 속에서 영원한.

다른 이들은 걷는다.
너는
춤추어야 하리.
창 끝을 넘고
모든 것의 무게를 넘어
너의 춤은

오직 빛의 드러남

너는 빛의 드러남

너는 나와 함께한다.

용기를 잃지 말라.

나 너에게 세 가지 선물을 주리니,

말하라!

두려워 말고 행하라!

내가 되어라!

나

너

그분,

하나.

영원한 존재란 베풂이다.

태초에

'네게 준 선물'이

있었다.

집으로

돌아오라!

1944년 2월 25일 금요일
기타와의 대화 36

스승이 원한 대로 나는 '당신들은 새로운 세계에서, 새로운 세

계를 위하여 무엇을 할 것입니까?'라는 질문에 대한 답을 적어
왔다. 그렇지만 그 대답이 제대로 된 건지 알 수 없어 마음이 편
치 않았다.

— 고대의 유목민족들과 농경민족들은 자신의 신들에게 가장 건강
한 가축과 가장 완벽한 열매, 그리고 가장 좋은 곡식을 바쳤습니
다. 자기들의 노력으로 얻은 첫번째 열매를 바쳤습니다. 제물祭
物은 미래에 비추어진 현재의 모습이었으며, 정신 속에 드높여야
하는 물질이었습니다. 그들은 오로지 제물들을 바친 후에만 비
를 받았습니다.

그 시대에 물은 아직 위에 있었고, 물은 가장 간절히 원하는 선물
이었습니다. 다른 시대들이 왔고 지식이 도래했습니다. 이제 가
장 좋은 사과와 가장 좋은 열매, 가장 좋은 곡식을 먹는 이는 사
람입니다. 그는 자기가 신에게 바치는 것을 모든 사람들이 보게
하려고 벌레 먹은 열매를 빨갛게 칠해 전시합니다. 그러나 하느
님의 자식인, 상한 사과 속의 작은 벌레는 색칠한 표면에 구멍을
내어 인간의 기만을 폭로합니다.

돌, 바람, 물, 불, 식물, 동물.

모든 것이 사람을 고발하고 있습니다. 사람들이 지구를 온통 붉
게 칠하고 있기 때문입니다. 그것은 바로 피입니다.

(침묵)

당신의 행위들과 사명들 하나하나가 모두 참된 제물이기를!

당신이 창조할 수 있는 가장 아름답고 가장 완전한 것만이 **그분**
의 발아래 놓일 수 있습니다. **그분**이 사과나 곡식을 필요로 하시
던가요? **그분**의 법은 충만함입니다.

당신의 일로 이룬 첫번째 열매를 가지고 오세요. 내가 **그분**께 가
지고 가겠습니다. 그렇게 해서 당신은 새로운 파종播種을 위해 **그
분**의 축복을 받을 것입니다. 이제는 비가 아닙니다. 새로운 사명

입니다.

질문하세요!

기타 제가 미소를 지을 수 있을 때조차 그 미소는 지속될 수 없었어요. 그리고 저는 가라앉고 말았습니다.

— 베드로는 물 위를 걸었습니다. 이것이 나의 대답입니다. 스스로에 대한 신뢰를 잃었을 때, 그는 가라앉고 말았습니다.

만약 당신이 당신 자신을 믿으면,
그것이 바로 그분을 믿는 것입니다.

그러므로 길을 잃지 마세요! 둘은 없습니다. 둘은 없으며 오직 하나만 있습니다. 믿음은 방향이 없고 위아래도 없습니다. 멸시할 만한 물질은 없으며 모든 것은 그분의 몸입니다. 당신은 믿는다고 여기지만, 만약 당신이 가라앉는다면 그것은 믿지 않아서입니다. 물 위를 걷던 스승님은 가라앉지 않았습니다. 그분은 자신 안에 아버지를 모시고 **그분**과 함께 **하나**였습니다. 그것이 당신의 목적입니까?

기타 네.

— **그분이 아닌 것이 그분과 함께 하나가 될 수 있습니까?**

길을 잃지 않는다면 당신은 더는 가라앉지 않을 것입니다.

   (침묵)

이것이 나의 가르침입니다.

부족함의 표시인 비판은 누구에게서나, 어디에서나 나옵니다. 그것은 당신이 할 수 없는 모습이 아니라 당신이 할 수 있는 모습입니다.

하나하나의 비판이 당신을 드높이기를!
당신의 가능성들이 그로 인해 넓어지기 때문입니다.

당신 주위의 모든 사물, 모든 존재 들이 당신을 간청합니다.

사람들은 당신이 줄 수 있는 것만을 요구합니다. 누가 무능력한

이, 불쌍한 이에게 요구를 합니까? 사람들이 엉겅퀴에서 무화과를 딸 수 있습니까? 사람들이 무화과나무를 흔드는 이유는 그 나무에서 열매를 기다리고 있기 때문입니다. 열매를 맺으세요! 흔들리는 걸 두려워하지 마세요! 사람들은 엉겅퀴를 흔들지 않습니다.

질문하세요!

기타 어떻게 하면 제 고유한 불길의 가장 높은 단계에 이를 수 있습니까?

— 당신이 당신의 불을 시험에 들게 한다면. 당신은 고유한 불을 가지고 있지 않습니다. 불은 **하나**밖에 없습니다. 당신이 받을 자격이 있는 것은 당신의 것입니다. 당신이 전할 수 있는 것은 당신의 것입니다. 원이 **그분**에게 가까울수록 불은 더욱더 그곳에 내려올 수 있습니다. 그리고 당신에게 새로운 **자아**가 태어납니다. 당신에게 고유한 것은 하나도 없습니다. 당신은 아무것도 아니면서 모든 것이며 선택을 할 수 있습니다.

모든 불의 원천에게.

묵상 기도가 이어졌고, 기록을 끝내지 못한 릴리는 계속 쓰고 있었다. 엄한 목소리가 들려오길,

기도는 글을 쓰기 위한 순간이 아닙니다.

1944년 2월 25일 금요일
측정하는 스승과의 대화

일주일 내내 나는 내게 주어진 숙제를 다음 날로 계속 미루기만 하고 있었다. '당신은 새로운 세계에서, 새로운 세계를 위하여 무엇을 할 것입니까?'라는 주제가 너무나 넓고 당혹스러워서, 나는 그 새로운 세계를 짐작조차 하지 못했다. 하지만 나는

놀라지 않았다. 스승들이 우리에게 불가능한 것을 요구할 때는, 궁극에는 그것이 가능하다는 걸 보여 주기 위해서였으니까. 마침내 하루 전날, 나는 생각했던 것을 또박또박, 그러나 열정이라고는 하나도 없이 글로 옮겼다.

오늘 우리는 모두, 측정하는 스승이 이곳에 계신 걸 느끼고 있었다. 그 긴 침묵은 멀지 않은 마리아-레메테 성당의 종소리로 갑자기 깨어졌고, 그것은 끝없이 이어졌다. 그 종소리는 마을의 화재를 알리는 용도로만 사용되는 것이었다. 스승은 우리의 모든 생각과 감정을 알고 있기 때문에, 우리는 큰 소리로 우리가 준비해 온 글을 읽을 필요가 없었다.

마침내 종소리가 멎었고, 측정하는 스승께서 말씀하셨다.

— 나는 내면의 종을 울립니다. 종은 당신들에게 무엇을 이야기합니까? 자기 판단에 따라 답해 주십시오.

당신들은 참으로 최선을 다했습니까? 중요한 것은 당신들이 적은 말이 아니라 최선을 다했느냐는 것이기 때문입니다. 당신들은 그 이상을 할 수 있지 않았을까요? 그럴 경우 우리는 아무 할 말이 없습니다. 우리는 사실 당신들이 끝내는 지점에서 시작합니다.

나를 향해 말씀하셨다.

대답하세요!

나는 너무 높지도 너무 낮지도 않은 적절한 수준을 원합니다. 나를 쳐다보세요!

나는 어색해서 중얼거렸다.

기타 저는 숙제를 더 잘 끝낼 수는 없었어요. 하지만 일곱 가지 기쁨을 찾지 못했습니다.

— 당신이 말하는 것은 동시에 당신의 판단입니다. 다시 한번 묻겠습니다. 머리로 대답하지 마세요! 당신은 최선을 다했습니까? 지

금, 평가하는 것은 내가 아니라 당신입니다.

기타 이번 주에 저는 더 잘할 수는 없었어요.

— 측정하는 이는 저울에 모든 것을 올려놓습니다. 대답할 때 그 사실을 참작하세요! 무엇이 당신을 방해했습니까?

기타 저는 간신히 미소를 지을 수 있었어요.

— 더 이상 덧붙일 말이 없습니까?

기타 제 자신을 보지 못하기 때문에, 제 자신을 판단하기가 매우 어렵습니다.

— 어렵지 않은 사람이 어디 있겠습니까? 당신에게 어려운 것은 다른 사람들에게 쉽습니다. 그러나 당신은 다른 사람들이 가지고 있지 않은 다른 힘을 가지고 있습니다. 당신에게 그것은 다른 사람들보다 더 어려운 게 아닙니다. 당신은 스스로 생각하는 것보다 더 많은 능력을 가지고 있습니다. 당신은 당신이 적은 글을 통해서가 아니라 자신을 판단하는 방식에서 스스로를 과소평가하고 있습니다. 당신은 모든 분야에서 더 잘할 수 있습니다.

(요셉에게) 나의 아들이여, 내면의 종은 무엇을 말하고 있습니까?

나는 늘 자기 자신이 어떤 사람인지를 정확히 보는 건 불가능하다고 여겼다. 그런데 요셉은 그렇지 않다는 것을 보여 주었다. 우리 중에서 요셉만이, 우리가 나중에 알게 된 마지막 시험의 의미를 직관적으로 파악한 사람이었다. 그래서 요셉은 유쾌하고 자신있게 대답했다.

요셉 저는 저의 지식과 감정에 최선을 다했습니다.

과연 요셉의 글은 놀랄 만큼 명확했다.

— 당신은 어떤 체험들을 했습니까?

요셉 저는 아직 온전히 그 경험들 속에서 살지는 못합니다.

— 당신은 할 수 있습니다! 당신과 일체가 된 분께서 당신 곁에 가까

이 계시기 때문입니다.

그 마지막 시험이, 우리가 세상의 대학교에서 하는 것처럼 이미 알고 있는 것을 다소간 논리적인 방식으로 요약하는 것이 아니었음을 마침내 이해했다. 아니, 정확히 그 반대였다. 알고 있던 것들을 다 놓아 버리고, 직관과 믿음에 따라 여태껏 보지 못한 것, 듣지 못한 것, 알지 못한 것 속으로 뛰어들어야 하는 것이었다. 오직 요셉만이 미지의 실체 속으로 뛰어들 용기를 가지고 있었다.

1944년 2월 25일 금요일
요셉과의 대화 36

요셉에게는 삶을 긍정적으로 말하기 어려운 상황이 많았다. 그리고 1944년의 암울한 전망들은 사정을 더 어렵게 만들고 있었다. 하루 전, 요셉이 자신의 문제들과 싸우고 있을 때 작업실의 천장이 내려앉으면서 벽의 한 부분이 무너져 내렸다. 요셉은 무너진 벽과 돌 더미 한가운데서 아무 데도 다친 곳이 없었고, 그에게 중요한 상징적 의미를 지닌 것으로 보인 그 사건에 대해 깊은 인상을 받았다.

— 당신은 세우는 이입니다. 기초공사를 준비하세요. 기초를 돌로 가득 채우고 나면 당신은 그 위에 건설할 수 있습니다! 집은 나무판 위에 세워질 수 없습니다. 당신이 가야 할 길의 핵심적인 말은 '그것은 있었다'가 아닙니다. '좋았을 것이다'도 아니고 '좋다'는 더군다나 아닙니다. 건설하는 말은 **'그렇게 되기를!'**입니다. '그것이 있었다'라는 말은 누락된 상태입니다. '좋았을 것이다'라는 말은 무능함을 나타냅니다. '좋다'라는 말은 자만적입니다. 당

신은 '**그렇게 되기를!**'이라 말하세요. 당신의 하늘은 초록색입니다. 대지가 초록색이기 때문입니다. 중력의 법은 연결하고 높여 줍니다. 나는 기쁜 마음으로 당신에게 말했습니다. 만약 우리가 말할 수 없다면 돌들이 말하기 시작할 것입니다. 돌의 메시지는 당신을 위한 것이었습니다.

(무너져 내린 벽을 암시하면서) 돌덩이들이 땅으로 굴러떨어졌고, 당신의 부족함이 어디에 있는지 보여 주었습니다.

그러나 당신이 보는 부족함은 더 이상 부족함이 아닙니다.

(일으켜 세우는 침묵의 이름으로) 나는 나중에 한나에게 "당신의 하늘은 초록색입니다. 대지가 초록색이기 때문입니다. 중력의 법은 연결하고 높여 줍니다"라는 문장의 뜻을 물어보았다. 한나의 설명에 의하면, 요셉의 지배적인 성질은 하늘에 속한 것이기 때문에, 정신과 물질 사이를 해방시킬 균형을 이루기 위해 그에게는 땅의 무게가 필요하고, 나는 반대로 땅에 속한 성질이라서, 나의 너무 부족한 정신과 너무 많은 물질을 보상하기 위해 하늘을 향하는 사명을 지녀야 한다는 것이었다.

1944년 2월 25일 금요일
릴리와의 대화 36

릴리는 마지막 시험을 치르지 못했다. 정치적인 재앙들이 도처에 반향을 일으키고 있었고, 릴리는 두려움을 털어놓기 위해 찾아오는 제자들과 함께 모든 시간을 보내고 있었다. 이제 나치의 독가스실이 존재한다는 것이 분명해졌으므로, 충분히 이해할 만한 일이었다. 릴리의 오빠가 국회 근처에서 주로 문학인들이 모이는 커다란 대형 카페를 운영하고 있었는데, 이 카페 한구석 조용한 자리에서 밤늦게까지 제자들에 둘러싸여 있는 릴리를 사람들은 어김없이 만날 수 있었다. 그래서 릴리는 주어졌던 숙제를 하지 못했다.

— 작은 싹은 자라서 무엇이 될지를 짐작하지 못합니다. 그렇지만 싹은 빛을 향해 부풀고 뻗어 가며 힘껏 애씁니다. 사실 싹이 무엇이 될지는 노력의 강도에 달려 있습니다. 세심하게 주의를 기울이세요!

모든 것은 노력의 강도에 달려 있습니다.

만약 작은 지식의 싹이 빛을 향해 뻗지 않고 애써 자라지 않는다면, 자신의 깊숙한 곳에 큰 나무에 대한 약속이 있음을 안다 해도 아무 소용이 없습니다. 땅은 너무 단단하고 흙은 너무 무거워서, 작은 싹으로서는 그것들을 이기기 위해서 온 힘을 다해야 합니다.

생활환경은 나날이 더 어려워져 갔고, 릴리는 조언을 듣기 위해 오는 제자들로 인해 몹시 바빴다.

나의 어린 봉사자여, 당신도 길을 잃었습니다. 사명의 수행은 당신 자신의 성장입니다. 자신을 드높여야 더 많이 줄 수 있습니다. 사명은 크면 클수록 우리를 성장하게 합니다. 당신은 두 사람을 도와주었지만 이백 명을 그냥 지나쳤으며, 당신의 사명은 어쩌면 이천 명이었을지도 모릅니다. 그렇다고 믿습니까?

릴리 네, 확신해요.

— 거기서 교훈을 얻으세요!

도움의 목표를, 당신의 감정을 넘어 더 높이, 언제나 더욱더 높은 곳에 두세요! 예상치도 못할 힘들이 아직도 당신 안에 갇혀 있습니다. 당신이 문을 열어 주지 않기 때문입니다.

릴리 네, 그런데 저는 제가 어디서 닫혀 있는지 잘 모르겠어요.

— 당신은 이미 자신의 작은 사명을 잘 수행하고 있지만 최상의 부분을 선택하세요! 마르타가 아니라 마리아가 되세요! 새롭게 찾

으세요! 그러면 더 이상의 것을 발견하게 될 것입니다.

만약 당신이 완전한 믿음으로 찾지 않으면 결코 찾지 못할 것입니다. 무엇보다 당신의 사명이 우선 되게 하세요! 나를 믿으세요. 그러면 도울 수 있을 것입니다.

우리가 아래, 위, 우리 주변을 두루 살핀다면, 모든 것이 **그분**이십니다.

1944년 2월 26일 토요일
릴리와의 대화 36 (계속)

토요일이었다. 릴리는 화실에서 전날의 가르침에 몰두하려고 애쓰던 중에, 갑자기 자신이 내면의 강렬한 빛으로 채워지는 것을 느꼈다. 우리는 모두, 뜻밖에도 릴리의 스승이 오셨다는 걸 느꼈다.

── 시간과 장소, 그리고 기회가 이상야릇합니다. 그래도 나의 봉사는 돕는 것이기 때문에 내려왔습니다. 당신은 아직도 의심합니까? 명확하지 않은 점들이 있습니까?

릴리 아닙니다. 그런데 저에게 제 사명은 매우 커 보입니다.

── 그것은 명확함이 부족해서가 아니라 빛이 너무 강하기 때문입니다. 만약 빛이 없다면 눈으로 보지 못합니다. 만약 빛의 강도가 예사롭지 않아도 눈은 보지 못합니다. 당신은 오늘 세 가지 빛의 섬광을 받았습니다. 그것을 느낍니까?

릴리 아직 느끼지 못했습니다.

── 당신의 세 가지 가장 큰 부족함은 무엇입니까?

릴리는 놀라울 정도로 빠르게 대답했다. 그는 자신이 지니고 있다고 생각되는 모든 결함을 몇천 번쯤 나열해 보았음이 분명했다.

릴리　믿음의 부족, 일의 부족, 헌신의 부족.

—　일은 부족하지 않지만 행위는 부족
　　합니다. 당신은 일이 있지만 일을 시
　　작하지 않습니다. 당신의 징표의 세
　　점들은 스스로에 대한 믿음을 포함
해서 세 개의 섬광으로 번쩍이게 될 것입니다. 셋은 하나이기 때
문입니다.

그 세 가지 섬광은 공간이나 시간 속에 있는 것이 아닙니다. 세
가지 부족함은 더 이상 존재하지 않습니다. 그 부족함은 가득 채
워질 것입니다. 그렇게 되는 것을 당신은 보게 될 것입니다.

몸은 느립니다. 빨리 알아차리지를 못합니다. 그러나 당신은 그
저 몸뿐만이 아닙니다. 사명을 수행하는 것은 몸이 아닙니다. **당
신에게 완전한 충만함이 깃들도록 기원하면 당신은 저절로 충만
해질 것입니다.** 당신의 부족함을 채우는 일은 더 이상 당신의 소
관이 아닙니다. 그 결실이 맺어지기를! 당신은 불가능한 것을 믿
습니까? 오늘 당신이 받은 것은 충만함의 예감이었습니다.

　　(침묵)

주의를 기울이세요! 내가 말하려는 것은 중요합니다.

말은 창조적입니다.

말은 모든 것을 응축시키며 중심을 잡게 하기 때문입니다.

(오늘 아침 자신의 결함들을 적었던 릴리에게) **당신이 부족함을
말로 표현했기 때문에 섬광이 내려올 수 있었습니다.**

(나에게) 말에 주의를 기울이세요! **말은 만들어 세웁니다.** 어떤
돌덩이가 다른 돌덩이에 겹쳐지는 데는 이유가 있습니다. 당신
이 다른 방식으로 세운 것은 무너지고 말 것입니다. 당신들은 아
직 말을 쓸 줄 모릅니다. 껍질은 씨앗이 아닙니다. 깍지는 밀알이
아닙니다.

말, 이름, 신비. 조심하세요!

우리가 말하는 내용 속에는 헛된 것이 하나도 없습니다. 만약 당신들이 '있으라!'라고 말한다면, 그것은 이루어질 것입니다. 당신들이 그렇게 말하지 않는다면 그것은 이루어지지 않을 것입니다. '그렇게 되기만 한다면!'이라고 말하지 마세요!

이 세 단어는 한 단어보다 작기 때문입니다. '나는 때때로 믿습니다'라는 말은 '나는 믿습니다'보다 작은 것입니다.

'언제나 도와줄 수 있다면 얼마나 좋을까.'

이것은 여섯 단어로 된 말이지요.

'나는 도와줍니다.'*

이것은 한 단어로 빈틈이 없습니다. 당신 안에도 또한 빈틈이 없습니다. 행위는 몸의 언어입니다. 충만함은 많은 것이 아니고 강렬한 것이므로 그것이 바로 영원한 절제입니다. 충분한 양식을 요구하세요!

릴리 저는 지금 이 순간처럼 모든 것이 제게 강렬하게 남아 있었으면 하는 소망밖에 없습니다!

── 당신에게 속해 있는 것을 바라지 마세요!

당신의 소망을 더 높이 올려놓으세요!

몸은 느리지만, 머지않아 그도 자각할 것입니다.

1944년 3월 3일 금요일
기타와의 대화 37

그날 아침, 나는 일곱 가지 기쁨을 찾으려 애쓰다가 갑자기 내

---

* '나는 도와줍니다'라는 말은 헝가리어로 'aide'이며 한 단어이다.

자신이 기쁨 그 자체라는 느낌이 들었다. 다시 말해, 나는 기쁨의 존재이므로 결국 온전히 나 자신인 것이다.

— 일곱 가지 기쁨에 대해 말합니다. 당신은 사명의 중심에 이르렀습니다. 그런데 필요 이상으로 어렵게 이르렀지요. 일곱 가지 기쁨은 일곱 개의 문입니다. 당신은 일곱 개의 문을 통해 원구圓球 속으로 들어갈 수도 있었을 것입니다. 문은 외부로도 열리고 내부로도 열립니다. 당신의 새로운 사명은, 일곱 가지 기쁨을 빛내는 것입니다. 그것은 일곱 개의 같은 문이지만 외부를 향해 열리는 문입니다. 두 눈 역시 보고 빛을 발합니다.

하느님께서 당신의 일에 도움을 주시기를!

오후에

문을 열지 않은 채 지나가는 날이 없게 하세요! 그 문들을 저녁이 아니라 아침에 여세요!

기타 그건 힘들어요. 제 시간의 주인이 제가 아니기 때문입니다.

— 당신의 사명은, 자신을 시간 너머로 드높이는 것입니다. 당신은 한 시간을 두 시간으로 만들 수는 없습니다. 만약 당신이 한순간만이라도 시간을 넘어서 있었더라면, 거기서 당신은 일곱 개의 기쁨을 한꺼번에 보았을 것입니다.

잘 들어 보세요!

당신이 외부에서부터 원구에 가까이 다가간다면 한 번에 문 하나만을 볼 수 있습니다. 그러나 내부로부터 다가갈 때는 일곱 개의 문을 동시에 볼 수 있습니다. 원구는 돌고, 모든 원구들은 돕니다. 그래서 원구입니다.

모든 형상들은 운행의 법칙에 따라 이루어져 있습니다. 원구는 돌지만 당신은 돌지 않습니다.

아버지는 거대한 원구의 중심에서 움직이지 않으십니다.

그분을 제외한 모든 것은 움직입니다. **그분**은 자기 모습대로 인간을 창조하셨고, 인간에게 작은 원구를 맡기셨습니다.

(쓸쓸하고 역설적인 어조로) 인간이 그 원구를 가지고 어떻게 했는지 보세요!

잘 보세요! 인간은 그 위로 열심히 달려가지만 아무 데도 이르지 못합니다.

질문하세요!

기타 일을 시작할 때, 어디서부터 출발해야 합니까?

—— 확실함으로부터. 두뇌는 확실할 수 있습니까?

기타 아니요.

—— 당신들에게 커다란 비밀을 말해 주지요.

머리로 계획을 세우지 마세요! 머리로는 실행만 하세요!

계획은 아버지에게 있습니다. 모든 계획들은.

머리로 계획을 세우면 때가 오기도 전에 시간의 고삐를 놓쳐 버리게 됩니다. 머리와 시간은 하나이기 때문입니다.

> 나는 그 말을 이해하지 못해 두 손으로 머리를 감싸 쥐었다.

머리를 쥐어짜지 마세요! **계획**은 시간 너머에 있습니다. 당신들이 **계획**과 하나가 된다면 결코 빠르거나 늦지 않을 것입니다.

> 나는 그 말들을 이해하기 위해 필사적으로 노력하다가 결국 침묵하고 말았다.

시간이 지났으니 질문을 하나 더 하세요.

기타 저에겐 필요 이상의 움직임이 많습니다. 적절한 움직임에 대해 가르쳐 주십시오!

—— 모자람이 없는 곳에 필요 이상의 것은 없습니다.

당신이 한편으로 지나치게 노력하는 것은 다른 한편의 모자람을 말해 주는 것입니다. 다만, 지나침이 부족함을 채우는 건 아닙니다. 지나친 것을 버릴 필요는 없습니다! 그러한 것은 존재하지 않습니다.

당신의 행동 하나하나에 대해 책임을 묻게 될 것입니다. 잊지 마세요! 그리고 지나친 것은 곧 제자리를 찾게 될 것입니다.

당신은 해야 할 바를 다하고 있습니까?

기타 다하지 못하고 있습니다.

— 보세요! 지나친 것은 없습니다!

없애거나 덧붙일 것이 아니라 제자리를 찾아 주고 이끌어야 합니다. 많은 것을 적은 쪽으로.

부족함은 많음을 가리키고 많음은 부족함을 가리킵니다.

당신이 한쪽을 다른 쪽으로 이끌어 준다면 더 이상 악은 없을 것입니다.

충만함의 이름으로.

1944년 3월 3일 금요일
릴리와의 대화 37

— 당신들 모두에게 말합니다. 당신들 모두는 옛것에서부터 정화되어야 합니다.

오래된 것은 무엇입니까? 불완전함입니다. 그리고 당신들은 왜 정화되어야 합니까?

당신들은 요구함으로써 창조하기 때문입니다.

요구는 형태를 이룹니다.

당신들은 더 이상 자기 자신을 위해 요구할 수 없습니다. 당신들은 이제 부족함이 없습니다. 만약 당신들이 옛것으로부터 정화된 순수한 방식으로 요구한다면 **그것은 형태를 이루게 될 것입니다.** 그러나 그러기 위해서는 요구를 해야 합니다!

(요셉에게) 하지만 되돌아가는 것은 금물입니다!

(나에게) 되돌아가는 것은 금물입니다!

(릴리에게) 되돌아가는 것은 금물입니다!

(나에게) 좋은 노동자는 하늘의 빵을 주기 위하여 매일 제 몫의 빵을 받을 자격이 있습니다.

(요셉에게) 그는 하늘의 지붕을 세우기 위해 제 몫의 지붕을 가질 자격이 있습니다.

(릴리에게) 그는 수많은 사람에게 베풀기 위해 고독을 누릴 자격이 있습니다.

(한나에게) 그는 말씀을 전하기 위해 침묵을 지킬 자격이 있습니다.

타협은 없습니다. **그분**의 법은 충만함이고, 충만함 속에는 모든 것이 포함되어 있습니다. 가장 큰 원은 작은 원도 포함합니다.

(릴리에게) 당신의 어린 양은 아무도 길을 잃지 않습니다. 지금까지 무엇이 그 양들을 모이게 했습니까? 그들이 다만 운동을 하기 위해서만 왔던가요? 당신의 믿음이 커지면 더 많은 이들이 올 것입니다.

다른 질문이 있습니까?

릴리 순수함에 대해 계속 말씀해 주십시오. 부탁합니다.

— 당신들의 모든 행위와 일, 생각, 감정 들이 완전히 순수하기를! 순수는 좋습니다.

순수함이란 모든 것이 제자리에 있다는 뜻입니다.

제자리에 있지 않은 행위는 순수하지 못합니다. 복잡한 생각은 순수하지 않고 정신과 뒤섞인 감정은 순수하지 않습니다.

나는 스승께서 여러 가지 다른 수준을 뒤섞지 말아야 할 필요성에 대해 말씀하셨던 금년 초의 대화를 떠올렸다.

더러운 것은 없습니다. 그건 상스러운 말입니다. 불순함만이 있을 뿐입니다. 당신들도 언제나 제자리에 있기를! 내면에서든 외면에서든. 어떤 자리가 당신들을 변하게 하는 것이 아니라 당신들이 자신의 자리를 변하게 하기를! 그것이 바로 순수함입니다. 하느님을 숭배하는 신전은 성스럽고 순수한 곳입니다. 종교가 죽어 버린다면 신전은 창고가 되어 버릴 수도 있습니다.

신전을 신전으로 만드는 것은 하느님에 대한 숭배입니다. 신전과 종교 들은 계속 죽고 있지만, 벽이 없는 새 신전은 죽을 수 없습니다. 당신들은 영원한 신전을 짓는 자, 미래의 사제들입니다. 그리고 그 신전의 이름은 구원된 세계입니다.

다른 질문이 있습니까?

릴리 저는 언제나 클라라*를 생각하곤 합니다. 그는 왜 그렇게 앓아야 합니까?

—— 대답은 그의 이름에 있습니다. 그 이름은 순수함을 뜻합니다. 무엇인가가 제자리에 있지 않은데, 그는 자기 자신에게조차 그것을 숨기고 있습니다. 모든 병은 **숨겨진 불순함**에 그 원인이 있습니다.

> 기록을 하는 중에, 샤프펜슬의 심이 안으로 들어가 버리는 바람에 더 이상 쓸 수가 없었다. 나는 짜증이 나 계속 필기를 하려고 샤프를 마구 흔들어 댔다. 스승이 내게 말씀하셨다.

당신은 불필요한 몸짓을 했습니다. 당신이 그 사실을 깨닫지 못하므로 그것은 불순한 것입니다.

당신 손에 있는 도구를 사랑하세요. 주님은 당신에게 책임을 묻기 때문입니다!

---

* 클라라는 릴리의 제자였다. 클라라는 '맑음'이라는 뜻이다.

그분은 당신들의 행위와 움직임에 대한 책임을 요구합니다. **그분**을 섬기는 것이 바로 자유로움의 비밀입니다.

(릴리에게) 당신은 내가 떠나기를 원합니까?

릴리 아니요.

— 당신이 발끝으로 선다면 이미 내게 닿을 수 있습니다. 당신이 나에게 닿지 못하는 함정은 더 이상 없습니다. 침묵과 고독 속에 쉬고 있는 그 이상의 것이 곧 올 것입니다.

하늘이 당신들과 함께하기를!

1944년 3월 10일 금요일
기타와의 대화 38

— 하나의 점, 중심의 초점이 있습니다. 우리는 그것을 영원이라고 합니다. 권능과 확신의 점입니다. 무엇이 당신을 속입니까? 가장 큰 속임수는 시간입니다.

시간 속에는 사람을 위한 자리가 없습니다.

사람은 시간 속에서 제자리에 놓여 있지 않습니다.

한 걸음만 내디디면 시간의 흐름이 그를 휩쓸어 가 버립니다. 그 흐름의 징표가 물입니다. 당신들은 개구리가 아니고, 더군다나 물고기도 아닙니다!

과거, 현재, 미래.

어떤 사람은 과거를 아쉬워하고, 또 어떤 사람은 과거를 무서워합니다. 어떤 사람은 미래에 희망을 걸고, 어떤 사람은 미래를 무서워합니다. 그러므로 현재가 없습니다. 현재는 없습니다. 사람은 과거 속에 있거나 혹은 미래 속에 있기 때문입니다.

과거, 현재, 미래.

그 셋 모두가 하나의 강을 이루고 있을 뿐입니다. 떼어 놓을 수 없게 이어진 운동, 섬세한 물질의 운동. 강을 바라보는 것과 강 속에 있는 것과의 차이는 얼마나 큽니까!

사람은 강의 주인이기도 합니다.

행위는 시간 속에 존재하고 있는 영원성입니다.

서두름은 **행위**가 아닙니다. 내가 말하는 시점은 강 너머에 있습니다.

과거, 현재, 미래는 세 가지 광선입니다. 그들의 중심의 초점은 영원한 현실입니다.

실제. 나의 봉사자여, 시간 밖으로 나오세요! 그러면 당신은 시간의 주인이 될 것입니다.

창조적 작품, 행위는 영원성의 시점으로부터만 시작될 수 있습니다.

기타 이번 주 내내, 저는 영원으로 통하는 문을 헛되이 찾았어요. 저는 어디서 길을 잃었을까요?

— 시간 속에서입니다. 내가 그래서 시간에 대해 말하고 있는 것입니다.

기타 저는 영원으로 통하는 문의 이름을 몰라요.

— 당신은 몇 개의 문을 원합니까?

기타 하나의 문.

— 내가 당신에게 십만 개의 문을 주겠습니다. 모든 생각과 모든 행위, 그리고 모든 휴식이 **그분**께 바쳐지기를! 그러면 모든 것이 **그분**께 이를 것입니다.

아주 미세한 것도 그분께 바쳐질 가치가 있습니다.

만약 당신들의 봉헌이 완전해진다면 당신들에게 삶은 지고한 행복이 될 것입니다!

질문 있습니까?

기타 새로운 태양에 대해서 말씀해 주세요.

— 새로운 태양은 아직 안개에 가려져 있습니다. 당신 안에는 아직
도 물이 너무나 많습니다. 그렇지 않다면 당신은 그것을 볼 수 있
을 것입니다.

　　나는 '물'이라는 말이 시간의 흐름에 따라 변덕을 부리는 나의
　　정신 상태를 가리킨다는 걸 알았다.

**새로운 태양은 당신 안에 있는 안개를 아직 뚫지 못하고 있습니
다.**

바깥에서 그것을 보려고 기다리지 마세요! 새로운 태양을 바깥
에서 보려고 기다리면 결코 보지 못할 것입니다!

행위, 그것을 이루어야 하는 건 바로 당신들입니다! 우리는 이루
지 않으며, 주지도 않고, 빼앗지도 않습니다. 있지도 않았고 있게
되지도 않을 것입니다. 우리는 **그분**을 통해 있습니다.

머리를 숙입시다. **그분**께서 우리와 **함께 있습니다.**

1944년 3월 10일 금요일
릴리와의 대화 38

— 더는 **행위**로 속죄할 수 없습니다. 사람은 더 이상 속죄할 수 없습
니다. 도움은 사죄가 아닙니다. 당신은 나무에 다시 열매를 붙일
수 있나요? 그분께서는 다시 붙이지 않으시고 자라나게 하십니
다.

그분의 손이 가까이 있습니다. 그것은 바로 당신 자신입니다.

그분의 도움이 되세요. 그러면 당신은 세상을 구원할 것입니다!
질문하세요!

릴리 하늘과 땅을 위한 사명을 가르쳐 주세요.

― 땅은 완성됐으나, 하늘은 아직 당신 안에서 타고 있지 않습니다. 당신의 자리는 두 곳에 있지 않고 단 한 군데, 두 곳의 가운데에만 있습니다. 지상과 천상의 생명의 단계는 일곱입니다. 세 단계는 완성되어 있습니다. 다른 세 단계는 한계 너머에 있으나 네번째가 그것들을 찾을 것입니다. **일곱**은 **하나**가 될 것이고 더 이상 죄는 없게 될 것입니다. 다섯번째는 당신에게 말합니다.

릴리 저는 잘 이해하지 못하겠습니다.

― 당신은 절반도 이해할 수 없습니다. 일곱 안에서 네번째는 지상의 세 단계와 천상의 세 단계를 연결시킵니다.

나는 다섯번째이며, 지상에 있기 위해 당신에게 의지합니다. 믿음은 네번째에 이르게 하고, 네번째는 더 이상 믿음이 필요하지 않습니다. 네번째는 이미 실행되고 있습니다.

릴리와의 이 대화는 마치 불가해한 것과 추상적인 숫자들의 놀이 같았다. 나는 한나에게 그것을, 특히 다섯번째 단계를 설명해 달라고 했다. 그는 지난번 대화에서 이미 그렸던 도표를 그려 보이면서, 그때 없었던 요소들을 덧붙였다.

그렇게 해서 갑자기 명확해진 도표는 지금까지 받은 모든 가르침의 열쇠가 되어 그 구조를 보여 주고 있었다. 나는 마침내, 천지창조 안에서 인간의 위치가 무엇인지를 이해했다. 물질을 멸시하면서 정신 안으로 도피하는 태도는, 정신을 부인하면서 물질에 집착하는 것만큼이나 잘못된 것이라는 사실과 함께, 새로운 균형을 발견했다. 나는 육신의 삶을 충만하게 사는 것이 정신의 삶을 충만하게 사는 것과 똑같이 중요하고 본질적이라는 것을 깨달았다. 결국, 물질과 정신 사이를 잇는 중개자로서 예정된 개인의 존엄성과 아울러, 내 자신의 존엄성을 발견했다. 나는 천지창조가 인간의 참여 없이는 이루어질 수 없다는 사실을 이처럼 강렬하게 느껴 본 적이 없었다. 스승은 네번째이자

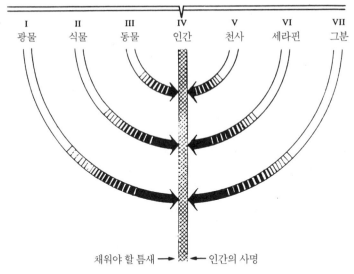

중간적 존재인 인간, 즉 나를 통해서만 지상에서 활동할 수 있는 것이다. 그 발견으로 인해 나의 생활은 근본적으로 변화했다. 나는 나의 영혼 속에서와 마찬가지로 나의 몸속에 물질과 정신을 결합시킬 수 있는 가능성과 사명을 지니고 있었다.

1944년 3월 17일 금요일
대화 39
기타와의 개인적인 마지막 대화

── 원구圓球 − 충만함. 사과 − 충만함의 권력.*

만약 당신이 그 사과를 먹으면서 그 사과를 통해 일하지 않는다

---

* 왕의 권력을 상징하는 원구는 헝가리어로 '왕권의 사과'라고 불린다.

면, 그리고 그 사과를 가지고 있으면서 주지 않는다면, 당신은 **여섯번째**를 받을 자격이 없습니다. **여섯번째** 권력은 어디에서나 활동합니다.

권력이 무엇인지 알려주겠으니 잘 들어 보세요!

다섯번째는 천사이고, **여섯번째**는 세라핀입니다.

내가 당신의 중개자이자 스승인 것처럼, 그분은 나의 중개자이며 스승입니다.

나는 그분과 하나입니다. 창조적 세계의 세 단계는 그와 같이 이루어져 있습니다.

> 나는 먼저 세라핀을 통해 전해진 다음, 다시 나의 천사를 통해 전해진, **그분**으로부터 오는 광휘를 느꼈다.

그런데 **네번째**는 어디 있습니까? **그분**께서는 공백을 용납하지 않으십니다. **그분**의 이름은 충만함이기 때문입니다. **네번째**는 당신의 유일한 자리입니다! 거기서 먼 것과 가까운 것이 멈추게 됩니다.

그분 앞에 머리를 숙이세요! 그러나 모든 다른 사람들 앞에서는 머리를 드세요!

당신은 오직 행동하면서만 스승이 될 수 있습니다. 내 말을 듣고 있습니까?

기타 네.

— 내 말을 이해합니까?

기타 네.

— 내 말을 듣지도 말고 이해하지도 말고, **그 말대로 살도록 하십시오!**

그분을 섬기며 두려워하지 마세요! 두려움은 아래에서만 가능한 것입니다.

당신은 질문의 정상에서만 대답을 찾게 될 것입니다.

나는 거기에 있으며 그곳에서만 당신에게 말할 수 있습니다.

당신이 절반만 행동한다면 축복받지 못할 것입니다. 그것이 불가능하기 때문입니다. 늘 위를 향하여 가는 길의 끝까지 가세요! 내려가거나 멈추지 마세요! 멈추면 곧 죽음입니다.

두번째의 죽음. 이것이 바로 가르침입니다.

모든 것은 자신의 정상을 갖고 있으며

그 정상이 바로 당신의 자리입니다.

하늘이 당신과 함께하기를.

　스승은 인간의 사명이 정의롭고 올바른 왕처럼 창조된 세계를 지배하는 것이라고 자주 우리에게 말했다. 이미 지난번 대화 중에 우리에게는 상징적인 왕권이 주어졌다. 물론 상징적으로. 오늘은 두번째 특질, 즉 충만함과 왕권의 상징인 원구가 강조됐다. 나는 오늘의 대화가 개인적인 마지막 대화일 것이라는 어렴풋한 예감이 들었다.

1944년 3월 17일 금요일
대화 39
측정하는 스승

── 측정하는 이는 측정합니다. 무엇을 측정합니까? 그는 공간을 측정합니다. 힘이 보듬지 않는 원은 아무것도 아닙니다.

행위는, 하느님께서 뿌리시고 사람은 받습니다. 원과 행위, 그것은 공간과 시간입니다. 그리고 **그분**께서는 나를 통해 측정하십니다.

당신들의 행위는 어디 있습니까? 이제 때가 됐고 원은 커졌습니다. 그분께서는 모든 것을 보십니다.

당신들의 행위는 어디 있습니까? 공간은 당신들의 손이 닿을 수 있는 것입니다.

게으른 수족! 손은 준비가 됐으나 주지 않고 있습니다.

더 이상 핑계는 없습니다. 모든 길은 유일한 지점에 이릅니다.

빛, 유일한 현실. **그분**을 통하여 피조물이 존재합니다.

당신은 피조물이며 빛입니다. 그렇습니다. 물속에 앉아 있는 두꺼비는 미지근합니다. 물고기도 아니고 포유동물도 아닙니다. 두꺼비, 혹은 천사? 저울판은 비어 있습니다. 당신들의 행위는 충분치 않습니다. 빈 것을 측정하는 일은 나를 지루하게 합니다. 나는 벌써 열매를 가져가고 싶습니다. 이미 **그분**께서는 당신들한테서 많은 것을 기다리십니다. 손이 준비되어 있기를!

측정하는 이로서 말합니다.

잘 들어 보세요! **그분**께서 나를 통해 말씀하시기 때문입니다.

그 엄한 말씀이 지닌 긴박함은, 우리가 내적으로 변화되지 않는 한 맞설 수 없을, 앞으로의 재앙을 예감하게 했다.

1944년 3월 17일 금요일
대화 39
릴리와의 마지막 개인적인 대화

(삼각형의 형태를 손짓으로 만들어 보이시며)
— 잘 들어 보세요! 이것이 당신의 징표인 셋입니다!

(왼손을 보여 주시며) 물질,

(오른손을 보여 주시며) 힘,

(가운데를 보여 주시며) 행동하는 사람.

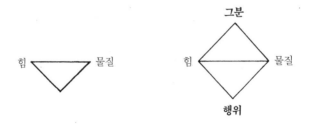

물질은 사명이고 힘은 수단입니다. 그리고 행동하는 것은 **그분**이십니다. 네번째는 무엇입니까?

행위. 그렇게 성전聖殿이 완성됩니다. 당신의 부족함은 가득 채워졌고, 과거는 밀려났습니다. 옛것은 깊이 가라앉고 하늘은 열립니다.

당신의 행위는 땅과 하늘을 연결하는 춤입니다. 그처럼 당신의 각 몸짓은 천상의 춤이 됩니다. 나는 무용수이고 **그분**을 위해 춤을 춥니다.

    나는 그 춤이 율동을 통한 창작이라는 것을 느꼈다.

나를 위해, 그리고 **그분**을 위해 춤을 추세요! 당신의 손은 자유롭고 당신의 발은 웃습니다. 나는 당신과 함께 있으며, 우리의 입술 위에서는 같은 노래가 퍼집니다. 모든 노래는 **그분**을 위해 불려지고 있습니다.

(릴리에게) 모든 춤은 **그분**을 위해 추어지고 있습니다.

(나에게) 모든 광선은 **그분**을 향해 날아가는 새입니다.

(요셉에게) 모든 새 건물의 벽은 **그분**에 의해서만 서 있습니다.

그리고 지금 네번째의 노래가 **그분**을 향해 오릅니다.

    개인적 사명의 완성을 통해서만 우리가 네번째 단계에 다다를 수 있다는 사실이 내게 점점 더 분명해지고 있었다. 그 단계에서 우리의 행위들은 진정한 행위가 될 것이다.

1944년 3월 17일 금요일
대화 39
요셉과의 개인적인 마지막 대화

— 아래에 있는 땅은 위에 있는 침묵만큼이나 가까운 것입니다. 그
들은 **하나**입니다. 그리고 땅, 초록빛 땅은 당신의 하늘입니다. 행
위는 여기에서만 가능합니다. 땅은 비어 있으나, **그분**의 손은 땅
을 가득 채웁니다. **그분**의 손은 이름하여 **인간**입니다. **인간**은 건
설하는 자이고 돕는 자이며 빛을 발하는 힘이면서 절제있게 행
동하는 자입니다.

당신의 이름은, 하늘의 특사特使입니다. 당신의 자리가 여기라는
사실을 잊지 마세요! 그렇게 하늘과 땅은 합쳐질 것입니다. 과거
의 소용돌이는 하느님의 집을 세웠던 모든 돌을 삼켜 버립니다.
당신은 하늘을 위해 이 세상에 벽을 세웁니다. 그 벽은 돌이 아니
라 노래이고 율동이며 법입니다.

그분은 하늘의 특사로 당신과 함께합니다.

1944년 3월 24일 금요일
대화 40
성가대의 노래

헝가리 전체가 충격 상태에 빠졌다. 불과 몇 시간 안에 독일 군
대가 나라를 점령해 버린 것이다.

— 일곱번째의 하늘은 당신들이 발을 디디고 있는 이승의 자리, 땅
만큼 가까이 있습니다. 그곳에서 그분은 왕이십니다. 그분께서
는 이제 이 세상에 오시지 않습니다. 눈부신 빛, 유일한 현실. 왕,

영원히 계시는 분. 그분의 옷은 **하느님**까지 오르는 불의 흰빛을 띠고 있습니다. 당신들은 그분의 봉사자들입니다!

영광스러운 분, 그분을 섬기세요!

빛이신 그분, 우리가 쳐다볼 수 없는 그분, 영원한 놀라움, 우리가 믿을 수 있는 유일한 분.

당신들은 모두 다 자손입니다!

당신들은 모두 다 예수입니다.

당신들은 그분의 자리에 있습니다.

그 자리에서 행동하고 살아가며 변화하세요.

그분은 근본이며 길이요, 진리이며 생명이십니다.

빛이 다가올 때, 어둠과 악의는 사라지고 멈춥니다.

주의를 기울이세요! 우리가 주는 빛은 두 배로 약하게 한 것입니다. 세계는 그 강한 빛의 힘으로 인해 불타 버리게 되기 때문입니다. 우리는 날개로 그 빛을 걸러 줍니다. 높이 올라가세요! 그렇게 해야만 빛이 올 수 있습니다. 그 빛을 다시 한번 걸러 주세요!

불은 땅 위에 내려옵니다.

하늘이 당신들 안에서 타오를 때, 옛것은 타 버립니다. **그분**께서는 타 버리는 옛것으로는 아무것도 할 수가 없습니다. 옛것이 당신들 안에서 태워져 버렸을 때 당신들의 눈은 하늘의 불을 보게 될 것입니다! 그렇지 않으면 당신들이 타 버릴 것입니다. 땅의 불은 땅에서만 오고, 땅을 통해서만 생겨납니다.

하늘의 불은 타 버리지 않았습니다. 그것은 불이기 때문입니다.

하늘의 불을 지니는 일, 천상의 불을 가져오는 일은 순수함을 요구합니다. 자신을 정화시키세요. 그렇지 않으면 그 일은 불가능합니다. 당신들을 통해 내려오는 빛은 참으로 경이로운 것입니다! 불은 당신들이 변해야 하는 그곳만을 아프게 합니다. 그릇 안에 물은 없으나 활활 타오르는 불꽃이 있습니다.

모든 것 위에 계시는 **그분**께서는 불로 영세領洗를 주시기 때문입니다.

물을 놓아 버리세요! 고통의 이름은 균열이니, 가득 채워지도록 하세요!

시간이 가까웠습니다. 불이 균열의 틈새 밖으로 빠져나간다면 그건 재앙입니다. 불은 당신들 안에서만 타오를 수 있습니다! 당신들 안에서만! 하지만 당신들은 **행동, 행동**으로 옮겨야 합니다! 그렇게 해서 대지는 천상의 불을 받게 됩니다.

　　밖에는 폭풍이 맹위를 떨치고 있었다.

바람이 불고 소리치며 난무합니다. 눈폭풍은 그러나 이미 힘을 잃었습니다. 빛과 열기, 개화開花의 시간이 오고 있기 때문입니다.

그분을 믿으세요! 그분은 반드시 오십니다. 그분은 당신들과 함께 계시고, 그분은 빛이십니다!

　　우리는 오늘, 우리에게 말하고 있는 실체가 단지 스승들이 아니라 그보다 훨씬 더 강력한 힘이라는 걸 느꼈다. 이전의 어떤 대화 속에서도 그렇게 강렬한 느낌을 받은 적은 없었다.

1944년 3월 24일 금요일
대화 40
릴리에게 보내는 메시지

　　나치가 부다페스트를 점령한 후 모든 교통수단은 끊겼고, 릴리는 더 이상 우리를 만나러 올 수 없었다.

— 도와주는 이의 천사가 여기에 있습니다. 당신들 네 사람에게 미리 보내진 이 메시지는 천사들의 합창단으로부터 오는 것입니

다. 이제 나는 멀리 있는, 그렇지만 여기 있을 수도 있는 그녀에게 말합니다. 어둠은 그가 오는 것을 막을 수 없습니다. 어둠은 빛이 통과하지 않는 물질에 투사된 그림자에 불과합니다.

물질이 빛을 제한하면 빛 또한 물질입니다.

새로운 빛은 모든 것을 관통합니다.

더 이상 한계는 없습니다. 더 이상 멀고 가까운 것도 없습니다. 따라서 나의 봉사자는 여기에 있을 수 있습니다.

모든 것의 중심은 바로 **그분**이십니다. 빛이 **그분**으로부터 올 때, 도와주는 이의 손은 커지고 모든 것을 감싸며 자유롭게 행동할 수 있습니다. 그리고 나의 어린 봉사자는 그가 행동할 수 있는 곳 어디에나 있을 수 있습니다.

(침묵)

훌륭하게 도와주는 이의 힘이 당신과 함께 있습니다!

나 또한 당신을 섬깁니다. 나, 당신, **그분**은 셋이지만, 그 한계 너머에서는 결국 **하나**입니다. 그리고 그것은 곧 은혜입니다.

> 나는 예수에게 보내는 천사들의 합창단이 부르는 노래, 즉 일곱 번째를 기록하고, 기회가 닿는 대로 릴리에게 보낼 짧은 메시지를 썼다. 나는 이번 대화 동안에 정말로 릴리의 존재를 느꼈다. 그것이 어떻게 가능할 수 있었는지는 나중에야 알게 됐다. 우리에게 지각되는 빛은 시공간에 제한된 것이지만, 내면의 빛은 반대로 모든 것을 관통하며 시간과 공간을 초월한다. 만약 릴리가 그 내면의 빛으로 가득 차 있다면, 그는 시간 속에 있으면서 동시에 시간을 초월해 있고, 따라서 정신을 통해 우리 가운데 현존할 수 있는 것이다.

부다페스트에서의 대화

독일이 헝가리를 침공한 후 곧바로 유대인 박해가 시작됐다. 우선 지방에서 색출된 유대인들이 대도시로 끌려왔고, 그곳에서 죽음의 수용소로 향하는 기차들이 출발했다. 아직 색출이 시작되지 않은 부다페스트는 유대인들의 잠입을 막기 위해 모든 진입로가 통제되고 있었다.

요셉과 한나는 그들의 부모가 사는 아파트에서 사태의 추이를 지켜보고자 부다페스트로 돌아가기로 결정했고, 나는 그 두 사람과 동행했다. 그렇게 어느 날 저녁, 우리는 부달리게트를 떠났다. 나를 선두로 하여 도시 서쪽의 감시가 소홀한 작은 길을 가로질렀다. 우리는 마침내 무사히 후보스볼기 중앙전차역에 도착하여 군중 속에 합류할 수 있었다.

1944년 3월 31일 금요일
대화 41
측정하는 스승

우리는 도시의 페스트 지역*에 위치한 가레 거리의 한나의 부모님 아파트에서 첫 대화를 기다리고 있었다. 두 분은 다행히도 얼마 전 영국에 사는 아들을 보러 헝가리를 떠난 참이었고, 그래서 집이 비어 있었다. 이층에 위치한 집은 헝가리 동부 지역을 연결하는 켈레티 역에 인접한 잿빛의 부산한 거리 쪽을 향해 있었다. 작은 마을의 평안과 고요 속에서 지내던 우리에게 부다페스트의 모든 것은 불길하고 소란스러워 보였다.

측정하는 이는 말합니다. 그의 말을 잘 들어 보세요!

---

* 부다페스트는 다뉴브 강을 중심으로 두 지역으로 나뉘어 있다. 서쪽의 언덕 지대에는 구시가지인 부다가, 동쪽에는 신시가지인 페스트가 있다.

부족함은 줄어들고 새싹은 성장하니, 저울판은 채워집니다. 높은 곳에서 불타는 시선들이 그 저울을 살핍니다. 당신들은 올바르게 살고 있습니다.

실제로 우리는 조용한 가운데 필요한 일을 했다.

측정하는 이는 당신들을 바라봅니다. 위험은 걷히고 손은 준비하고 있으며 나의 칼은 내려치지 않고 지켜 줍니다.

나는, 스승들에게는 우리의 내면적 태도가 외부적인 위험보다 더 중요하다는 사실에 놀랐다.

존재는 무게이지만 길을 잃지 않는 이에게 무게는 날개입니다.

새로운 것이 열립니다. 행위는 무게가 아니라 새로운 것이 움트는 씨앗입니다. 위험은 지나가지만 씨앗은 머뭅니다. 미풍이 일고 적절한 때에 그분께서 당신들 안에 뿌린 행위는 싹을 틔웁니다. 하지만 너무나 조그마한 그 씨앗을 잘 간직하세요! 아주 작은 틈으로도 씨앗을 잃어버릴 수 있습니다.

측정하는 이가 말합니다. 당신들은 올바르게 살고 있습니다.

나의 칼이 지켜 줄 것입니다. 칼끝에 타오르는 일곱 가지 힘은 **그분**의 은혜입니다. 칼끝이 당신들에게 닿을 수 있게 머리를 숙이세요! 그분께서 당신들과 함께하기를!

시련이 계속되어도 끈기가 있는 사람은 구원을 받습니다. **그분**의 평화가 당신들에게 내리기를! 그리하여 저주는 이루어지지 않으며, 당신들은 기쁨 속에 살아갑니다. 당신들이 **그분** 안에서 산다면, 더는 두렵지 않을 것입니다. 당신들은 다른 어떤 운명을 원하지 않습니다. 일곱 가지 힘이 한 점으로 모이니, 그것이 바로 신비이며 길입니다.

그 힘이 하나라도 부족할 때, 저울은 기울어집니다.

제발 조심들 하세요! 하나라도 부족하면 그렇게 흔들립니다.

조심하세요! 희망을 가지세요! **하나**뿐인 유일한 실재를 숭배하세요!

우리는 모두 둥글게 원을 지어 **그분**을 섬깁니다. 각자 모두 그분을 섬기기를. 나는 측정하는 이이지만 또한 정원사이기도 합니다.

나무의 작은 꽃들이여, 내가 당신들을 보살핍니다. 나의 봉사는 단지 자르는 것이 아닙니다. 나는 나쁜 것만을 잘라냅니다. 당신들은 짧은 기간 동안에 크게 진전했습니다. 옛것은 뒤에 남았습니다. 뒤를 돌아보지 마세요.

집이 무너졌으니 이제 그곳에서는 살 수 없습니다. 그 집을 떠날 때가 다 됐던 것입니다. 뒤돌아보는 것은 금물입니다! 그런데 앞으로 난 길은 이미 자유롭습니다.

측정하는 이는 말했습니다. 과거에 있었던 것은 죽었고, 미래에 있게 될 것은 결코 더는 상실되지 않을 것입니다.

하늘이 맑아지고 파종이 잘됐을 때 정원사는 기뻐합니다.

1944년 4월 7일 성금요일
대화 42

나치는 헝가리 전역을 점령해 갔고 일상생활을 마비시켜 버렸다. 우리는 몹시 일을 하고 싶었다. 어쩔 수 없이 일을 못 하게 된 우리는, 타오르는 불길처럼 빠르게 도시로 퍼지는 끔찍한 재앙에 대한 소문에 더욱더 민감해졌다.

우리는 당신들 넷에게 인사를 드립니다. 천사들의 합창대가 이 메시지를 가지고 왔습니다. 널리 퍼뜨리세요! 십자가는 죽음의 징표가 아닙니다. 당신들이 십자가와 함께 죽으면 영원히 살 것입니다! 당신들은 십자가를 피할 수 없습니다. 당신들의 사명은 그 징표를 완성시키는 데 있기 때문입니다.

십자가와 함께 죽으세요.

그것이 바로 사명의 절반입니다!

사흘. 과거, 현재, 미래는 바로 시간입니다. 무덤 속에서 수의壽衣를 걸치고 향기로운 몸은 쉬고 있습니다. 하지만 새벽이 옵니다. 새벽이 오면 몸은 살고 시간은 죽음을 맞이합니다. 죽음의 시간은 끝에 이르렀습니다. 무덤 주위에 사람들이 모여 있으나 무덤 안에는 아무것도 없습니다. 수의만 있을 뿐. 수의는 내던져졌고 죽음은 죽었습니다.

영원한 생명은 불타 버렸습니다.

그분을 통해 살아가세요!

이것이 사명의 나머지 절반입니다.

죽음의 천사는 그분의 발 앞에 자리잡고 충실하게 법을 섬기지만, 은혜는 **그분**께 있습니다. 은혜는 법 위에 머물고 있습니다. 신성한 믿음이 있다면 은혜는 당신들에게 있습니다. 그 은혜는 당신들에게 주어졌지만 당신들을 통해 아래를 향해서 작용할 것입니다.

당신들에게 믿음이 없다면 모든 것은 죽음으로 이끌어집니다. 그것이 법입니다. 소용돌이가 일고 거기서 지옥이 생기니, 그 지옥의 이름은 더 이상 소용없는 것, 즉 과거입니다.

몸은 시체가 아니며 몸은 물질이 아닙니다. 몸은 자라나는 씨앗이며 **그분**을 통해 되살아납니다.

몸은 기관이 아니라 계획입니다.

몸은 바로 그분 자체입니다.

씨앗은 무엇 때문에 씨앗입니까? 껍질 때문에? 껍질은 결코 싹을 틔우지 못할 것입니다. **그분**을 통해서만 당신들은 씨앗입니다. 오직 **그분**을 통해서만, 그리고 **그분**은 당신들을 통해서 자라게 될 것입니다.

성스러운 신비. 우리는 천사들입니다. 우리는 **그분**을 통해서 있기 때문에 우리의 말은 진리입니다. 빛은 우리의 음료수이며 찬미는 우리의 노래입니다. 우리의 모든 봉사는 **그분**을 위한 것입니다. 우리는 합쳐져 있고, 우리의 봉사는 공통된 것입니다.

네 개의 기둥은 하늘까지 오르며 하늘과 땅을 합쳐 줍니다. 우리는 둥근 천장이며 땅은 우리의 토양입니다. 집이 준비됐고 혼인 婚姻 축제의 때가 왔습니다. 하늘과 땅의 혼인. 혼인 후 아기가, 그분이 새로 태어납니다. 그분께서 당신들 안에 머물기 위해 오시니 그것을 믿으세요. 그분은 이미 거기에서 쉬고 계십니다.

당신들의 마음속에 그분을 충실히 간직하세요. 우리는 이미 당신들과 함께 그분의 영광을 노래합니다. 우리는 따로 떨어져서 노래할 수 없습니다. 우리의 길은 하나가 됐기 때문입니다.

우리는 당신들과 함께 쇠약해지든지,
아니면 당신들과 함께 정화될 것입니다.

무게는 껍데기에 불과하지만 만약 그분이 당신들 위에 숨결을 불어넣는다면 씨앗은 싹을 틔웁니다. 시간은 가깝고 시간은 멀고 시간은 사라집니다. 만약 그분께서 당신들 안에서 자란다면 시간은 더는 존재하지 않습니다.

당신들은 아이를 태어나게 합니다. 유일한 출구인 **인간**을. 당신들은 낡은 외양간마저도 필요가 없습니다! 정상에 머무르세요! 늘 정상에! 우리는 그곳에 있습니다. 그분은 우리의 아이이기도 합니다. 그 작은 몸은 아직 연약하지만, 하늘과 땅은 그분 앞에서 경탄합니다.

영혼의 힘은 그가 먹는 젖입니다. 충실한 봉사자들이 그를 보살핍니다.

충실하세요!

마음들이 그 아기로 가득 채워지니, 채워진 자는 더 이상 아프게 하지 않습니다. 천사들의 합창대가 당신들 위에 머물고 있습니다. 평화가 당신들에게 내리기를! 그러나 다른 사람들에게 그 평화를 주세요! 평화는 당신들의 것이 아닙니다.

오직 **그분**만이 우리의 것이며, 우리는 **그분**에게 속해 있습니다. 이것이 바로 가르침입니다.

당신들은 그분을 통해서,

그리고 그분은 당신들을 통해서.

얼마 전부터 스승들은 운율에 맞는 율동적인 언어를 사용하였고, 대화 내용은 부달리게트에 있을 때보다 훨씬 덜 개인적이었다. 그로 인해 나는 좀 거북했다. 나는 시를 좋아한 적이 없었고, 이 새로운 형식의 이유를 알 수가 없었다. 나는 마치 원하지도 않는데 젖을 끊어 버리고 딱딱한 음식을 먹어야 하는 어린아이가 된 기분이었다. 나는 부달리게트의 실용적인 가르침이 그리웠고, 더 이상 매우 중요한 질문들을 할 수 없다는 사실이 아쉬웠다. 나는 이 새로운 운율적 형태에 드는 원망을, 위로부터 받는 것을 전하는 능력이 있는 한나에게 돌렸다. 그렇다고 해서 스승들을 원망할 수는 없는 노릇이니까! 그런데 오늘 '우리는 당신들과 함께 쇠약해지든지, 아니면 당신들과 함께 정화될 것입니다'라는 무시무시한 말을 들었을 때, 나는 마치 채찍으로 얻어맞는 것 같았고, 그것은 내게 새로운 전망을 열어 주었다. 나는 그 율동이 나를 감동시키며, 지적 활동을 거치지 않고 바로 나를 살찌운다는 것을 알았다. 이번 대화의 마지막 말은 나를 깜짝 놀라게 했다. '당신들은 그분을 통해서, 그리고 그분은 당신들을 통해서'. 인간과 그분의 균형 속에서 내가 느낀 존엄성은 너무나 강렬한 것이어서, 나는 그 속에 내포된 모든 의미를 제대로 이해하지 못했다.

주검은 언제나 죽어 있고 살아 있는 몸은 언제나 살아 있습니다. 그러나 그것은 출생과 죽음 사이에 연결되어 있습니다. 당신들이 삶이라 부르는 것은 바로 능동적인 사명입니다. 능동적인 삶일 때 죽음은 삶을 섬기고, 수동적인 삶일 때 죽음은 삶을 지배합니다.

출생과 죽음은 한 쌍이지만 삶과 죽음은 그렇지 않습니다.

여기서 영혼이 두려워하면 그릇됨에 빠집니다.

삶은 영원히 사는 것이기에.

우리는 수가 많지만 우리의 말은 하나입니다. 은혜는 우리를 통해 흐르며 우리는 결코 지칠 줄 모릅니다.

우리가 살고 있는 삶은 당신들에게 주는 은혜입니다.

주는 것은 무게의 균형을 이루게 합니다.

새로운 세상에 목말라 하세요! 당신들이 받는 불은 영원한 갈증이니, 그것을 전하세요!

일곱 영혼은 당신들의 거처입니다.

첫번째 위에 당신들의 발이 놓여 있고, 여섯 영혼은 당신들의 머리까지 감싸고 있으며, 그 위에 일곱번째 영혼이 자리합니다. 일곱 영혼은 모두 각자의 활동이 있습니다.

진리는 있고 사랑은 성장하며 율동, 조화는 움직입니다. 의식, 함께 태어남은 창조합니다. 평화는 머물고 지복至福은 모든 것을 초월합니다. 궁극적인 근원은 크나큰 신비이며 이루 말할 수 없는 도취와 황홀경입이다.

충만함.

그분은 영원히 주시며, **그분**은 지칠 줄 모릅니다. **그분**은 전능하십니다. 행동함은 **그분**을 통해서만 가능합니다. **그분**은 모든 빛의 원천입니다. **그분**은 모든 공간의 토대입니다. 믿음을 가진 모든 존재는 바로, **그분**입니다.

모든 노래가 **그분**에게까지 올라갑니다. **그분**을 섬기는 이는 죽지 않습니다. 모든 향기가 **그분** 곁으로 오릅니다. **그분**을 향해 달리는 이는 피곤을 모릅니다. 모든 산은 **그분**을 향해 서 있습니다. 길을 구하는 이는 찾게 될 것이고, 모든 다른 길은 허무에 이릅니다. 모든 말은 **그분** 앞에서 지워져 버립니다. **그분**은 집이시며 거주자이십니다.

일곱 가지 힘은 당신들의 것입니다.

그 힘들을 가지세요! 그 힘들을 섭취하세요! 그리고 행동하세요!
행위와 양식이 균형을 이루게 하세요! 균형은 산 위에서 필요한 것입니다. 그 위에서는 균형과 평화, 침묵만이 가능합니다.

우리는 수가 많습니다. 삶은 당신들을 통해, 우리를 통해 넓어집니다. 일곱은 널리 퍼져 나갑니다. 죽은 것은 말라 버리고, 존재했던 것은 썩어 버립니다. 하지만 새로운 것이 싹을 틔웁니다.

일곱은 모든 죄를 사라지게 하는 새로운 음식을 준비합니다. 하늘은 모든 사람에게 열리고 음식은 내려옵니다. 하늘의 빵은 땅에서가 아니라 빛에서부터 나옵니다. 굶주림, 악의, 어둠, 무덤은 공허일 뿐이지만, 오는 도중에 있는 메시지는 이미 그것들을 가득 채우고 있습니다. 위로받은 땅은 기다립니다.

죽음은 영원히 풍족하게 되었고 오직 그것만을 기다리고 있었습니다. 항상 배고픈 슬픈 천사는 모든 것을 삼키면서도 여전히 허기져 있지만, 허기는 곧 가실 것입니다.

삶을 먹는 사람은 영원히 배고플 것이며,

삶을 주는 사람은 그분과 함께 영원히 행동할 것입니다.

그와 같이 공허는 채워집니다. 이제 당신들은 잉태됐습니다. 당신들은 아직 이름할 수 없는 넷—아버지, 어머니, 하늘, 땅—의 사랑의 표적表迹인 자식들이 될 것입니다. 당신들 안에서 합일이 일어난다면 모든 것은 이루어집니다.

고개를 드세요, 일곱번째가 당신들과 함께하기를! 그분께서 당신들에게 손을 얹기를!

이 가르침은 너무나 많은 질문을 불러일으켰기에, 우리는 밤늦도록 잠들지 못했다. 대화가 끝나자 이내 나는 한나에게 완전히

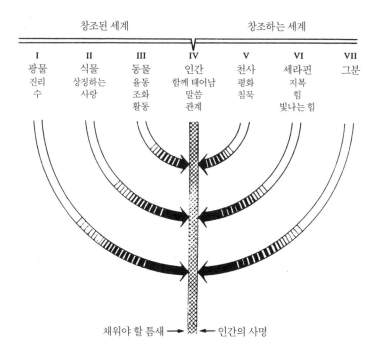

명확하지는 않더라도 느낀 바를 말해 달라고 졸랐다. 한나의 설명은 대충 이러했다. "나는 생명의 일곱 단계 영혼이 제각기 지니고 있는 개별적인 본질을 알았어. 존재의 첫 단계는 돌·수정 같은 **광물**이고, 그 광물에 생기를 띠게 하는 영혼은 진리와 수와 법이야. 두번째 단계는 식물인데, 그 영혼은 사랑과 성장이지. 세번째 단계는 **동물**로, 그 영혼을 이루는 것은 조화와 운동이야.

이 세 단계가 포함되어 있는 곳이 네번째, 즉 **인간**이거든. 그런데 소위 인간이라고 하는 우리는 아직 네번째 단계인 인간이 아니야. 우리의 임무는 이 네번째 단계를 살기 시작하고, 창조된 세계와 창조하는 세계의 의식적 연결고리가 되어야 해. 다섯번째 단계는 평화와 침묵이 지배하는 **천사**들의 세계, 여섯번째 단계는 환희와 타오르는 힘이 깃든 **세라핀**의 세계, 그리고 일곱번째 단계는 생명의 가장 높은 수준인 신비야."

나는 한나에게 말했다. "이제 명확해지긴 했지만 여전히 이해 안 되는 부분이 있어. 이전의 대화에서, 요셉은 다섯-평화와 침묵이고, 릴리는 둘-성장하는 사랑, 그리고 나는 여섯-빛을 발하는 힘이라고 말했잖아. 그런데 우리 모두가 네번째 단계를 이루어야 한다니 어떻게 그게 가능하지?" 한나는 웃으며 대답했다. "그건, 우리가 개별적인 임무를 충분히 살아갈 때만이 인간의 보편적 임무인 네번째 단계를 살아갈 수 있기 때문이야. 네가 방금 말한 그 힘이 너를 일곱 영혼들이 결합되어 있는 네번째 단계에 이를 수 있게 해 주거든. 그처럼 릴리도 둘-성장하는 사랑을 온전히 살아가면서 다리-연결고리인 네번째 단계에 이를 수 있고, 또 그렇게 해서 일상생활 속에서 구원의 한 요소가 될 수 있는 거야. 각자 우리의 개별적 운명을 완성하는 것이 네번째 단계로 열리는 유일한 문이고, 그 문의 유일한 열쇠는 우리가 가지고 있어. 너는 처음부터 너의 스승님이 되풀이한 말을 궁금하게 생각했지. "당신의 고유한 길을 따라가세요! 독립적이 되세요! **그분**께서는 당신을 나의 형상으로 만드셨어요! 당신의 눈은 빛을 발하기 위해 만들어졌어요!" 그건 나날의 삶 속에서 빛을 발하는 힘인 여섯을 네가 몸소 살아가도록 너의 고유한 개체성을 자각시키기 위해서였어. 너는 그렇게 함으로써만 피창조물과 창조주 사이의 다리이자 연결고리인 넷-**인간**이 될 수 있는 거야."

나는 이제 모든 것이 명확히 이해되었고, 안심했다.

1944년 4월 19일 수요일
대화 45
측정하는 스승

군 복무 연령이 넘은 부다페스트의 모든 유대인들이 강제수용소로 이송될 것이라는 소문이 퍼지기 시작했다. 도시는 공포 분위기로 변했고, 자신의 미래에 대한 불길한 예감으로 요셉은 점점 더 깊은 침묵에 잠겼다. 그로 인해 한나는 심히 고통스러워했으나 최대한 겉으로 감정을 드러내지 않으려 애썼다. 나는 한나가 내적 균형을 잃지 않기 위해 얼마나 노력해야 하는지 알고 있었다. 릴리는 이제 한순간도 편안하지 못했다. 아침부터 밤늦게까지 불안감을 토로하기 위해 찾아오는 제자들에게 너무 많은 시간과 노력을 할애하고 있었다. 반면에 나는, 내 친구들을 구하기 위해 절박하게 애쓰며 여기저기 관공서로 뛰어다녔다. 하지만 어디를 가나 와해된 조직과 무능, 반감뿐이었다. 전염성 공포가 도시를 잠식했고 그 불안은 거의 견뎌내기가 힘들었다. 모든 사람들이 낙담하고 있었다.

측정하는 이가 말합니다.

돌조차도 자라나며, 나무는 꽃을 피우고, 동물은 사랑합니다. 그런데 인간은 땅속에 묻습니다! 그는 법을 어기고 모든 것을 파괴합니다.

열매를 맺으세요! 나는 산 채로 잘라 버리는 걸 싫어하기 때문입니다. 말씀이 당신들 안에 살고 있습니다. 그러나 열매를 맺지 못하는 무화과나무는 잘릴 것입니다. 움튼 새싹은 꽃이 될까요, 아니면 단지 잎새에 불과할까요?

내 손 안에서 불의 칼이 타오르고 있으나, 나의 영혼은 혼란스럽습니다. 정원사는 애원합니다.

"주님! 하루만 더 주신다면

나무둥치 주변에 삽질을 하겠습니다.

비료도 주겠습니다.

나무는 열매를 맺을 것입니다!

만약 맺지 못한다면

당신께서는 그 나무를 잘라 버려도 좋습니다.

부디 제 말을 들어 보세요!

저는 정원사이고 나무는 제게 소중합니다."

내 손에서 불의 칼이 타오르고 있으니, **그분**께서 명령하신다면 나는 내가 그 나무를 베어 버릴 것을 압니다. 나는 **그분**의 봉사자이기 때문입니다. 나는 반항하지 않고 추문에 말려들지 않습니다. 천사의 사명 역시 무겁지만 섬길 준비가 되어 있습니다.

언제나! 섬기세요! 밤낮으로! 멈춰서는 안 됩니다!

많은 재능들이 당신들에게 맡겨졌으니 당신들은 그것에 대해 책임을 져야 됩니다.

잘 보세요! **그분**을 섬기는 일이 얼마나 부드러운가를! 열매를 맺도록 하세요, 제발!

　　대화가 끝난 다음 나는 이번처럼 마음의 동요를 느낀 적이 없었다. 스승들 중에서도 가장 엄하고 다가가기 힘든 분이 우리에게 꽃을 피우라고 겸손하게 부탁하다니! 한나는 우리에게 말했다. "만약 지금 우리가 포기한다면 끝장이야. 땅도 하늘도 더는 우리를 받아들이지 않을뿐더러 우리를 토해내 버릴 거야." 한나가 옳았다. 내가 어떻게 스승들의 도움을 청할 수 있는 모든 가능성에서 차단된 채 외부 상황에 지배당하게끔 내버려 둘 수 있단 말인가? 우리를 에워싸고 있는 비극은 전염되는 것이었고, 우리는 모두 전염되도록 내버려 두었다.

1944년 4월 21일 금요일
대화 46

유대인 아파트들은 몰수되기 시작했다. 유대인들은 집단거주지로 바뀐 부다페스트의 한 구역에 수용됐고, 그곳의 입구는 통제됐다. 요셉과 한나도 언제 끌려갈지 모르는 상황이었다. 그러나 지난번 대화 덕에, 우리는 비교적 침착하게 그 위협에 맞설 수 있었다. 외부 상황은 좋아지지 않았지만 우리 자신이 변화했다. 오늘의 메시지가 환희의 노래일 수 있었던 까닭은 그 때문이다.

— **그분**께서 말씀하시고, 네번째는 노래하기 시작합니다.
언제나 창조하세요! 언제나 행동하세요! 당신들은 팔을 들어 올리지 않고, 그것을 원하지도 않고 행동하고 있습니다. 당신들은 인간이 될 것이며, 하늘에서부터 힘을 얻게 될 것입니다. **그분**에게서.
다섯번째는 당신들을 도우러 옵니다. 믿음이 불타니 안개가 사라집니다. 눈을 가진 이들은 봅니다. 귀를 가진 이들은 듣습니다.

죽게 되는 이들은 삽니다. 살아 있는 이들은 증거합니다. 노래는 끝이 없고 벽은 끝납니다. 바빌론은 무너졌습니다.

노래가 날아올랐다.

지복至福, 끝없는 평화, 끝은 시작이며, 시작에는 **말씀**이 있고 **말씀**은 당신들 안에 있습니다. 찾으세요! 끊임없이 찾으세요! 찾는 이는 얻게 됩니다. 죽음은 헛되이 당신들을 노리지만 당신들을 더 이상 찾지 못할 것입니다.

노래가 고양됐다.

씨앗은 뿌려졌습니다. 흙이 좋다면 다시 뽑히지 않을 것입니다. 씨앗은 오래 쉬고 있지 않을 것입니다. 모든 것은 죽고 다만 씨앗만이 머뭅니다. 그 씨앗에만 주의를 기울이세요! 그 씨앗으로 채워지게 하세요! 씨앗과 함께 일어나고 씨앗 안에 머무르세요! 가장 큰 힘은 자라나는 새싹의 힘입니다. 바위가 산산이 부서지니, 영광스러운 분이 그 안에 살기 때문입니다.

우리가 당신들을 섬기는 것은 당신들 안에도 **그분**께서 살고 계시기 때문입니다.

자유롭고 참되며 광대한, 새로운 세상. 당신들은 그곳에서 살 수 있습니다. 아무도 그 세상을 당신들에게서 빼앗을 수 없으나* 당신들은 그 세상을 줄 수가 있습니다. 세상은 목말라 하고, 당신들 안에는 샘이 있습니다. 세상은 울부짖고, 당신들 안에는 침묵이 있습니다.

세상은 울고, 당신들 안에는 유일한 향유香油가 있습니다. 법 너머 은혜, 소용돌이 너머 다리, 신음소리 너머 미소, 광기 너머 평화가 있습니다. 전쟁의 끝이 아니고 새로운 세상입니다. 마침내 새로운 세상이 내려오게 하세요!

---

* 유대인 주거지 몰수를 암시한다.

당신들이 그것을 이루겠다고 하늘에 맹세하세요!

바깥에서는, 모든 것이 삼켜졌습니다. 안에서는, 모든 것이 이루어지고 새로운 하늘과 새로운 땅 사이에 **인간**이 도래합니다. 우리와 함께 기뻐하세요! 누가 우리에게 맞서겠습니까?

우리는 모두 함께 새로운 삶에 대한 믿음을 찾고 있습니다. 당신들 곁에 내내 미소가 떠나지 않기를! 미소를 찾지 못하는 이는 포로가 되어 남습니다. **그분**을 통해 행동하는 이는 영원히 자유롭습니다.

그분께서 말씀하셨고, 네번째는 노래했습니다. 그리고 **그분**께서는 매일 당신들에게 말씀하실 것입니다.

잘 들으세요! 하늘이 당신들과 함께하기를!

1944년 4월 22일 토요일
대화 47

측정하는 이가 말합니다.

나는 새로운 말의 맛을 가져옵니다. **그분**께서 주신 것을 내가 전합니다. **그분**에 의해 주어진 말씀만이 전달될 수 있습니다. 그 이상을 말하는 이는 낭비할 뿐입니다. 말은 행위이며, 참된 말은 드높이고 거짓된 말은 땅에 묻습니다. 삶이 아니라 생명의 영혼은 묻혀 버렸고, 그렇게 해서 네번째 단계는 죽습니다.

동물이 남게 됩니다. 만약 행동이 너무 많으면 세번째 단계도 죽어 버립니다.

풀이 남게 됩니다. 그런데 몸이 부으면 생명은 줄어들고, 두번째 단계는 사라집니다.

돌만이 남게 됩니다. 그리고 무기력한 이는 첫번째 단계를 잃어

버립니다.

빛나는 이가 말합니다. 만약 말이 진리이고, **그분**께서 당신들을 통해 말한다면, 더 이상 벽은 없습니다. 안개는 걷히고 다섯번째 단계가 열립니다. 여섯번째 단계가 세워지고, 일곱 힘들은 당신의 왕관입니다. 일곱 힘들은 하늘의 모든 나무 위에서 푸릅니다. 바로 거기에서 영원한 생명의 열매가 익어 갑니다.

그 열매를 맛본 사람은 누구든 **그분**을 섬기려는 소망밖에 없습니다. 가장 큰 비밀은 많은 것에 있지 않고 그 이상의 것에 있습니다. 일곱 힘들은 열매를 맺고, 그날이 오면 열매의 주님이신 **그분**께서는 모든 것을 거두십니다. 꽃을 피우고 열매를 맺으세요! 빈손은 끔찍한 것입니다.

도와주는 이가 말합니다.

재앙, 암흑, 전쟁은 단지 열매의 부족함일 뿐입니다.

굶주린 사람들의 허기는 **그분**이시고, 빵이 없을 때의 간청은 **그분**이시며, 고통이 있을 때의 눈물은 **그분**이시고, 부족함이 있을 때의 외침은 **그분**이십니다. 과거의 밀은 충분합니다.

새로운 것의 이름을 찾으세요!

이름을! 말은 창조하기 때문입니다.

입은 말을 위해 만들어졌습니다. 눈은 새로운 것만을 바라보기를! 손은 새로운 것만을 위해 일하기를! 그리고 더 이상 취하지 않고 마침내 주기를! 마침내 평화가 있기를!

당신들은 그것을 이루겠다고 하늘에 맹세하세요!

나는 어떻게 처신해야 할지 알지 못했기 때문에, 두 번에 걸쳐 스승들이 강조한 이 말에 든 책임감은 나를 혼란스럽게 했다.

맹세한다는 것은 결단을 내리는 것일 뿐입니다. 씨앗이 싹을 틔우기 시작하면 제 모양을 잃고 **자기 자신을 잃게 됩니다.**

그렇게 해서만이 그는 많은 씨앗을 줄 수 있습니다. 스무 개 또는 마흔 개, 그렇게만 가능한 것입니다. 맹세는 묶는 것이 아니라 풀어 주는 것입니다.

　　나는 맹세가 옛것으로부터 풀어 준다는 사실을 깨달았다.

씨앗은 없어지고 빵이 될 것입니다. 씨앗을 땅에 뿌리지 마세요! 밀은 충분하고 곳간들은 오래전부터 가득 찼습니다. 그러나 하늘은 비었고, 그곳에 씨앗을 뿌린 이는 아직 없습니다. 아무도 엄두를 못 낸 그곳에 씨앗을 뿌리세요!

비록 땅에 씨를 뿌리는 사람의 발이 휘청거려도 씨는 좋은 자리에 떨어져 싹을 틔우겠지만, 하늘에 씨를 뿌리는 사람이 휘청거리면 씨앗은 싹트지 못하고 떨어져 버릴 것입니다. 일곱번째 하늘의 밭은 오래전부터 일구어졌습니다. 그곳에 씨를 뿌립시다. 거기서 기적이 자라나고, 빵은 결코 부족하지 않을 것입니다! 내민 손바닥마다 가득 채워지고 모든 부족함이 채워짐을 볼 것입니다.

조심하세요! 파종할 씨앗은 먹지 않습니다! 파종할 씨앗으로 빵을 만든다면 악마가 즐거워할 것입니다. 씨앗을 뿌리면 열매를 맺을 것입니다. 지금까지 밀은 하늘을 향해 자랐습니다. 하늘의 밀은 땅에 떨어질 것입니다. 그런데 하늘은 어디에 있습니까? 저 위입니까? 혹은 이 아래입니까? 사실 하늘은 당신들 안에서 만들어지는 것입니다.

　　나는 이제야 편안해짐을 느꼈다. 하늘에 대한 우리의 맹세는 과거로부터 우리를 자유롭게 해 주고 새로운 세계로 열리게 해 주는 것이다.

1944년 4월 28일 금요일
대화 49(부분)

저녁에, 우리가 기다리지도 않았는데 스승들께서 다시 우리를 만나러 오셨다. 너무 갑작스러워 필기도구를 갖고 있지 않았기 때문에 나는 가까스로 메시지의 마지막 부분만을 적을 수 있었다.

아담은 **그분** 앞에서 숨어 버렸고, 길을 잃었습니다. 하늘을 향해 세워진 십자가 위에 못 박힌 인간의 아들은 이렇게 말씀하셨습니다.

"아버지, 어찌하여 저를 버리셨나이까?"

그리고 **그분**께서는 대답하지 않으셨습니다. 찾는 이는 발견하지 못하고, 두드리는 사람에게는 문을 열어 주지 않습니다. 오직 잃어버린 것만을 찾을 수 있습니다.

　나는 생각했다. 그렇다면 예수님은 임종의 순간에 아버지와 합일되지 않았던 것일까?

찾는 이는 발견하지 못합니다. 모든 길의 끝은 죽음이기 때문입니다. 모든 시작은 끝을 향해 갑니다. 오직 **그분**께서만 존재하시며, **그분**은 길이십니다. 길에서 달려가는 이는 아무 데도 가닿지 못합니다. 길에서 멈추는 이는 아무것도 찾지 못합니다.

　긴 침묵 후에 스승께서는 하늘과 땅의 혼인에 관해 계속 말씀하셨는데, 이번 대화의 예기치 못한 앞부분의 주제였다. 나는 이 부분을 기록하지 못했다.

기뻐하세요! 약혼남과 약혼녀는 이원성을 이루고 지복이 머무는 그릇입니다. 약혼남과 약혼녀, 조물주와 창조물, 그늘과 빛은 그릇일 뿐이고, **그분**께서는 도취입니다.

이 말로 나는 놀라움과 충격을 받았다. 아마도 이렇게 강력한 표현을 받아들이기에 나는 아직 **그분**과 충분히 이어지지 않았는지도 모른다. 그런데 한나는 스승들과 매우 긴밀하게 결속되어 살고 있었기 때문에 한 치의 주저함도 없이 그들의 말을 우리에게 전할 수 있었다. 나는 스승들이 언제나 한나가 견뎌낼 수 있는 최대한의 강도로 말하고 있다는 느낌을 받았다. 나 역시 그러한 강도의 변화를 느꼈는데, 때로는 완전히 받아들였고, 때로는 몹시 이해하기 힘들었다. 그것은 항상 일정하지 않은 나 자신의 수용 능력 때문이었을까, 아니면 메시지의 강도 때문이었을까?

1944년 5월 5일 금요일
대화 50

유대 교회당을 둘러싼 구역은 이미 집단 격리 지역으로 바뀌었다. 위조 신분증 암시장이 형성되어 움직이기 시작했다. 당시 그만한 여건이 됐던 나는 요셉과 한나, 릴리에게 위조 신분증을 만들어 주고 싶었지만, 정작 본인들은 허위에 의존하기를 원하지 않았다. 유대인들은 그들의 새로운 수호천사로 등장한 라울 발렌베리에게 모든 희망을 걸었다. 그들은 자신의 스웨덴 여권이 아돌프 아이히만에 의해 악랄하게 잘 조직된 학살로부터 자신들을 구해 줄 것이라 기대하고 있었다.

하늘의 모든 힘들은 널리 퍼지고 당신들이 그 힘들의 손이 되기를 기다립니다. 피하지 말라! 이것이 그 힘들의 메시지입니다. 죽음의 저편과 이편은 한낱 꿈일 뿐입니다. 삶은 죽음을 초월해서만 찾을 수 있을 것입니다. 그것은 **섬기는** 삶입니다. 당신들은 **그분**께 소중하고, **그분**께서는 당신들 안에서 기쁨을 찾으십니다. 당신들의 마음이 충만하기 때문입니다. 서두르지 말고 지체하지 말며 **그분**과 함께 있으세요!

측정하는 이가 말합니다.

나는 이제 정원사일 뿐입니다. 나는 당신들을 수호할 것을 허락받았지만, 그것은 단지 당신들의 영혼이 모든 것을 초월할 때에만 가능합니다.

사랑하세요! 찾으세요! 정원사의 영혼은 떨고 있지만 나는 당신들을 신뢰합니다. **그분**이 뿌린 씨는 싹트기 시작했습니다.

우리는 모두 여기, 당신들과 함께 있을 것입니다. 우리 아래에서 공간이 시작됩니다. 우리는 공간도 시간도 알지 못합니다. 공간은 아래를 향해 넓어져 갑니다. 만약 당신들이 드높이 오른다면, 언제 어느 순간이든 우리와 함께 있을 수 있습니다.

새로운 세계가 태어나기 위하여 당신들을 향해 외치고 있습니다. 당신들 안에 일치함이 머무르고 있으니, 바로 **그분**이십니다. 만약 **그분**께서 마음속에 머무르고 계시다면 어찌 머리가 두려워할 수 있겠습니까? 발은 혼비백산하여 달아나고 머리는 어쩔 줄 모르며 손은 움켜잡으니, 그 이유는 무엇인가요? 당신들의 발이 땅 위에 충실히 머무르기를! 머리를 숙이고 두 손을 모아 합장하세요! 삶과 길은 마음속에 있습니다.

그분께서 존재하신다는, 오로지 단 하나의 진리가 있을 뿐입니다. 우리는 모두 형상일 뿐입니다. **천사, 인간, 동물, 꽃, 돌은 형상에 지나지 않습니다. 그분은 모든 것이기 때문입니다.**

도피하지 마세요! 우리에게로라도 도피하지 마세요!

달아나는 이는 암흑 속에 남게 됩니다. 당신들이 꿈을 믿으면 그 꿈은 차차 더 두터워집니다.

당신들은 꿈꿔야 했지만, 이제는 꿈꾸는 사람들이 아니라
일깨워 주는 사람들입니다.

이 말씀은 내게 많은 질문을 불러일으켰다. 우리는 다른 사람들
이 꿈에서 깨어나도록 이 세상의 꿈을 자유로이 받아들였던가?
비록 우리의 꿈이 비극적일지라도? 그 꿈을 받아들일 때 우리
는 스스로 깨어나고 다른 사람들을 깨울 수 있을까?

깨어나세요! 그러나 사명 앞에서 달아나지 마세요! 당신들 안에
오직 **그분**의 섬김만이 머무른다면 지시받은 모든 것이 이루어질
것임을 믿으세요.

우리의 말은 진실이며, 헛되거나 흐린 위로가 아닙니다. **그분**을
보지 못하며 영혼이 암울해지는 사람만이 위로가 필요합니다.
그러나 마음이 충만하여 말과 행위가 생명으로 넘치는 당신들은
서로 손을 잡으세요! 그리고 당신들 중에 누구 하나가 약하다면
그를 도와주세요! 그분께서는 바다 위를 걸으셨지만 한 동산이
그분께서 우시는 것을 보았습니다.

초인적 권능을 지닌 예수님이 겟세마네 동산에서 흘리는 너무
나 인간적인 눈물, 그 모습은 내게 깊은 감동을 주었다. 우리는
탁자에 빙 둘러앉아 있었는데, 일부러 그러려고 하지 않았는데
도 우리 손들은 십자가 형태를 이루며 포개져 있었다.

이것이 십자가의 징표입니다! 힘으로 충만한! 십자가는 더 이상
세워져 있지 않고 누워 있습니다. 사명은 더 이상 죽음이 아니라
생명입니다.

(침묵)

이제 **그분**을 위해 노래를 부릅시다.

'존재하는 모든 것의 주님, 당신은 우리와 하나이십니다. 이것은
우리의 노래이며 이것은 우리의 생명입니다. 당신은 우리와 하나

이십니다. 우리는 더는 아무것도 찾지 않습니다.

우리의 눈으로 바라보아 주세요!

우리의 손으로 일해 주세요!

우리 마음속에 살아 있어 주시기를!

네 명의 봉사자는 당신을 경배합니다.

당신의 눈은 우리를 보십니다.

우리의 죄를 잊으시고 우리의 노래를 들어 주세요!

우리는 더 이상 기도하지 않고 우리는 더 이상 애원하지 않으니,
우리는 곧 당신입니다.

주님, 우리를 통해 태어나세요!'

1944년 5월 12일 금요일
대화 51

부다페스트가 처음으로 폭격을 당했고, 길 건너 맞은편 집이 파
괴됐다. 날이 갈수록 그 암담한 광경을 즐기러 오는 구경꾼들이
늘었다. 그냥 구경 삼아 시골에서 올라오는 농부들도 있었다.

— 네번째 플랜은 실제 플랜으로, 아직 비어 있습니다.

군중은 왜 아래를 바라봅니까? 어째서 온전한 것이 아닌 폐허가
아름다워 보입니까? 왜 제자리걸음만 하고 앞으로 나아가질 않
습니까? 수많은 '왜'에 대한 대답은 오직 하나뿐입니다. 선택하
고 분리하세요! 분리의 벽은 무너집니다. 오래된 것은 썩고 새싹
이 돋아납니다.

당신들 안에서 작용하는 힘은 일체와 함께 하나가 되고 일곱 가
지 신성한 영혼과 당신들의 영혼은 하나를 이룹니다.

도와주는 이는 두번째이고, 말하는 이는 네번째이며, 건설하는

이는 다섯번째, 빛나는 이는 여섯번째입니다.

그리고 나는 첫번째, 세번째, 일곱번째가 오기를 기다립니다. 늦어지고 있지만 그들은 결국 올 것이며, 이루어져야 하는 것은 반드시 이루어질 것입니다.

나는 그 새로운 동반자들이 언제쯤 와서 우리 모임을 더 커지게 할지 궁금했다.

생명의 각 단계는 하나의 영혼이지만,
일곱이 모두 함께하는 것은 인간입니다.

일곱 영혼은 일곱 개의 구성원입니다. 일곱 영혼 모두가 작용을 하지만 영원한 것은 **하나**입니다.

(나를 향해) 당신은 여섯번째를 받아들입니까? 여섯번째는 지복至福입니다. 명심하세요!

기타 네, 저는 여섯번째를 받아들입니다.

— (요셉에게) 평화와 침묵은 다섯번째입니다. 당신이 땅을 소홀히 하지 않는다면 그것들은 당신을 통해 지상으로 내려옵니다. 네번째의 손을 잡으세요! 그리하여 평화와 지복은 제자리를 찾게 될 것입니다. 그들의 받침은 중간인 네번째, 인간의 요소인 의식이자 함께 태어남이기 때문입니다.

(릴리에게) 그리고 두번째는 사랑을 꽃피게 합니다.

기적! 일곱 영혼은 줄 서서 걷지 않고 원을 이루며 걸어갑니다. 오직 하나의 정상이 있을 뿐이니, 그것은 원뿔의 꼭짓점입니다. 그와 같이 일곱 개의 선들은 원추를 이룹니다. 일곱 영혼 중 어느 것도 앞서가지 않고, 그들이 이루는 원은 어디에서도 흩어지지 않습니다.

우리 또한 둥글게 서서 노래를 부르며, 우리의 눈은 **그분**을 바라봅니다. 각각의 원은 하나의 정상에 이르니, 원추는 곧 길입니다. 우리의 자리는 원 위에 있습니다. 우리는 시간 너머의 시간 아래 노래하고 있습니다. **그분**은 시간 너머의 시간이며, 모든 시대의 현인賢人이자 영원한 젖먹이이기 때문입니다.

그분께서 그리는 계획은 너무나 경이롭습니다. 그래서 우리의 노래는 즐겁습니다. **그분**께서는 우리를 통과하는 영원한 계획을 그리시지만 **당신들 없이는 아무것도 이루어지지 못합니다.**

당신들도 노래를 부르세요!

당신들이 부르는 노래의 이름은 아직 드러나지 않았으나, 내가 말할 수 있는 것은 당신들을 따라 모든 피조물들이 노래하리라는 사실입니다.

당신들의 영혼이 지상으로부터 부드럽게 부르는 노래는 슬프지도 즐겁지도 않고; 지나치지도 부족하지도 않으며, 충만함 그 자체입니다.

완성된 하늘, 완성된 땅, 하나로 일치된 일곱.

주의를 기울이세요! 기적은 당신들 가운데로 둥글게 길을 냅니다.

기적과 함께 동행하세요. 원은 줄어들되 흩어지지 않습니다.

영원이 가까이 왔습니다. 더 이상 믿음은 필요하지 않습니다.

믿음은 다리인데, 아직은 여전히 공간이지만 그 중심의 초점은 모든 것을 포함합니다.

하늘들은 말하십니다.

땅은 당신들과 우리를 통해 날개를 갖게 될 것입니다. 당신들이 우리를 통해 말한다면 우리는 땅 위에 설 것이며, 당신들이 우리를 통해 행동한다면 당신들은 날개를 갖게 될 것입니다. 그리고 우리의 봉사는 결코 끝나지 않을 것입니다.

　　대화가 끝난 뒤, 한나는 자기가 본 것을 상징적 형태로서 우리에게 이해시키려 했다. 다음과 같은 도식을 그려 보이면서, 도식은 단지 본질적인 것의 한 양상을 밝혀 줄 뿐이라고 강조했다.

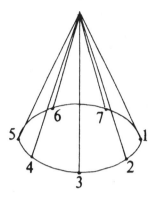

나는 이 도식을 통해 분명히 알 수 있었다. 존재의 일곱 수준 속에서 우리는 각자 나름대로 자리를 차지하고 있지만, 거기에는 어떠한 위계질서도 없다는 것을.

1944년 5월 19일 금요일
대화 52

원구圓球의 중심은 점입니다. **그분**께서는 그 점에서부터 광선을 퍼뜨리며 꽃을 피어나게 합니다. 바깥에서는 땅이 차가워지고 열기와 사랑은 정처 없이 떠돕니다. 원구는 물질이며 **그분**은 중심입니다. 우리가 당신들 안에 머무르는 것처럼 **그분**께서는 모든 것 안에 계십니다. 측정은 속임수입니다. 바깥에서는 모든 것이 차가워지고 태양열은 반사된 빛일 뿐입니다.

당신들은 바라보지만 당신들이 보는 것은 썩은 것입니다. 이미 이루어진 것은 죽은 것이며 모든 것은 부패됩니다. 이루어야 하는 단 하나의 사명인 영원한 생성은, 바깥에 있지 않습니다. 당신들의 눈이 진정으로 본다면, 유일한 장애물은 무너질 것입니다.

일곱 개의 빛은 오직 그것만을 기다릴 뿐입니다.

세계는 돌, 나뭇가지, 말, 모두가 다 당신들이 합일된 **인간**이 되기를 기다리고 있습니다. 바깥에서는 모든 것이 무너지고 안에서는 새로운 것이 세워지고 있습니다.

모든 것은 기다리고 있으며, 치러야 할 대가는 큽니다. 큰 것은 물질에 지나지 않으나 핵은 작습니다. 그리고 우리 안에서 **그분**께서는 가장 작으십니다. 당신들의 눈은 바깥을 바라보지만, 바깥은 당신들과는 아무런 관계가 없습니다. 근심과 악, 위험, 소음들도요.

동요하지 마세요!

바깥의 것들은 당신들의 일이 아니니, 안의 것만을 듣고 **그분**으로 가득 채우세요! 공간은 너무나 작아 쉽게 채워집니다! 무게가 없는 것은 측정할 수 없습니다. 공간의 바깥에 있는 것은 잡을 수 없으며 아주 작은 자리를 차지할 뿐입니다.

그것이 바로 무한입니다.

> 오늘 나는 밖에서 안으로, 큰 것에서 작은 것으로 상반된 두 가지를 오가면서, 찬물과 뜨거운 물을 번갈아 뒤집어쓰는 느낌이었다. 그리고 그로 인해, 이상하게도 더욱 활기차고 충만된 기분을 느꼈다.

성령은 당신들을 인도합니다. 일곱 영혼의 원천은 **그분** 안에 있습니다. 일곱 가지 소리는 신비입니다. 성령은 당신들을 통하여 새로운 언어로 말할 것입니다. 새로운 언어는 새로운 귀를 생기게 합니다. 당신들은 소리이며, 음을 만들어냅니다. 새로운 소리를 들을 수 있는 이는 아직 아무도 없습니다. 목소리는 진동하고 태초의 진흙인 물질은 전율합니다. 그리하여 새로운 귀가 생겨날 것입니다. 진흙은 기다리고 있습니다. 진흙은 죽지만, **그분**께서 당신들을 통해 그 위에 숨결을 불어넣으시므로 살게 될 것입니다. 모든 것이 태어날 것입니다. 대지는 기다립니다.

모든 존재는 **가장 작은 것** 앞에 머리를 숙일 것입니다. 지금까지는 큰 것이 이겼으나 이제부터는 작은 것이 이기게 될 것입니다. 선택하세요! 그중에 하나를! 큰 것을 원하는 이들은 영원히 추락할 것입니다. 많은 것이 제거되고 큰 것은 쓰러지며 작은 것은 보존될 것입니다.

당신들은 작은 원 위에 있습니다. 그것은 우리에게 큰 기쁨입니다. 우리의 원은 당신들의 원보다 작고 우리 안의 **그분**은 가장 작으십니다.

지금 당신들의 자리는 작지만 오직 밖에서만 그러하며, 그런대로 좋습니다.

악마도 원을 그리며 돌지만 그의 원은 커다랗습니다. 그는 헛되이 당신들을 기다리고 있습니다. 큰 원은 모든 것을 가두지만 중심의 초점은 하늘의 문들을 활짝 열어 줍니다.

그분께서 기다리십니다.

요셉과 한나는 더 이상 외출하지 않았다. 반드시 노란 별 배지를 달아야 했고, 그것은 극우분자들의 공격을 촉발시켰다. 나는 대화에 릴리를 데려오고 데려다줄 때 안전을 위하여 택시를 이용했다.

1944년 5월 26일 금요일
성령강림절 사흘 전
대화 53

위로하시는 분, 일곱번째 말씀, 기쁨의 메시지를 전하는 사자使者가 당신들 가운데로 올 것입니다. 정해진 날에 그를 기다리세요!

오래전 그가 옛사람들에게 말할 때, 그가 지나간 길에는 불꽃이 일었습니다. 정해진 날에 하나로 합쳐지세요! 그러면 당신들의 이마에 불꽃이, 영원한 불꽃이 일 것입니다.

우리의 입은 너무나 약하고, 우리의 존재는 너무나 가볍습니다. 오직 일곱번째만이 옛사람들이 받은 위안과는 다른 위안을 가져다줍니다. 당신들은 새로운 사람들이기 때문입니다. 당신들은 새로운 불꽃을 받고, 당신들의 짓눌린 영혼은 높이 오릅니다. 주님의 몸이 계신 곳, 무덤은 사라집니다.

인간, 연약한 존재!

그의 이마 위에는 빛이 깃들고 그릇은 채워졌습니다. 오래전부터 그것은 텅 비어 있었습니다. 이제 당신들의 마음은 준비되어 절망을 모르니, 빈 그릇은 채워졌습니다. 준비된 사람에게 빛은 주어집니다. 이제 요구할 필요가 없습니다.

지난 한 주 동안, 나는 당신들이 채워질 때를 알기 위해서 비어 있음을 헤아렸습니다. 그 빔을 보충하는 것이 당신들 각자에게 주어질 것입니다. 당신들이 받는 것은 아주 작은 빛인데, 큰 그릇은 그 빛으로 가득 채워집니다. 그것은 **그분**을 기쁘게 합니다. 약함은 힘이고 힘은 약함입니다. 바위는 참으로 단단하지만 불꽃은 가장 깨지기 쉬운 그릇에 부어집니다.

사명을 받는 이는 바로 사람의 아들입니다.

기뻐하세요! 당신들은 사람입니다. 당신들은 **인간**이 될 것입니다. 당신들의 사명은 그 존재의 단계를 완성하는 것입니다. 당신들은 성령을 받게 될 것입니다. 그것은 당신들의 음료수가 될 것입니다.

조심하세요! 그것은 몹시 뜨겁지만 당신들이 의지하는 그 지점만 뜨겁습니다.

잘 보세요! 바로 성령이 당신들을 드높이시니 의지할 필요가 없습니다.

그분께서 불길에 입김을 불어넣으시고 우리는 합창합니다.

'모임을 주관하는 것은 더 이상 옛사람들이 아니라네. 영원히 젊은 새로운 이들이 모든 것을 판단하네. 그들의 머리엔 하늘의 왕관 삼중관이 씌워졌고, 이는 새로운 태양이 발하는 최초의 빛이라네.

이미 새 태양이 떠올랐지만 새 땅은 아직 쉬고 있네. 우리는 새로운 해를 보지만 아래의 당신들은 아직 보지 못하네. 마음 깊은 곳에서 서서히 동이 트고, 우리는 안에서 벌써 새벽을 보지만 당신들은 바깥에서 땅의 고통만을 보네. 고통은 오직 하나뿐, 밖에 머무르는 것이라네.

어둠은 바깥에만 있을 뿐 안은 어두울 수 없다네. 소음은 바깥에만 있을 뿐 안에서는 침묵이 태어난다네. 시간은 바깥에만 있을 뿐, 안에서는 시간이 멈춘다네. 죽음은 바깥에만 있을 뿐, 안은 생명이라네. 영혼은 밖에서만 길을 잃을 뿐, 안은 그의 영원한 보금자리라네. 그릇은 아직 불투명하지만 일곱번째가 안에서 눈부시게 타오르면 그릇의 안쪽 면은 투명해지고 그분의 영광은 안쪽 면을 관통하리니, 이제 더 이상은 죽음도, 소음도, 고통도 없다네.

바깥에서는 시간이 멈추고 그분께서 신호를 하시니 모든 존재는 노래를 시작하네.

당신들을 통해. 그러니 당신들은 기뻐하세요!'

'정해진 날에 하나로 합쳐지세요! 그러면 당신들의 이마에 불꽃이, 영원한 불꽃이 일 것입니다'라는 말은 얼마나 우리를 기쁘게 했던지, 주위의 모든 불행들이 사라져 버렸다. 나는 얼마나 성령강림절 천사들의 불꽃을 기다렸던가!

요란한 천둥과 여러 가지 언어들은 과거에 속합니다. 눈에 보이는 불꽃도 과거에 속합니다.

나는 그분입니다.

> 아득한 시간의 밤으로부터 솟아난 듯한 그 말씀이 내 마음속에서 강렬하게 울려 퍼졌다.

그분은 볼 수도 없고 들을 수도 없습니다. 당신들이 듣는 것은 메아리일 뿐, 기적은 이미 저 아래 당신들의 발밑에 있습니다. 새로운 세계는 기적을 모릅니다. 포착할 수 없는 원인 중의 원인이 다가오고 있습니다. 과거의 기적은 새로운 것의 발판입니다! 소인들은 그곳에서 몸을 웅크리고 있습니다.

당신들의 힘은 불타오르게 합니다. 당신들에게는 **정신**이 주어지고 보이지 않게 될 것이며 하는 일은 알려지지 않을 것입니다. 아무도 그것을 눈치채지 못할 것입니다. 무엇인가 시작되고 기적 너머에서 움직입니다. 보지 못하는 사람은 볼 수 있게 되고, 듣지 못하는 사람은 들을 수 있게 됩니다.

새로운 불꽃, 새로운 소리가 당신들에게 주어졌습니다.

당신들이 용서한다면 그분께서도 모든 죄를 지우실 것이며, 당신들이 선을 원한다면 선이 있게 될 것입니다.

아무도 그것을 예감하지 못하나 그것이 바로 새로운 힘입니다. 모든 선은 당신들을 통해 올 것이며, 당신들은 **그분**처럼 보이지 않을 것입니다. **그분**께서는 한없이 크시고, 당신들은 한없이 작습니다. 당신들은 한없이 크고, **그분**께서는 한없이 작습니다. 유일하게 존재하는 것은 **하나**입니다.

당신들은 불꽃을 보지 못하고 느끼지 못하며, 당신들은 여러 가지 언어를 말하지 않습니다. 수많은 말들은 이제 끝났습니다.

새로움은 벌써 타오르고 있습니까? 하늘은 내려왔고 끝은 이미 지나갔습니다. 불꽃 없이 타오르는 말없는 심부름꾼, 이것이 **그분**의 새 심부름꾼입니다. 그는 손이 묶여 있어도 행동할 수 있습니다. 말이란 아이들의 유치한 소음일 뿐입니다. 사도使徒들은 아이들이었지만, 당신들은 이미 젊은이들입니다. 그러므로 당신들은 더 이상 행할 것도 말할 것도 줄 것도 받을 것도 없습니다. 하지만 새로움이 있을 것이니, 당신들을 **그분**으로 가득 채우면 **말씀**은 형체를 이룰 것입니다!

당신들이 마음속에 품은 모든 것이 있게 될 것입니다.

아침부터 저녁까지 쉴 새 없이 새로움을 부르세요!

네번째 단계는 아직 비어 있지만 곧 채워질 것입니다.

아침부터 저녁까지, 언제나 부르세요! 당신들이 부르는 것은 있게 될 것이고, 더 이상 상실되지 않을 것입니다. 매 순간은 영원에서 영원으로 작용합니다. 당신들의 마음이 크나큰 심연을 채울 준비가 되어 있더라도, 그 심연을 채우기에는 수천 년도 충분하지 않을 것입니다.

길을 잃지 마세요! 더 이상 해야 될 것을 찾지 마세요! 당신들의 행위는 다른 것이며, 마음에 품게 됩니다. 비밀리에만 마음에 품을 수 있습니다. 마음은 곧 집이니 혼례는 그곳에서 올려질 것입니다. 정신과 물질은 두 개의 반쪽 씨앗입니다.

오늘 받은 불이 두 반쪽 씨앗을 함께 녹이니 그 둘은 일치됩니다. 오래전 약속은 이루어지고 물질과 정신, 죽음과 삶은 **하나**가 됩니다.

잉태하는 이는 아이를 낳게 될 것입니다. 당신들의 입이 말하게 될 때, 당신들의 손이 일하게 될 때, 앞으로는 순수하게 될 것입니다.

**당신들은 이제 비밀스러운 사도의 직분을 얻었고
그것은 바로 당신들이 요구했던 것입니다.**

이것이 우리의 말입니다.

우리는 천사이고 말할 수가 있습니다. **일곱번째**의 목소리가 울려 퍼지고 그의 불꽃은 눈부십니다. **그분**은 침묵이시고 언제나 당신들과 함께 계십니다. **그분**의 가르침 또한 침묵입니다. 침묵은 변질될 수 없으니, 모든 거짓말 뒤에 숨어 있는 이는 침묵에 스며들지 못합니다. 보이지 않는 것은 형체로 드러낼 수 없으므로 **그분**의 모습은 보기 흉하게 바뀔 수 없습니다.

새로운 시간이 오고 새로움은 증가합니다. 새로운 행위는 과거의 행위보다 더 어렵지만 하늘의 힘은 어디에서나 당신들과 함께 있습니다.

평화가 당신들과 함께, 당신들을 통해서 있기를!

1944년 6월 2일 금요일
대화 55
요셉이 강제수용소로 가기 전 마지막 대화

그날은 요셉이 강제수용소로 출발하기 하루 전이었다. 아무도 그의 목적지를 몰랐고, 그는 내가 감히 깨뜨릴 수 없는 침묵 속에서 준비를 하고 있었다. 그는 완전한 의식을 지니고 자신의 운명을 받아들였고, 그날이 아내를 보는 마지막 날임을 알고 있었다. 한나는 심히 고통스러웠지만 드러나지 않게 최선을 다했다. 그의 심장은 마치 비수에 찔린 듯 날카롭게 계속 아팠다. 나는 한나에게 오늘의 대화를 전할 수 있는 여력이 남아 있음에 놀랐다.

측정하는 이가 말합니다.

축복과 평화! 시련의 끝이 가까워 옵니다. 외부의 삶은 영원한 밤 속, 파멸의 나락 속으로 떨어집니다. 하지만 당신들은 저 높은 곳의 빛 속에서 행복하게 살 것입니다. 약속은 이루어집니다.

정원사가 당신들에게 말합니다!

정원사는 접목시키기 위한 예리한 칼을 손에 쥐고 있습니다. 지금은 상처가 아프지만 나는 그곳에 새 가지를 접붙입니다. 그것은 이미 가능합니다. 신성한 가지는 아직 투명하고 이루 말할 수 없이 작지만, 주님의 힘으로 가득합니다. 나는 놀라운 위안인 하늘의 밀랍으로 상처를 처맵니다. 나는 칼이 지나간 틈새를 하늘의 밀랍으로 메웁니다.

더 이상 상처는 없습니다. 상처를 감은 붕대는 아직 꽉 조이지만 그것도 곧 풀릴 것입니다.

내 어린 싹이여! 일곱 세계가 당신에게 경의를 표합니다. **침묵과 말 사이에 새로운 혼례가 이루어지고, 그분의 왕국이 집입니다.** 바로 그곳, 침묵과 말 사이의 혼례는 영원하고 새로운 언어가 침묵 속에서 잉태되어 탄생합니다.

> 이제 나는 어떻게 한나 즉 말(IV)과, 요셉 즉 침묵(V)이 결합될 수밖에 없는 운명인지 비로소 이해하였다.

빛나는 이가 말합니다.

나는 빛나는 사랑에 대해 말합니다. 사랑이 있고 힘이 있으니 그들이 함께 작용하기를!

빛과 사랑이 서로 손을 맞잡기를!

그들은 함께 있을 때만 행동할 수 있으며, 그때 빛나는 침묵이 이 세상에 있게 될 것입니다. 함께 태어남인 의식이 그들을 이어 주기를! 그리하면 더 이상 균열은 없을 것입니다.

그 말은 나와 릴리의 깊은 우정이 릴리의 사명인 사랑(II)과 나의 사명인 빛(VI)이라는 새로운 측면으로 나타나게 해 주었다. 이렇게 존재의 다른 수준을 연결시키는 도식은 두 사명이 서로 보완적임을 알려 주었다. 우리의 사명은 점점 더 명확해져서, 나의 사명은 빛을 발하는 것이고, 요셉의 사명은 침묵, 그리고 한나의 사명은 함께 태어남인 의식이었다.

'도와주는 이'가 말합니다.

사랑과 위로의 말이 당신들 위에 맴돌고 있습니다. 사랑이 없으면 함께 태어남, 평화, 지복, 그 아무것도 이루어질 수 없습니다. 함께 태어남은 밝혀 주고 침묵은 가득 채우며 광선은 열기를 가져오지만 오직 사랑만이 연결시킵니다.

일곱 가지 요소 가운데서도 사랑은 모든 것 위에 있으며 모든 것 안에 있을 수 있습니다. 사랑의 징표는 눈처럼 흰 백합이며, 그 향기는 일곱번째 하늘까지 올라가고 모든 것을 꿰뚫고 들어갑니다. 백합의 줄기는 초록이고, 그 뿌리는 땅속에 있습니다.

'건설하는 이'가 말합니다.

일으켜 세우는 침묵은 저 위에서만 세우는 것이 아니라 아래에서도 세우며, 그것은 이미 가능합니다. 옛것은 무너지고 그 돌은 아직 쓰이지 않았습니다. 소금은 원래 있었던 자리에 흩어져 있습니다. 폐허 가운데서는 오직 재칼만이 울부짖을 것입니다. 바빌론이 있었던 곳에는 어떠한 녹색 식물도 자라지 않습니다. 새로운 나라는 이미 꽃을 피우고 있으나, 아직은 잡을 수 없는 곳에 있습니다. 계획은 진동하기 시작하고 일으켜 세우는 이의 마음속에서는 욕망이 솟구쳐 오릅니다. 그의 새로운 집은 나라 없는 모든 사람들을 맞아들입니다. 옛것을 걸쳐 입고 물질에 갇혀 있는 사람은 쫓겨나게 되지만, 새집은 **그분**을 자신의 처소로 삼는 모든 사람들을 다 맞아들입니다. 나는 당신들에 대해 염려하지 않습니다.

이제 우리의 스승들은 모두 함께 말씀하셨다.

침묵은 빛나는 말의 집이며, 그 안에서는 사랑이 불타오릅니다.

그 말씀은 우리 각자의 사명이 서로서로 연결되어 있음을 뜻했다. 그러니까, '침묵의 집'은 요셉(V)이고, '말'은 한나(IV), '빛'은 기타(VI), '불타는 사랑'은 릴리(II)이다.

그리하여 넷의 소리는 노래가 됩니다.

새로운 노래, 새로운 진동, 새로운 율동은 이 세상에 새로운 귀, 새로운 마음, 새로운 손, 그리고 새로이 보는 눈을 창조합니다. 우리는 당신들에게 노래하는 법을 가르칩니다.

과거의 노래는 이미 사라졌고 더 이상 창조하지 않습니다. 노래의 본질인 은혜는 그것을 떠났고 법은 그것을 소멸시켰습니다.

그러나 은혜 너머에는 유일한 존재인 **하나**만이 계십니다. 언제나 노래하세요! 당신들은 노래 안에서 언제나 합쳐질 수 있습니다. 비록 당신들의 손이 서로 닿지 않을지라도 당신들의 합일은 흩어질 수 없습니다. 당신들의 노래가 정상까지 오르기를!

동맥이 고동치며, 새로운 피와 새로운 공간, 그리고 새로운 물질이 요동하는 그곳까지. 당신들의 목소리는 서서히 그곳에 이르러 맥박을 따르게 되며 당신들은 그 뜻을 알게 됩니다. **그분**만을 바라보세요! 그러면 **그분**께서 당신들을 지켜 주실 것입니다!

(침묵)

새로운 이름을 지닌 분께서 가까이 오시니, 그분의 길을 준비하세요! 당신들의 유일한 옷인 '자아'를 벗어 **그분** 앞에 드리세요! 벌거벗은 사람만이 그분에게서 빛의 옷을 받을 수 있습니다. 광채를 발하는 빛은 더는 당나귀를 타고 가지 않습니다.

그분의 새로운 이름이 축복받으시기를! 새로운 빛은 더 이상 그림자를 드리우지 않을 것입니다.

새로운 물질은 영원에서 영원으로 투명할 것이기 때문입니다.

그다음 날, 요셉은 우리를 떠나게 되었다. 우리는 기진맥진한 상태가 된 한나가 젤레티 역까지 남편을 배웅하지 못하게 했다. 노란 별표를 달고 있는 요셉을 한나 대신 내가 바래다주기로 했다. 우리는 겨우 마지막 몇 마디 말만 서로 나누었을 뿐, 지금이 우리가 함께 있는 마지막 순간이라는 사실을 알았다. 남자들은 가축용 화물칸에 빽빽이 실렸고, 문이 봉해지자 기차는 덜컹거리며 미지의 목적지를 향해 움직이기 시작했다.

1944년 6월 9일 금요일
대화 56(부분)

이번 주는 몹시 힘겨웠다. 요셉이 떠난 뒤 한나는 슬픔에 짓눌려 있었고, 나는 한나 곁을 거의 떠나지 않았다. 이제 릴리가 대화에 참석하기 위해 움직이는 것은 너무 위험했다. 정치적 상황이 점점 불안해지면서, 나는 끝없이 머릿속으로 똑같은 질문을 되뇌었다. 어떻게 하면 한나와 릴리를 유대인 격리 구역에서 구출할 수 있을까?

고난은 무거우나 성체聖體의 빵은 새털처럼 가볍습니다. 성체의 빵이 가진 무게는 껍질일 뿐입니다. 새로운 몸은 희생입니다. 고난이 가득 찼다면, 어디에 있든 그곳이 곧 제단祭壇입니다. 성체의 빵에는 밀가루가 조금밖에 없습니다. 그의 봉사는 먹히는 것이 아니라 희생되는 것입니다.

희생하는 이는 물질을 승화시킵니다. 희생이란 고난도 아니고 제단도 아니며 성체의 빵도 아닙니다. 그분의 몸은 희생되었습니다. 그분은 당신들에게 새로운 희생을 요구하십니다. 그분은 많은 사람들을 위해 피를 흘렸습니다. 그분이 요구하시는 것은 더 이상 피가 아니라 공간과 시간의 희생입니다. 그분은 바로 그곳에 계십니다.

당신들은 그분과 함께 있으려 하지 말고 그분이 되세요! 성체의 빵을 당신들의 입에 넣지 말고 당신들 스스로 성체의 빵이 되세요!

> 나는 스승들이 예수님과의 합일, 즉 기독교 영성체領聖體에 대해 새로운 의미를 부여해 줄 수 있다는 사실에 몹시 기뻤다.

독毒보리와 나쁜 사람들이 성체의 빵인 당신들을 먹게 되기를! 그리하여 그들은 밀이 될 것입니다. 정의로운 사람들도 마찬가지일 것이니, 구별하려 들지 마세요!

정의로운 사람들의 입이 당신들을 맞을 것이고, 성체의 빵은 그들에게 부드럽겠지만 나쁜 사람들의 입안에서는 모든 거짓을 몰아내는 무서운 불이 될 것입니다. 당신들 스스로를 바치세요! 그러면 성체의 빵은 바르게 작용할 것입니다.

독보리는 어떻게 밀이 될까요? 독보리가 불에 타서 먼지가 되고 흙이 되면 씨앗은 그곳에 파묻혀 새로운 밀이 됩니다. 독보리는 불에 무감각하지만 그 불을 통하여 밀이 될 수 있습니다.

우리가 당신들에게 가르칩니다. 독보리는 밀 가운데서만 자라지만 그 독보리가 꽃이 되게 하는 초원이 있습니다.

독보리는 이제 없겠지만 밀밭과 풀밭이, 해방된 생명이 있을 것입니다.

독보리는 솎아내어질 수 없습니다. 독보리와 좋은 씨앗은 함께 타작되지만 파종할 씨앗은 선별됩니다. 줄기와 껍질은 버려져도 씨앗은 절대로 버려지지 않습니다.

씨앗을, 당신들 자신을 뿌리세요! 그냥 가지고 있지 마세요! 성체의 빵만큼도 가지고 있지 마세요! 왜냐하면 그 씨앗은 아직도 이루어지지 않은 네번째 수준에서 새로운 몸을 만들어야 하기 때문입니다.

씨앗을 뿌리세요! 당신들은 씨 뿌리는 사람이자 동시에 씨앗이고, **씨 뿌리는 사람은 자기 자신을 스스로 심습니다.**

1944년 6월 11일 일요일
대화 57

공기 없는 공기는 하늘입니다.

모든 것이 제자리를 찾은 공간 없는 공간, 시간 없는 시간입니다.

시작도 끝도 없는 영원.

네번째, 공기 없는 공기.

폐는 숨차 헐떡이고 폐로는 이제 충분치 않으나 새로움이 자라납니다.

공간 없는 공간.

몸은 꽉 조이는 듯하고 피는 고동칩니다. 몸은 아직 자리가 없습니다.

측정하는 이는 측정합니다. 새로움이 있을 자리가 생겼습니다.

시간 없는 시간.

머리는 끔찍한 증오에 사로잡히고 생각은 멈춰 버렸습니다. 심장은 찢기고, 모든 것은 차가워지고, 신경은 얼어붙었습니다.

영원한 삶은 신호를 주었고 새로운 씨앗을 뿌립니다. 새로운 공간과 새로운 시간, 새로운 공기가 생겨나기 시작합니다. 심판은 끝이 아니라 시작입니다.

오래전부터 말해졌으니, 땅이 다시 생겨나고 하늘이 다시 생겨나며, 빛은 밝혀지고 어둠은 사라집니다.

일곱 불꽃들은 아직 눈을 부시게 하지만

새로운 눈이 생기고

모든 사람들은 그 눈을 통해

스스로 견딜 수 있는 것만을 봅니다.

이것이 바로 그 메시지입니다.

한 발짝 나아가기를 두려워하지 않는 사람은 **일곱번째**의 얼굴을 보게 될 것이고, 더는 다른 어떤 것도 보려 하지 않을 것입니다. 새로운 눈은 이미 있으나 아직 감긴 채로 있고, 아직 새로운 빛에 익숙해지지 않았습니다. 그 눈은 천천히 열리겠지만 보지 못합니다. 그것은 보기 위한 눈이 아니지만 모든 사람들은 그 눈을 통해 볼 것입니다. 그 눈은 빛 자체이기 때문입니다. 그 빛은 솟아오르는 무시무시한 불이지만 타 버리는 것은 다만 빈 껍질일 뿐입니다.

만약 무엇인가 재가 되어 떨어지는 것을 본다면

빛이 가까이 왔음을 아세요!

그분이 오심을 알리는 소식에 대지는 진동하고, 영원한 말씀으로 채워지지 않은 모든 것은 무너집니다.

1944년 6월 14일

유대인들 가운데 마흔 살 미만의 남자들은 강제수용소로 끌려 갔고, 나머지 남자들을 비롯한 여자들과 아이들은 유대인 격리 구역으로 거처를 옮겨야 했다.

내 가까운 지인들 중에는 영향력 있는 정치인이 한 명 있었다. 그가 나를 찾아와 용기와 선행이 뛰어난 부다페스트의 클린다 라는 신부가 세워 놓은 비밀 계획을 일러 주었다. 그 내용은, 백여 명의 여자들과 아이들을 유대인 격리 구역에서 구출해내기 위한 방편으로 교황대사와 이름을 극비에 부친 국방부의 몇몇 고위 관리들의 보호 아래 현재 비어 있는 작은 수도원에 군수품 공장을 세운다는 내용이었다. 여공들은 교황대사와 모든 군수품 생산을 책임지는 국방부의 보호를 받으며 그곳에 기거하게 될 예정이었다.

그 계획이 실현되기 위해서는, 공장의 생산 라인을 조직하고 거의 군대식의 엄격한 규율을 세울 수 있는 능력을 갖춘 무보수의 통제관이 필요했다. 정치인 친구는 나더러 그 역할을 해 달라고 찾아온 것이었다. 나로서는 군수품 봉제업이 어떤 것인지 짐작조차 할 수 없는 데다 군대식 규율은 더욱 낯선 것이라고 그 친구에게 대답하려던 차에 문득, 그 공장이 한나와 릴리를 구할 수 있는 수단이 될지도 모른다는 생각이 들었다. 나는, 내일 국방부에 제출할, 이미 작성이 끝난 백십 인의 명단에 한나와 릴리의 이름을 추가한다는 조건하에 제안을 받아들이겠다고 답했다.

얼마 후에 나는 부다의 주택가에 위치한 카탈린 수도원을 보러 갔다. 커다란 자노셰기 숲 가까이에 있는 그 수도원은 아름다운 정원에 둘러싸여 있었다. 반면 오래된 별장인 그 건물은 비교적 작았고, 벌써 무너져 버릴 듯한 몰골이었다. 지하실에서 다락방까지, 여자들과 아이들, 매트리스, 그리고 그들이 들고 온 모든 물건들이 빼곡히 쌓여 있었다. 새로운 여자들이 끊임없이 도착해 자리를 잡기 위해 애쓰고 있었다. '사적인' 구석 자리 하나씩을 차지한 각각의 여인들은, 어떤 일이 있더라도 마지막 생명의 공간만은 지키겠다는 단호한 모습들이었다. 이 끔찍한 무질서와 절망적인 공포는 우리의 계획을 수포로 돌아가게 할 만큼 위험스러웠다. 우리의 계획은 이웃 사람들 중 아무도 이들이 유대인 출신이라는 사실을 눈치채지 않아야만 성공할 수 있기 때문이었다. 나는 적어도 이곳이 군수품 공장의 외관만이라도 갖추는 것이 급선무라는 걸 알아차렸다. 내가 검열을 하는 동안 여자들은 두려움과 불신의 눈초리로 나를 바라보았다. 나중에 알게 된 사실이지만, 국방부에서 아주 무서운 통제관을 임명했다는 소문이 나돌고 있었던 것이다.

공장에서 일해 본 경험이 전혀 없는 이 여자들 무리를 과연 규율 잡힌 여공들로 바꿀 수 있을지 매우 의심스러웠다. 나는 별도리 없이 그 무시무시한 통제관이라는 미지의 괴물이 그들에게 불러일으키는 공포를 이용할 수밖에 없었다. 나는 정원 가운데 있는 작은 나무 막사를 사무실로 쓰기로 했다. 그곳은 하루 일과가 끝난 후 한나와 릴리, 내가 만나는 장소가 될 것이었다.

결국 나는 국방부에 동의서를 보냈고, 국방부 당국은 내가 예비역 장성의 딸로서 믿을 만한 인물이라고 판단했다. 자발적인 통제관으로서의 나에 대한 임명장은, 지체없이 도착했다.

1944년 6월 16일
대화 58 (부분)

이 마지막 대화는 한나의 부모님 아파트에서 있었다. 며칠 후 내 친구들은 군수품 공장이 된 카탈린 수도원으로 거처를 옮기게 될 것이었다.

부달리게트에 있을 때 우리는 한나의 생일인 6월 14일과 내 생일인 21일 (하지) 사이에 6월 축제를 벌였었다. 올해는 태양의 축제를 즐길 여지가 없었지만, 그 대신 스승께서 엄숙하게 새로운 태양을 알리러 오셨다.

해가 떠올라 그 정점에 이르고 아래로 내려가 사라집니다. 그러나 겉모습은 속임수이고, 해는 움직이지 않습니다. **주는** 이는 움직이지 않습니다. 그의 자리는 겉으로만 변할 뿐, 그의 빛은 도처에 스며듭니다.

태양은 왜, 무슨 목적으로 떠오를까요? 이제 태양의 광선은 부족한 곳으로 스며들었습니다. **주는** 이는 **주고**, 움직이지 않습니다. 해는 한 우주의 주인이고 우주와 그 한가운데의 해는 상징일 뿐입니다. 그 모두는 훨씬 더 큰 원의 주위를 회전합니다. 크고 작음은 없습니다. 가장 겸허하게 **주는** 이는, 주기 때문에 해와 영원만큼이나 큽니다. 그 외에 모든 것은 허상이며 속임수이고 환영이며 소멸되는 물질일 뿐입니다.

나는 스승께서 우리에게 참으로 본질적인 '**준다**'는 것을 일깨워 주기 위해 모든 외적인 것을 무너뜨리고 있다는 느낌을 받았다. 나는 준다는 것이 **그분**의 특성들 중의 하나이므로 누구나 주는 순간에는 **그분**이 된다는 사실을 깨닫고 몹시 놀랐다.

(침묵)

당신들이 우리의 말을 요구하고 우리가 당신들에게 그 답을 줄 수 있는 것이 바로 우리의 해방입니다.

우리가 당신들에게 손을 빌려 달라고 요구하는 것, 그것이 바로 당신들의 해방입니다. 그것은 이루어졌습니다. 당신들은 요구하고 **주며** 우리는 요구하고 **줍니다**. 우리의 노래와 당신들의 손이 합쳐지면 **우리는 하나이므로** 요구는 멈추게 됩니다. 우리의 말은 당신들의 것이고 당신들의 손은 우리의 것이며 부족함은 채워졌습니다.

나는 지상의 세 가지 힘을 하나로 모으는 요구와, 창조하는 세계의 세 가지 힘을 스승 안에 모으는 헌신이 서로 만날 때, 비로소 네번째 수준에서 일곱까지의 힘이 조화롭게 행해진다는 사실을 명확히 이해하게 되었다.

부족함이 없고 결점이 없는, **살아 있는 신**은 당신들 안에서 태어났습니다. 결합된 하나는 진동합니다. **요구하는 것과 주는 것은** 이미 진동입니다. 이것이 바로 새로운 힘입니다. 요구는 당신들 안에서 그치지 않고, 우리의 요구도 영원합니다.

진동. 경이로움. 지속적인 경이로움! 요구와 헌신이 순간 속에 합쳐질 때 일곱번째는 작용합니다.

공간 없는 공간은 영원한 생명이며 소멸이나 공허가 아니라 생명이고 강렬한 진동이며 완성입니다. 어디에선가 하느님의 심장이 뛰고 우리는 모두 다 **그분**과 함께 진동합니다. 미세한 진동이 가장 큰 밀도의 진동과 합쳐지고 진동의 연쇄가 계속되면 더 이상 죽음은 없습니다.

그분의 심장이 뛰고 있습니다. 우리가 그 고동을 전하니 당신들도 그것을 전하세요!

언제나, 더 멀리! 이것이 유일한 가르침입니다. 기쁨 속에서 **그분**을 섬기세요! 왜냐하면, 죽음은 이미 죽었기 때문입니다. 만약 당신들의 심장이 약하다면 그것은 당신들의 진동이 필요 이상으로 조금 더 넓어졌기 때문입니다. 오직 율동만이 잘못될 수 있으며, 그것이 바로 일어날 수 있는 유일한 악입니다.

율동, 빛나는 힘은 손상시키지 않고 모든 것을 관통합니다. 그 이름들 중의 하나는 사랑입니다. 그 율동은 많은 이름들을 가지고 있고, 그 이름들은 **오직 그분만이 존재하신다**는 단 하나의 진리를 포함합니다. 새로운 사랑은 이미 태어났지만 그 이름은 아직 봉인되어 있습니다. 이름은 없지만 그 사랑은 당신들을 통해서 행동하며, 그처럼 당신들도 이름이 없습니다.

지복 —

침묵, 평화 —

함께 태어남 —

율동 —

사랑.

그리고 그 아래에 진리. 이제 빛은 진동하고
지구는 공전하며 해는 움직이지 않습니다.

우리는 당신들을 축복하고 우리의 축복은 언제나 더 멀리 진동
하며 창조합니다. 당신들과 우리 사이에 있는 작은 틈은 단절이
아니라 이미 율동입니다.

우리는 합쳐졌습니다. 우리의 말은 천사들의 말입니다. 우리는
그분을 통해 존재합니다. 그리고 당신들은 우리와 함께 있으며
우리의 생명은 **하나**입니다.

내게는 당장 해결해야 할 두 가지 문제가 있었다. 첫째는 군대
식 규율을 세우는 것이었고, 둘째는 아무런 재정적 뒷받침도 없
이 재봉질도 할 줄 모르는 여공들과 함께 봉제공장을 가동시키
는 것이었다. 텅 빈 수도원만 주어졌을 뿐, 나머지 모든 것은 우
리 책임이었다. 머지않아 곧 옷감이 배달될 것이었고, 그러면
우리는 나무랄 데 없는 군복 셔츠를 만들어 보내야 할 처지였
다. 군 당국의 보호는 그 대가로만 우리에게 주어질 것이었다.

육군성은 내게 규율에 관한 지침서를 보내 주었다. 며칠 후 한
나와 릴리가 수도원에 도착했을 때, 큰 계단 위에 선 내가 내 앞
에 줄지어 선 여공들에게 그날의 지시사항을 내리는 모습을 보
고 아연실색한 것은 당연했다.

나는 내게 어울리지 않는 괴상한 역할을 태연하게 연기하기가
어려웠지만, 머지않아 상황의 심각성은 웃고 싶은 마음을 억눌
러 버렸다. 나는 여공들에게 무슨 수단을 써서라도 재봉틀을 하
나씩 준비해 오라고 명령했다. 재봉 강습은 그다음에 조직적으
로 시행하게 될 것이었다.

오늘은 하짓날, 내 생일이다. 정오에 우리 세 명은 정원 한가운데에 있는 지휘관의 막사에 모였다.

자기 자신을 위해 요구하지 않는 이의 요구는 하늘에 닿으며 하늘을 내려오게 합니다. 이렇게 해서 하늘인 새로운 땅은 올 수 있습니다. 그처럼 땅은 조금 올려지게 됩니다. 그 조금만으로도 지구는 제 궤도를 이탈하여 다른 원 위에 놓이게 됩니다. 일곱까지 힘의, 활짝 벌린 일곱 개의 팔은 새로운 원 안에 든 빛입니다.

자기 자신을 위해 요구하는 이는 빛의 줄기를 삼키고, 자기 자신을 위해서 더 이상 요구하지 않는 이는 **행동합니다.**

새로운 힘은 지구를 옮길 수 있는 지렛대입니다. 그 변화는 식별될 수 없고, 식별한다는 것은 대지의 산물입니다. 그 변화는 느껴질 수 없으며, 느낀다는 것은 물의 소산입니다. 그러나 당신들은 변화에 대해 직감할 수 있습니다. 공간 없는 공간 속에서 당신들은 지구의 궤도가 넓어지지 않고 줄어든다는 사실을 발견할 수 있습니다.

나는 이 말씀이, 지구가 중심들 중의 중심, 즉 신적인 것에 더욱 가까워진다는 의미가 아닐까 생각했다.

천사의 날개와 악마의 그림자는 이제 필요하지 않게 되었습니다. 천사는 날아오르지 않고 활동합니다. 인간은 지체하지 않고 줍니다. 동물은 도망가지 않고 두려움 없이 온순하게 살아갑니다. 씨앗은 자라나 이제 어둠을 벗어났습니다. 그리고 돌은 빛납니다. 오래전부터 예고된 새로움이 태어났습니다.

언제나 요구하세요! 당신들의 요구는 이 높은 곳에서, 저 낮은 곳에서 창조합니다. 새로운 소리가 진동하고, 이제 새로운 해가 떠오릅니다. 당신들이 원하는 것은 당신들을 드높이는 것입니다.

지금, 모든 것은 과거의 태양이 그 힘의 절정에 있을 때 시작합니다. 태양은 움직이지 않고, 대지는 날아오릅니다. 대지는 새로운 태양을 찾습니다.

그렇습니다. 오늘 모든 것은 변합니다.

오늘. 영원에서 영원으로. 아멘.

　　이 마지막 말씀들은 번개같이 강렬한 힘으로 발음되었다. 나는 우리 인간들이 새로운 시대로 접어들고 있다는 감정에 사로잡혔고, 인류 진화의 새로운 과정이 시작되고 있음을 느꼈다.

1944년 6월 21일

대화 60 (부분)

　　밤늦도록 잠이 들 수 없었던 우리는 다시 막사로 모였다. 갑자기 한나는 스승이 여기 계심을 느꼈고, 당황한 나는 대화의 일부만을 기록할 수 있었다.

거짓말쟁이의 시대는 끝났습니다. 그가 원했던 강력한 힘은 그에게 주어졌으나, 회수될 것입니다. 그는 자신만을 위해서 그것을 원했고 모든 것을 거짓으로 덮어씌웠습니다. 하지만 감춰졌던 것은 백일하에 드러났고 강력한 힘은 그에게서 회수되었습니다.

거짓은 죽어 가고, 존재할 날이 얼마 남지 않았습니다. **그분**께서 말씀하셨습니다. '**그만!**'

끝은 시작입니다. 악마들은 다시 천사들이 됩니다.

잘 들으세요! 예고되었던 것은 **모두 당신들 안에서 이루어집니다.**

당신들 안에서.

항상 요구하세요! 항상 내어주세요! 그러면 어떠한 나쁜 일도 일어나지 않을 것입니다. 모든 것이 완성되었고 모든 것이 시작됩니다.

행위가 생겨났습니다.

재봉틀이 도착했지만 여인들 대부분이 사용법을 몰랐다. 우리는 재봉 강습을 준비했고, 조직에 특별한 재능을 가진 한나는 가장 열의 있는 여자들 중에서 몇몇을 선별하여 감독조를 짰다. 동료들에게 단계별로 작업을 가르쳐 줄 이들이었다. 감독들은 모든 작업의 단계들을 숙지해서 어떤 여공이든 대체할 수 있었다. 곧 우리는 그녀들을 멋진 조커라 부르게 되었다.

작업이 끝난 저녁이면 우리는 정원에 있는 내 허술한 막사에 모였다. 다행히도, 두려운 지휘관의 막사로는 아무도 감히 접근하려 하지 않았고, 우리는 아무 방해 없이 스승들의 가르침을 받을 수 있었다.

1944년 6월 23일
대화 61

신성한 마음은 당신들을 끌어당기고 당신들은 앞으로 나아갑니다. **그분**께서는 당신들을 부르시고 당신들은 **그분**에게 가까워집니다. 하지만 이제 더 이상 가까워질 수 없음은 신성한 마음이 이미 당신들을 안고 있기 때문입니다. **그러나 신성한 마음은 당신들의 거처가 아닙니다.**

새로운 사랑, 심장의 새로운 고동은 과거에 있었던 것과는 완전히 다릅니다. 그것은 **주는** 것이며, 항상 **주는** 것입니다.

고동. 전달. 새로운 사랑은 붉은 피, 신묘한 힘, 새로운 아이를 위한 젖입니다. **그분**의 심장 고동 한 번은 한순간이고, **그분**의 심장 고동 한 번은 영원이며, **그분**의 심장 고동 한 번은 회귀입니다. **오직 그분의 심장에서 출발하는 사람들만이 주는 법을 압니다.**

새로운 율동은 새로운 세계를 창조하며 새로운 계획에 따라서 새로운 감각기관들이 생깁니다. 세상은 밝고 넓게 새로워집니다.

그분께서 우리에게 주신 가장 큰 선물은 우리가 **줄** 수 있다는 것입니다. 그렇게 해서 우리는 **그분**이 되고, 우리는 **그분**입니다. 준다는 것은 이 세상의 크나큰 법입니다. 풀은 열매를 주고 모든 존재들은 내어주며, 그것이 바로 법입니다.

모든 존재가 줍니다. 우리는 줄 수 있는 자유가 있으므로 자유롭게 **줍니다.**

행위는 자유롭지만 의지는 그렇지 않습니다. 해방의 순간이 가까워졌습니다! 자유롭게 주는 것은 의지 너머에 있습니다. 더 이상 작용도 반작용도 없고, 보상, 체벌, 칼과 애무도 이제 없습니다.

자유롭게 주는 것은 완전히 다른 것입니다.

신성한 심장이 뛰며 혈관들은 그 심장에 이르고 그곳에서 모든 신성한 피는 제자리를 찾게 되고 그 피는 다시 돌아가게 됩니다. 신성한 심장이 뛰고 당신들은 그와 함께 고동칩니다. 일곱 개의 혈관은 붉은 기쁨으로 가득 차 있습니다. 전달하세요, 항상 더 멀리! 힘이 약해진 피는 다시 돌아와 새로워집니다. 전달하지 않는 이의 피는 더 이상 돌지 않습니다.

그것은 두번째의 죽음입니다.

경계하세요! 온전하세요!

항상 주세요!

자유롭게, 기쁘게, 끊임없이! 새로운 고동, 새로운 기쁨은 해방이고 창조입니다. 그에 사는 이는 참으로 **사는** 것이니, **그렇게 사세요!** 그처럼 우리는 함께 **일치된 삶**을 살 수 있습니다.

두려워하지 마세요! 이러한 실재 안에서 **사는** 사람은 활동할 수 있습니다.

우리 공장에서 정상적인 생산량을 채운다는 것은 사실상 불가능했다. 재봉질을 못 할 뿐 아니라 분업 협업 과정에서 다른 여공들이 할 수 있는 일조차 망쳐 버리는, 완전히 무책임한 이들이 너무나 많았다. 한데 우리는 만약 군복을 만들어내지 못한다면 결코 보호받는 군수품 공장의 자격을 취득할 수 없으리라는 사실을 분명히 알고 있었다. 어설프게 만들어진 옷더미들이 늘어 갈 즈음, 조만간 시찰이 있을 것이라는 끔찍한 소식이 들려왔다. 한나와 릴리, 그리고 멋진 조커들은 동료들이 저질러 놓은 결함을 복원하기 위해 하루 스물네 시간 치열하게 일했다.

나는 시찰을 연기시키려고 육군성 쪽에 온 힘을 다 써 보았다. 매우 적은 수의 장교들만이 우리 작업장의 진짜 목적을 알고 있었기 때문에, 그중의 한 사람을 만난다는 것은 지극히 어려운 일이었다. 나는 그중 아무도 개인적으로 알지 못했고, 우리의 계획을 아는 사람들은 정체를 드러내지 않았다. 유대인들을 보호하려는 음모에 연루되어 있다는 사실이 밝혀지면 그 즉시 경력에 종지부를 찍어야 했기 때문이다. 그럼에도 불구하고 나는 운 좋게, 시찰을 늦추는 데 성공했다.

활동은 그 이상의 것일 수밖에 없습니다. 당신들의 사랑에 대한 감정은 우리와 당신들 사이에서 볼 때 아직도 편향돼 있고 틈이 있습니다. 새로운 존재는 사랑하지 않으며 그보다 더 이상의 것을 할 수 있습니다. 그는 더 주지 않으며 가지지도 않지만, 활동을 합니다. 이제는 그것이 가능합니다.

(무엇을) 한다는 것은 활동하는 것이 아닙니다. 동물은 느끼고 바라며 행동합니다. 이미 스스로를 **인간**이라 믿는 사람은, 더 이상 맹목적으로 하지 않음을 자랑하고 자기의 지식이 좋고 나쁨을 알려 준다고 믿습니다. 지식은 옛 나무의 익지 않은 열매입니다.

어린아이가 그것을 너무 일찍 따 버렸지만, 무르익은 때가 왔으므로 이제 당신들은 그 열매를 먹을 수 있습니다. 현자賢者에게 지식이란, 그저 수단에 지나지 않습니다. 느끼고 원하고 무엇을 한다는 것은 자유롭지 않으며 오직 **활동**만이 자유로우므로 모든 것을 통하여 작용합니다. 더 이상 장애물과 벽은 없으며 활동은 모든 것을 초월합니다. 활동은 생명 없는 것을 먼지가 되게 하며, 살아 있는 것이 새로운 생명을 받게 되는 것은 활동이 작용하기 때문입니다. 활동은 파괴하지도 건설하지도 않으며, 추하게 하지도 미화시키지도 않고, 오직 작용할 뿐입니다.

　　우선 나는 활동과 비활동 사이에 보이는 표면적인 모순으로 혼란스러웠으나, 곧이어 활동의 원천은 공간과 시간의 밖에 있어도 활동은 공간과 시간 안에서 작용한다는 사실을 깨달았다.

모든 것은 드러나며, 겉으로 보이는 대로 되는 것이 아니라 반드시 존재하도록 부름받은 대로 됩니다. 거짓된 표면은 부스러져 버리고, 새로운 진동이 작용하기 시작합니다. 주시는 분은 바로 **그분**이십니다.

옛 십자가는 벌레 먹었고 못 박힌 몸은 함께 먼지가 되었지만, 새로운 몸이 태어나고 자라납니다. 빛은 퍼져 나가고 새로운 존재가 양팔을 크게 벌립니다. 십자가는 이미 빛이고, 네 개의 가지는 **성스러운 넷이며**, 그것은 심장을 중심으로 이루어지는 네번째 단계입니다.

　　예전에 스승들께서는, 존재의 일곱 수준을 **중심**과 연결하는 새로운 **행위**를 통해서만, **성스러운 네번째** 속에서 새로운 삶이 생겨날 수 있다고 말씀하셨다. 이제는 모든 상징과 형상들이 각기 서로 다른 관점으로부터 동일하다는 것을 우리에게 보여 주는 것 같았다.

못이나 고통은 더는 필요치 않고 가시면류관이나 고난, 전쟁 따위도 필요하지 않습니다. 그 모든 것들은 이제 필요 없습니다.

빛은 양팔을 크게 벌리고 기다립니다. 우리를 가슴에 품지만 우리 각자는 자유롭습니다. 빛의 가슴속에는 자물쇠가 없으며, 연결하는 감정도 없고, 무미건조한 안일함도 없습니다. 야심이나 길, 빈틈조차도 없습니다.

빛의 가슴은 모든 것을 품고 사방에 빛을 발하며, **그분**께서는 활동하십니다. **그분**께서는 선택된 사람에게 자유롭게 활동할 수 있도록 산 자와 죽은 자에 대한 권능을 주십니다. 우리는 활동할 수가 없습니다. 우리는 소리 없는 말로만 존재할 수 있습니다. 그러나 말과 손이 합쳐진다면 모든 것이 가능합니다. 그리고 태초부터 기반이 세워졌던 예언된 나라가 올 수 있습니다.

　　자비롭고 선량한 클린다 신부님은 우리 봉제공장과 교황대사관 사이의 연결고리가 되어 주고 있었다. 어느 날 그분은, 난민들에게 영세를 제안하였다. 영세 증명서는 나치로부터 보호받을 수 있는 하나의 방편이었으므로, 그 영세를 기회주의적으로 본 한나와 릴리를 제외한 거의 모든 여공들은 그 제안을 받아들였다. 나는 두 사람의 생각에 찬성할 수가 없었다. 내게 종교적 의례는 내면의 길의 상징이었다. 나는 열세번째 대화 중에 파란 물로 받았던 잊지 못할 영세를 생각하며 내 친구들도 그와 같은 은총을 받을 수 있기를 간절히 원했다. 나는, 상징적 형태를 통해 정신적 실체가 나타날 수 있으며, 이 영세는 천상과 지상을 잇는 합일의 의미와 함께 우리의 사명에 속한다는 것을 설명했다. 며칠 동안의 숙고를 거친 후, 그들은 마침내 영세를 받을 준비가 되었음을 알렸다.

1944년 7월 2일
대화 63

일곱번째의 말씀은 소리도 아니고 빛도 아닙니다. 그 말씀은 있지 않으며, 있지도 않았고, 있게 되지도 않을 것입니다. 일곱번째의 말씀은 존재하는 것, 존재하지 않는 것, 그 모든 것의 목소리입니다. 일곱번째의 말씀은 말로 할 수 없는 것이지만 **활동**합니다. 오직 파악할 수 없는 것만이 **있는** 것입니다.
창조의 기둥이 흔들리니, 이끼가 이미 기둥을 잠식했기 때문입니다. **그분**께서는 새로운 기둥을 세우십니다. 과거의 기둥이 무너지고 이제 속이 텅 빈 것을 보세요!
오직 씨앗만이 충만합니다. 창조의 기둥은 무너지지만 빛의 기둥은 결코 무너지지 않을 것입니다.
물질은 포화, 과잉, 과다로 인해 폭발합니다. 그 이상의 것이 오게 되기를! 하지만 그분께서는 오시지 않고 존재하십니다. 그분은 일곱번째이십니다.

모든 것은 작열하는 빛으로 가득 차고, 그 빛이 모든 것을 관통하므로 숨을 수가 없습니다. 숨을 필요가 없습니다. 그래서는 안 됩니다.

숨지 마십시오! 가능한 한 오래도록 자신을 정화시키세요! 그렇게 하지 않는 사람의 영혼은 얼어붙습니다. 선택하세요!

푸른빛이 떠오릅니다. 그 빛은 여섯번째입니다. 그 곁의 노란 태양은 푸른빛에 비하면 깜빡이는 작은 등불에 지나지 않습니다. 그리고 흰빛이 나타나니, 그 안에서 일곱 색깔이 녹아 버리고 공간은 사라집니다.

우리는 오늘 또다시 당신들을 가르칠 것입니다.

지금은 이것으로 충분합니다!

평화가 당신들과 함께하기를!

　나는 마침내 대화 처음부터 그토록 기다려 왔던, 푸른빛에 관한 답을 여기서 얻게 되었다. 한나와 릴리는 정오에 영세를 받았고, 그 후 오후에 우리는 막사에 모여 스승들과의 대화가 이어지기를 기다렸다.

오후에

각 단계는 필요한 것이며, 오직 그 이상의 것만이 활동합니다.

불은 물을 흡수하고, **그분**께 결합되는 불의 영세가 올 때 물의 영세는 인간을 해방합니다. 각 단계는 필요한 것입니다. 일곱 번의 영세, 일곱 가지 융합, 일곱 가지 해방이 있으며, 그것들은 형태가 아니라 본질입니다.

잘 들어 보세요!

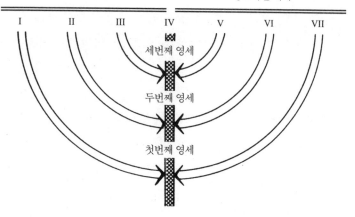

나무 십자가 위에 하느님의 아들, 처음과 끝, 땅과 하늘.

첫번째 영세.(I과 VII의 결합)

두번째는 물이고, 물과 지복의 결합.(II과 VI의 결합)

셋번째는 불이고, 소리와 침묵, 움직임과 평온을 이어 주는 진동.(III과 V의 결합)

그렇게 해서 여섯은 셋이 되었고, 그 중심에 네번째가 있습니다. 하늘과 땅, 창조물과 창조자가 합쳐지니, 더는 일곱이 아니라 **하나**입니다.

원은 차차 줄어들고 이편과 저편의 두 손이 가까워지며 이미 서로 닿아서, 그 둘 사이에는 이제 공간이 없습니다. 정신과 물질은 합쳐졌습니다.

    (침묵)

그분께서도 스스로 영세를 받으셨고, 그렇게 함으로써만 진화할 수 있다는 것과 모든 사람이 그를 따를 것임을 알고 계셨습니다. 교회는 멸망하지만 물의 영세는 영원합니다. 물은 물질을 해방시키고, 불은 물을 해방시키며, 빛의 씨앗은 여섯을 해방시킵니다. 교회의 형태는 살거나 또는 죽는 것입니다. **전체**는 **그분**의 집이고 교회는 한 부분, 작은 부분일 뿐입니다.

좋은 목자牧者는 많은 무리를 거느립니다. 한 집*에는 믿음이 두터운 체하는 눈먼 무리가 머물고, 다른 집에는 무엇인가를 찾으며 우는 무리가 살고, 세번째 집에는 아무것도 듣지 않고 처신하는 무리가 있습니다.

목자는 한 분밖에 없지만 울타리는 많습니다. 시간은 헌 집들을 무너뜨리고 새집들을 희게 칠합니다. 당신들이 지내야 할 유일한 거처는 더 이상 집도 아니고 희뿌연 외벽도 아닙니다. 영원히 준비된 곳은 하늘이고, 유일한 거처는 **그분**의 가슴이며 빛의 심장, 씨앗입니다.

사랑하는 이들이여, 이제부터 당신들은 그곳에서밖에 살 수 없습니다. 그렇게 하여 **그분**께서 활동할 수 있으니, 당신들의 손이, 일부가 아니라 전체로서 준비되어 있기 때문입니다.

1944년 7월 7일
대화 64

오늘 아침, 새로 영세를 받은 많은 여자들이 첫 영성체를 받았다. 작은 성당은 가득 찼고 클린다 신부님은 매우 기쁜 마음으로 미사를 올렸다. 나는 대부분의 여자들이 자신을 보호해 줄 수 있는 영세 증명서를 얻기 위해 영세를 받았다고 여겼으나 그것은 완전히 잘못된 생각이었다. 실 한 올에 목숨이 달려 있는 가엾은 여자들은 심오한 열성으로 기도하고 있었다. 이제 막 처음으로 받은 영성체는 그들에게 다른 차원의 보호를 희망케 했

---

* 헝가리어 'egyhaz'는 '집 한 채'를 뜻하며, 여기서는 조직체로서의 교회를 의미한다.

다. 성당 안에는 강렬한 기도가 흘러넘쳤고, 나는 그것을 보면서 깊은 감동을 받았다.

배가 고프지 않은 사람은 배불리 먹게 될 것이고, 목 마르지 않은 사람에게는 마실 것이 주어져 전달할 수 있을 것입니다. 빵은 첫번째 성사이고, 포도주는 두번째 성사이고, 불은 세번째 성사입니다. 그것들은 요구하지 않는 사람에게 주어졌습니다.

당신들의 몸은 이미 그분의 몸이고, 당신들은 빛을 발하는 피를 담고 있는 그릇입니다. 당신들은 기부나 동냥도 아닌 그분과 일체입니다. 빵은 잘렸고 포도주는 부어졌으나 빛은, 새로운 빛은 나눌 수 없습니다.

우리는 당신들이 머리를 들지 않도록 제단을 지켜보고 있습니다.

당신들은 더 이상 요구할 것이 없습니다.

우리가 내적으로 변했기 때문에 스승들의 가르침도 변했다. 그분들이 우리에게 말씀하셨던 "요구하세요, 언제나 요구하세요!"는 이제 완전히 반대가 되었다. "모든 것이 당신들에게 주어졌으므로 당신들은 더 이상 아무것도 요구할 것이 없습니다."

성당에서는 모든 사람들이 간청하고 있지만 당신들은 더 이상 그럴 필요가 없습니다. 당신들의 마음은 그분의 마음과 **하나**입니다. 그것은 사명이지 은총이 아닙니다. 그러므로 당신들은 더 이상 머리를 위로 향해 들지 마세요!

절대로!

간청하는 사람들이 구원받기 위해 외치는 것은 당신들을 향해서입니다. 두 팔을 활짝 벌리고 드리세요! 언제나 드리세요! 당신들의 손을 내밀어 활동하세요!

늘 활동하세요!

당신들의 마음이 메마르면 요구하지 않아도 다시 가득 채워질 것임을 믿으세요!

더 이상 요구하지 마세요! 새로운 몸, 새로운 피, 새로운 정신은 오직 요구하지 않는 사람에게만 주어집니다. 만약 당신들이 준다면 당신들 안에 머물고 있는 과거의 존재인 작은 자아에게도 주어집니다. 새로운 사람, 하늘의 인간에게는 주어지지 않습니다. 그는 그분과 하나이기 때문입니다. 우리는 제단을 지켜보고 있습니다. 제단은 땅이고, 땅 전체입니다.

어둠 속의 인간들이 지어낸 과잉은 잘려 버렸습니다. 피가 부어지고 희생되었지만 빛이 오면 맹목적인 횡포는 더 이상 세력을 떨칠 수 없습니다.

새로운 빛은 등잔 속에서 깜박거리지 않으며 모든 것에 넘쳐흐릅니다. 눈먼 자로 남아 있는 것은 불가능합니다. 보게 되거나 아니면 타 버릴 것입니다. 그것은 끝이 아니라 시작입니다.

새로움이 없다면 이 세상의 가장 큰 기쁨조차 천벌의 불일 뿐입니다. 해가 빛나고 새가 노래하고 붉은 심장이 고동친다 해도, 새로움이 없다면 그것은 천벌입니다.

새로운 빛은 과거의 원 너머에 있으며 당신들은 아직 그 빛을 모릅니다.

빛의 씨앗인 새로운 성체는 모든 것 위에 높이 올려져 있습니다. 빛의 심장은 뛰고, 영원한 등불은 흔들리지 않습니다. 바람은 공간의 산물인데, 더 이상 공간이 없기 때문입니다. 모든 것에 빛이 넘쳐흐르니, 높은 것은 아래에 있고 낮은 것은 위에 있습니다. 땅과 하늘은 합쳐졌습니다.

당신들의 손이 물질을 속박에서 풀어 주기를! 당신들의 입이 말씀을 전하기를! 당신들의 마음이 씨앗을 주기를! 당신들의 온 존재가 여섯 단계로 가득 채워지면 일곱번째가 올 것입니다.

빛이 내려오는 유일한 길은 주는 것입니다.

당신들에게 속한 것을 주세요!

당신들 자신을 주세요!

당신들에게 있어 영성체는 받는 것이 아니라 주는 것입니다.

그리하여 일곱번째가 올 것입니다. 그것을 믿으세요!

우리는 제단을 지켜보고 있으며 제단은 땅이고, 땅 전체입니다. 제단에서 흐르는 피는 그분의 피입니다. 어린 양은 거짓 예언자들의 손에 죽었지만 뿌려진 피는 그분에게로 되돌아갑니다. 몸은 몸 안에서 죽어 버린 것을 잃어버리지만 **그분**의 씨앗이 그 안에 심겼고 씨앗은 몸을 갖게 되었습니다. 물질은 구원받게 되었으며 성령으로 잉태되었기 때문입니다.

그것이 바로 새로운 순결한 잉태입니다.

성당의 종이 울리기 시작했다.

종소리는 과거의 미사를 알리지만 새로운 소리는 모든 것을 가득 채웁니다. 땅은 환희에 차 있습니다.

땅은 하늘과 함께 하나를 이루며, 당신들은 **그분**과 **하나**입니다.

1944년 7월 14일
대화(부분)

저녁 늦게, 스승들은 우리가 기다리고 있지 않았는데도 다시 오셔서 말씀하셨다. 나는 그 일부만을 기록할 수 있었다.

목표는 낮은 곳도 높은 곳도 아닙니다. **그분**께서는 높은 곳에 머무르지 않으시고 낮은 곳에도 머무르지 않으시며, 완성된 곳에 머무르십니다. 목표는 연결시키는 것입니다. 연결이 없이는 아무것도 살지 못합니다. 선택된 사람은 위로도 아래로도 지향하지 않고, 그의 삶 자체가 곧 연결입니다.

정신은 물질을 빚고 물질은 정신을 부릅니다. 선택된 사람의 노래는 물질과 정신, 정신과 물질을 잇는 끈입니다.

물질로 하강하는 것은 곧 죽음이며,

정신으로 비약하는 것은 과거의 일입니다.

그러나 지금은 원형의 천장이 이루어지고 있으니,

그것이 곧 연결입니다.

이전에 있었던 모든 것은 죽었습니다. 하느님마저도 죽었지만, 새로운 것이 태어납니다.

> 내게 하느님은 죽었다는 말은, 의심의 여지 없이, 창조된 세계와 물질에서 멀리 떨어진 아주 높은 하늘에 있는 하느님에 대해 오래전부터 인간이 만들어낸 형상들 중 하나를 가리키는 것이었다. 정신의 비약 없이는, 인간은 그분에게 이를 수 없다고 여겼다. 그런데 오늘 스승이 우리에게 가르쳐 주신 것은 그와 정반대였다. 하느님은 네번째 수준인 정신과 물질을 연결하는 인간 안에, 즉 창조의 중심에 계시다는 것이었다.

만약 출생이 늦어지거나 힘이 부족하면 어머니의 태胎는 아기를 죽입니다.

힘은 맹목적이지만, 빛과 물질이 합쳐질 수 있도록 활동합니다.

어머니의 태는 어둡지만 일곱번째는 빛납니다. 물질인 어머니는 보호하지만 붙들어 두기도 합니다. 과거의 끈은 물질과 물질 사이에서 끊깁니다.

빛이 태어나는 것이 아니라 새로운 물질인 빛-물질이 태어나는 것입니다. 빛은 언제나 있었고, 언제나 있을 것입니다.

태초에 잉태되었던 것은 빛-물질의 연결일 수밖에 없습니다. 선택된 사람들의 노래는 **하나**의 승리입니다. 하늘을 축복하고 땅을 축복하며 자유로이 연결해 주시는 **그분을 축복합시다.**

한나는 이 말씀의 깊은 뜻을 설명하기 위해 우리에게 작은 도표를 그려 주었다.

모든 창조는 오직 빛으로만 이루어져 있다. 내 생각에는, 실제로는 물질도 정신도 없으며 다만 유일무이한 **빛**의 진동, 다양한 수준의 진동만이 있을 뿐이다. 한나는 **빛**이 오직 한 점인 신성한 샘에서 온다는 것을 그려 보였다. 그 빛은 가장 미세한 진동으로부터 가장 밀도가 높은 진동을 거치며 상상할 수 없는 강도로 강렬하게 분출되어 나온다. 그중에서 가장 높은 밀도를 지닌 것을 우리는 돌이라고 부른다.

도표 한가운데에 아주 중요한 의미를 가진 단절이 있는데, 그것은 빛의 흐름이 아직 연속되지 못했음을 나타낸다. 스승의 가장 낮은 진동만이 사람의 가장 높은 진동과 결합할 수 있고, 그리하여 높은 것과 낮은 것이 새로운 인간 안에서 합쳐진다. 현재로서는 아직 틈새, 즉 단절이 존재하며, 우리는 그것을 죽음이라고 부른다. 새로운 인간의 탄생은 죽음의 죽음이다.

— …조심하세요!

동작 하나하나는 모두 작용을 합니다. 미지근한 것, 진지한 것, 소홀한 것, 그 모두가 각각 작용합니다. 사나운 것, 거친 것, 약한 것, 부드러운 것도 모두 작용합니다. 그러므로 매우 주의하세요! **그분**께서 말씀하실 때에만 당신들은 행동하세요.

미지근한 미소는 일곱 영혼을 분열시킵니다.

당신들의 동작 하나하나가 해방시키는 동작이기를!

목표는 해방이라는 것을 알아야 됩니다. 당신들에게 다른 사명은 없으며, 활동하는 것은 더 이상 당신들의 일이 아닙니다. 오직 **그분**만이 활동하실 수 있습니다. 다만 **그분**께서 거두시는 것만을 거두세요! 다만 **그분**께서 주시는 것만을 주세요! 그러면 물질은 섬길 것입니다.

모든 활동의 유일한 이유는 **그분**의 성스러운 계획 때문입니다. 만약 당신들이 **그분** 없이 행동한다면, 당신들의 손은 물질을 어지럽힐 뿐입니다.

선택하세요!

당신들이 활동하기를 원합니까? 아니면 당신들을 통해 **그분**께서 활동하시기를 원합니까? 당신들은 아직도 선택의 여지가 있습니다!

나를 향해 당신은 혼자서 활동하고 싶습니까?

기타 오직 **그분**을 통해서만 하고 싶습니다.

— (릴리에게) 당신은 혼자서 활동하고 싶습니까?

릴리 저도 **그분**을 통해서만 활동하고 싶습니다.

— 말은 창조하므로 당신들은 더 이상 물러설 수 없습니다. 이제 그

것은 완성되었고, 당신들은 자유롭게 행동하였습니다. 미적지근한 태도는 더 이상 없습니다!

가장 작은 생각, 한마디 가장 작은 말조차도 작용합니다. 거짓말은 세상 밖으로 뱉어질 것입니다.

　　바깥 정원에서는 비둘기가 구구 울고 있었다.

비둘기는 말하고 그 말은 옳습니다. 그러나 사람의 입에서 나오는 것은 모두가 거짓말이고 잡담이며 불평이고 어정쩡한 위로의 말입니다. 우상은 무너졌고 그 받침대는 싸늘하게 식어 버렸습니다.

과거의 제단 위에 더 이상 제물을 바치지 마세요! 새로운 제물은 결속의 끈입니다.

자유의 끈!

당신들의 행동이 올바르기를!

1944년 7월 21일 금요일
대화(부분)

사명은 끝이 납니다. 사명은 아직 물성이고 짐입니다. 당신들의 힘의 연약함이 당신들에게 무겁게 여겨지지만, 농도가 짙은 물질은 가능한 한 높이 올려졌고 사명은 끝났습니다.

사명은 준비였습니다. 이제 자유로운, 새로운 물질이 오고 형태를 갖춥니다. 옛것은 윤기를 잃고 떨어져 버립니다.

주님은 말씀하셨습니다.

'새로움이 당신들 안에서 작용되기를!'

새로운 이름은 이미 살고 있습니다. 그 이름으로부터 아직 알려진 적이 없는 힘이 일어납니다. 오직 두 글자, A.D.

A와 D는 헝가리어로 '그/그녀는 준다'라는 말을 형성하므로 나는 몹시 놀랐다. 다른 나라 말, 예를 들어 독일어로는 AD가 무엇을 뜻할까 생각하는데, 스승께서 곧 독일어로 대답했다.

태초에 말씀이 있었습니다. **너의 것**DEIN

그 말씀은 하느님 곁에 있었고, 우리 곁에 있습니다. 다른 욕망은 더 이상 없습니다.

그분께서는 가지고 계시며, 주시며, 그분께서는 우리이십니다.

AGNUS DEI, 신의 어린 양, AD, 헌신.

첫번째 사명.

두번째 유대.

세번째 **헌신.**

신비.

하나의 기도가 있을 뿐, 그것은 **헌신.**

하나의 행위가 있을 뿐, 그것은 **헌신.**

하나의 작용하는 이름이 있을 뿐, 그것은 **헌신.**

율동과 노래.

당신들의 귀는 아직 그것을 듣지 못합니다. 당신들의 입은 아직 그것을 증언하지 못하지만 앞으로 증언하게 될 것입니다. 당신들의 손은 더 이상 가지려 하지 않고 주게 될 것입니다.

새로운 무화과나무는 열매를 맺지 않고 창조합니다. 새로운 무화과나무는 자생의 나무로서 열매를 맺지 않고 줍니다. 새로운 무화과나무는 말씀이고 **헌신**입니다.

네 명의 게루빔이 그 나무를 지킵니다. 어떠한 길로도 그 나무에까지 이르지 못합니다. 모든 길은 공허에 닿습니다.

빛이 끌어당기지만, 네 명의 게루빔은 다가오는 자들을 내려칩니다. 새로운 나무의 열매는 높은 곳에서도 낮은 곳에서도 성스러운 것입니다. 아무도 그 열매에 이를 수 없으니, 네 명의 게루빔이 열매를 지키고 일곱들이 보호하고 있기 때문입니다. 당신은 그 열매를 딸 수도 없고 먹을 수도 없습니다. 칼이 당신을 벨 것이며, 불은 당신의 눈을 멀게 할 것입니다.

하지만 잘 보세요! 당신 스스로가 AD, 즉 헌신입니다.

새로운 희생은 침묵 신비 원리, 즉 AD 헌신입니다.

자기 자신을 위한 모든 희생은 카인의 것입니다. 그 희생의 연기는 아래에 남아 있고 모든 살아 있는 것은 숨이 막힙니다. 그러나 아벨은 **자기 자신을 줍니다.** 희생은 포기가 아니라 다른 것이고, 희생은 고통이 아니며 고통은 작용하지 않습니다. 희생물을 바치는 사람은 축복받지 않습니다. 희생물을 바치는 사람과 희생은 하나이며 **AD, 즉 헌신**입니다.

대화가 끝난 후 한나는 다음과 같이 말했다. "AD라는 말을 들었을 때 나는 허공 속에서 두 삼각형이 저항할 수 없는 흡인력으로 서로를 향해 다가가는 걸 보았어. 그 둘은 완전한 합일이 될 때까지 뿜어져 나오는 번개 빛을 통해 이어져 있었어."

나에게는 이런 생각이 떠올랐다. AD는 알파벳의 첫번째와 네번째 글자로 되어 있어서, 네번째 단계인 새로운 인간이 창조된 세계와 창조하는 세계인 두 개의 삼각형이 하나의 사각형으로 결합하는 것을 의미할 것이다.

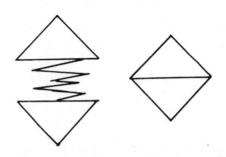

첫번째의 몸은 무기력한 물질입니다.

그의 말은 **법**이고 그의 핵심은 **계율**입니다.(I)

두번째의 몸은 아직 묶여 있으나 이미 움직이며 자랍니다.

그의 말은 **가능성**이고 그의 핵심은 **반응**입니다.(II)

세번째의 몸은 이미 풀려났지만 아직 대지에 속해 있습니다.

그의 말은 **의지**이고 그의 핵심은 **능력**입니다.(III)

새로운 몸의 말은 **자유로움**이며 그의 핵심은 **헌신**입니다.

새로운 몸은 네번째이고 앞의 세 몸을 포함하지만 **하나**입니다. (IV)

법은 있으며 **가능성**은 자라고, **의지**는 움직이며 **자유로움**은 행합니다. **그의 말**은 헌신입니다.

모든 몸은 일곱의 진동에서부터 나온 발현입니다. 모든 존재는 허울일 뿐입니다. 새로운 진동은 벌써부터 울리며, 새로운 물질은 해방되었고, 하늘과 물질은 새로운 진동 안에 합쳐졌습니다.

　　나는 단일성인 **하나**가 어떻게 이루어질지 몹시 궁금했다. 스승은 계속 말씀하셨다.

물질은 움직이지 않고 맹목적이지만 일곱번째는 움직이지 않으면서 활동합니다.(I과 VII)

식물은 자라고, 빛을 향해 뻗어 오르고, 세라핀은 **그분**에게로 향합니다.(II와 VI)

동물은 원하고, 즐기고, 두려워하고, 천사는 살며, 그의 행위는 노래입니다.(III과 V)

모든 것은 헌신하는 새로운 존재를 향해 모입니다.(IV)

필요성은 눈멀게 하는 **빛**이 되며, **가능성**은 **능력**이 되고, **의지**는 **자유**가 되며, **새로운 진동은 그 모든 것을 높이 올려 줍니다.** 모든 것은 발전하지만 **헌신**은 움직이지 않습니다.

헌신은 둥지, 영혼의 거처, 영원한 조국, 합일된 천상과 지상, 한 순간 안에 있는 무한한 일곱, 이글거리며 행하는 힘, 맹렬한 번갯불입니다.

그 후에 남는 것은 더 이상 물질도, 생명도, 죽음도 아닌 거대한 변화, **부활**입니다. 모든 비밀은 드러났으며, 더 이상은 죄도 거짓말도 허위도 없습니다. 어마어마한 빛은 모든 것을 꿰뚫으며 **줍니다. 헌신**은 근본이며, 유일한 존재입니다.

일곱은 더 이상 새로운 형태를 갖지 않고 **하나**가 되었습니다.

네 명의 게루빔이 든 칼은 내려지고, 나무는 자유롭습니다.

1944년 7월 30일 일요일
대화 67 (부분)

불행히도 이번 대화의 내용은 조금밖에 남지 않았다.

…나무는 뿌리째 뽑혀 버렸지만 새로운 뿌리를 얻을 것이고 **헌신**이라는 열매를 맺을 것입니다. 잘리면 고통, 뽑히면 공포이지만, 힘은 나무를 다시 중심으로 돌아오게 합니다.

뿌리 뽑힘과 멀어짐은 바로 원죄의 열쇠이니, 그것은 시간과 공간 안에서만 존재하며 구원의 절반입니다.

당신이 못을 박을 때 먼저 손을 들어 올리면 망치는 멀어져서 힘이 커지고 내려쳐집니다.

하느님에게서 멀어지는 것은 놀라운 힘입니다.

마지막 벽이 남아 있으니, 만약 공격하는 이가 앞으로 나아가는 대신 뒤로 물러났다가 달려들면 그 벽은 무너지게 됩니다. 힘과 물질은 서로 맞서며 둘 다 함께 소멸됩니다.

그러나 **헌신**은 살고 활동합니다. 아담은 멀어졌고, 예수는 달려들었습니다.

헌신은 움직이지 않습니다.

주의를 기울이세요!

물러나는 이는 멀어지며, 앞으로 나아가는 이도 멀어집니다. 끄떡하지 않고 두려움 없이 활동하며 사는 이는 **헌신** 그 자체입니다.

1944년 8월 4일 금요일
대화 68

물질과 힘, 뼈와 골수, 피부와 힘줄, 쓰라린 아픔은 공간과 시간속에만 있습니다.

우리는 돌 위에 앉아 있었고, 돌 아래에 그분이 계셨습니다. 반석안의 동굴. 밖에서는 아무것도 열매를 맺지 않고, 그분께서는 아래에 계십니다. 시체는 사람의 눈에는 보이지 않았습니다.

신비.

시간은 사흘. 과거, 현재, 미래이니, 기한이 다 되었습니다. 미래다음에는 바로 그분께서 오십니다.

육신은 먼지로 변하지 않고 새 **몸**이 오게 됩니다. 껍데기 수의壽衣만 남을 뿐, 그것은 더 이상 죽음이 아니라 변신입니다. 오직 진동만이 다릅니다. 빈껍데기는 찢어져 버리지만 씨앗은 사니, 이것이 **헌신**입니다.

대성당에서는 수의의 누더기를 간직하지만, 모든 대성당은 무너집니다. 돌은 하늘을 향해 세워졌었고, 산 자는 짓밟혔습니다. 그것은 그분께서 가르치신 믿음이 아닙니다. 돌은 땅바닥에 던져질 것이고, 산 자는 높이 올려질 것입니다.

만약 말씀을 예고할 뿐이라면 대성당은 하나같이 무덤이 되고 맙니다. 기쁨의 메시지 후에 실재가 오기를! 만약 실재가 오지 않는다면 그것을 예고한 분은 사기꾼이 됩니다.

사막에서 외치던 목소리가 있었습니다. 있었던 것, 있는 것, 있을 것은 덧없는 것입니다. 변화하는 것, 즉 새로운 것은 영원합니다. 깨어나는 이, 저 너머를 보는 이, 미래의 너머를 믿는 이는 그분과 **하나**입니다.

돌은 치워졌고 물질은 변모되었습니다. 무게 없는 새로운 몸이 주어졌습니다. 더 이상 죽음도 단절도 없으나 변신은 있습니다. 우리는 증인들이었으며 우리의 말은 진리입니다. 몸은 변신하였고 해방되었습니다. 네번째의 돌이 제자리에 놓였고 둥근 천장을 떠받치고 있습니다. 살아 있는 사람은 살며 죽은 사람은 죽었고 그분께서는 군림하고 계십니다.

드디어! 눈은 더 이상 하늘을 향해 바라보지 않습니다. 하늘은 아래에도 있기 때문입니다. 하늘도 역시 공간이고, 무한함은 그 공간에 자리가 없습니다. 하지만 그분께서는 마음속 깊은 곳 안에서 자신의 작은 자리를 찾습니다. 그곳에서 새로운 율동이 생겨나고 눈부신 빛이 머무릅니다.

성스러운 신비. 그곳에는 그분을 통해서만 활동하는 씨앗이 있고 **헌신**이 있으니, 그것이 바로 창조의 순간! 자유로운 순간입니다!

　　(긴 침묵)

길의 교차.

무분별한 사람은 빛을 향해 달리고 그 속에서 불나방처럼 타 버립니다.

현인賢人, 선택된 사람은 어둠 속에서 움직이지 않고 있습니다. 그는 걷지 않고 앞으로 나아가지 않고 비약하지도 않지만, 빛이 그를 찾아냅니다.

그의 귀는 더 이상 듣지 않고 그의 눈은 더 이상 보지 않지만, 광선이 그의 눈을 통해 퍼집니다. 그의 마음은 이제 기다리지 않으니, 더는 기다릴 것이 없습니다. 그의 손은 더 이상 요구하지 않고 믿음도 공간도 없지만 그는 활동합니다. 그의 몸은 말씀이 되셨고 그분께서는 주십니다.

어느 날 저녁, 우리는 영상을 통해서만 전달될 수 있는 가르침을 받았다. 스승은 동작을 통해, 정신과 물질이 어떻게 인간의 몸 안에서 합일을 이룰 수 있는지 보여 주었다. 나는 얼굴 부분의 정지된 형태만을 기록할 수 있을 뿐이었다. 얼굴 아랫부분은 본성이 중력에 속해 있고, 영혼이 진리인 물질과 연결되어 있다. 윗부분은 미소를 본성으로 하는 정신과 연결되어 있다. 정신이 아래로 내려감에 따라 입가에는 천사와 같은 미소가 넘쳐흐르고, 물질이 위로 올라감에 따라 눈은 진리와 장중함을 내비치니, 바로 사람의 얼굴 안에서 이루어지는 정신과 물질의 합일인 것이다.

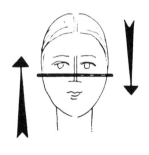

1944년 8월 18일
대화 69(부분)

합일시키는 능력이 당신들에게 열리기를!
각 오감은 하나의 계단입니다.

첫째는 물질, 만지는 손입니다. 그다음, 용해시키는 물은 맛입니다. 미세한 물질인 공기는 냄새입니다. 귀가 전달하는 것은 더욱더 미세한 진동입니다. 눈을 관통하는 빛은 다섯번째입니다. 그리고 오감을 다 합쳐 여섯번째인 연결입니다. 일곱번째는 씨앗입니다.

이 일곱들이 흡수하지 않고 **줄 때**가 창조의 순간입니다.

'**그분**의 뜻이 위와 아래에서 이루어지기를!'

당신들의 사명은 위와 아래를 맺는 것이고, 그것이 바로 **인간의** 창조적이며 본질적인 행위입니다. **합일시키는 것.**

당신들 안에서 함께 태어남이 열리기를! 함께 태어남은 지식이 아닙니다. 함께 태어남은 존재하고 행동하며 주는 빛입니다. 당신들의 눈은 아직 보지 못하니, 빛은 눈부시게 하고 아프게 하며 여전히 차갑습니다. 새로운 빛은 모든 믿음을 쓸어 버립니다.

하느님을 믿는 이는 길을 잃습니다.

더 이상 믿지 말고 **그분**이 되세요! 당신들의 세번째 눈이 열리기를! **그분**과 하나가 되는 것은 아직 가능성일 뿐입니다. 다만 잠재적으로, 매우 높은 그분께서는 당신들과 하나이십니다. 진동은 아직 조율되지 않았으니 그 까닭은 **그분**이나 당신들에게 있는 것이 아니라, 오직 시간 때문입니다.

인식하는 것은 시간이며, 듣는 것은 또한 시간이며, 보는 것도 시간입니다. 본질적인 것은 공간 없는 공간, 시간 없는 시간, 그것은 번갯불이며, 즉 함께 태어남입니다.

함께 태어남이란, 사실은 사랑입니다.

창조적인 순간, 새로운 눈을 통해 쏟아지는 빛의 격류. 더 이상 높은 곳과 낮은 곳이 없고 아버지와 어머니도 없는 창조적인 순간은 **헌신**입니다.

빛이 쏟아져 나옵니다. 투명한 황금 그릇, 사람들은 그것을 볼 수도 만질 수도 없고 **그저 줄 수밖에 없습니다.** 저주는 멈춥니다.

한나는 새로운 합일화의 요소, 다시 말해 인간과 물질이 서로를 끄는 힘과 합일에 어울리는 언어를 찾지 못하고 있었다. 한나는 부득이 이해, 지성의 뜻을 갖는 헝가리어 '에르텔렘*értelem*'*을 선택했다. 그러나 그 말은 사실상 스승이 전하려 하는 의미의 **사랑**을 표현하기에는 너무 한정된 말이었다.

1944년 8월 20일
대화 70(부분)

시간이 갈수록 정치적 상황은 악화되었고, 헝가리의 나치 당인 닐라슈*Nyilas*의 권력은 점점 더 막강해지고 있었다. 세상의 종말 같은 이러한 분위기는 어렵게 이루어 놓은 우리 공장의 균형을 위태롭게 만들 수도 있었다. 강요된 규율과 완전한 감금 상태의 생활, 그리고 외부의 위협들이 여자들을 심히 억눌렀고, 그에 대한 반응으로 휴식 시간 중에는 신경질적인 외침과 미친 듯한 웃음소리가 빈번해졌다.

군중은 웃고 있으며, 새로운 이름에 대해 예감하지 못합니다. 새로운 존재는 순결한 물질이며, 그의 가슴엔 투명하고 자유로운 빛을 품고 있습니다. 그의 안에서 돌덩어리인 것은 **진실**이고, 그의 안에서 자라는 것은 **사랑**이며, 그의 안에서 동물인 것은 **조**

---

* 프랑스어판에서는 '에르텔렘'이 '함께 태어남co-naissance'으로, 영문판에서는 '빛의 자각Light-Awareness'으로, 독일어판에서는 'Erkennen'으로 번역되었다. 'Erkennen'은 '결합시킨다'는 관념과 함께 '자각하게 되다'라는 뜻도 지닌다. 다른 언어로의 번역서들에서도 이 말에 대한 신조어가 만들어졌다. 불행히도 그 모든 말들은 어렴풋할 뿐이지만, 아직 이름이 없는 존재에 대해 어느 정도의 관념을 갖게 해 준다.

화입니다.

다섯번째는 **평화**이고 여섯번째는 **지복**이며 일곱번째는 그 **모두**입니다. 네번째는 연결하는 마음, 즉 **함께 태어남**입니다.

인간은 일곱 감각과 일곱의 영혼이 함께 어울려 행동할 때만 기뻐합니다. 그것이 바로 열쇠입니다.

새로운 존재가 당신들 안에서 태어나기를!

사랑은 출생 이전에 앞서 옵니다. 가장 비밀스러운 율동, 새로운 율동은 절반의 물질과 절반의 영광인 **함께 태어남**, 즉 **헌신**입니다.

정원에서는 날카로운 고함 소리와 신경질적인 웃음소리가 끊이지 않았다.

군중은 웃고 있으며, 그들은 인간이 **인간** 되게 하는 모든 것을 포기합니다. 그들은 유일하게 인간을 **인간** 되게 하는 새로운 이름을 모르고 있습니다.

함께 태어남이 당신들 안에서 깨어나기를!

당신들의 귀가 더 이상 소음을 듣지 않기를!

당신들의 눈이 더 이상 바라보지 않고 모든 것을 관통하기를!

새로운 것은 모든 것을 관통합니다.

거짓은 사라져 버리리니!

새로운 광선은 모든 것을 보는 것입니다.

영원한 기쁨이 당신들의 몫으로 주어졌으니, 그것을 전하도록 하세요!

오직 **주는** 이만이, **나**입니다.

　　신비와 힘으로 가득 찬 이 마지막 말씀에 나는 깊이 감동했다. 주는 행위는 신의 속성인 것이다.

어느 날, 교황대사 안젤로 로타께서 우리 공장에 방문한다는 소식이 전해졌다. 보호를 뚜렷하게 의미하는 이 방문은 피신해 있는 사람들에게 큰 위안이 되었다. 실제로 교황대사는 대다수 국민이 독실한 천주교 신자인 헝가리에서 대단한 권위를 누리고 있었고, 유대인들을 보호하는 데 그 힘을 쏟고 있었다. 나는 말을 내세우는 대신 대담하고 효과적인 행동을 통해 자신들의 믿음을 증거하는, 교황대사와 클린다 신부님 같은 성직자를 처음으로 만나게 되었다. 이번 방문은 우리 구역 내에서는 물론, 그동안 곱지 않은 시선으로 우리를 바라보던 몇몇 공직자 집단에도 긍정적인 반향을 일으켰다. 교황대사가 다녀간 후 여공들의 사기는 눈에 띄게 좋아졌다.

주의를 기울이세요!

당신들 안에 자리잡은 신뢰는 성장의 터, 바탕입니다. 당신들 안에 뿌려진 씨앗, 말씀, **헌신**은 싹을 틔우기 시작합니다. 연속적인 성장으로 팽팽해진 껍질은 저절로 터집니다.

두려워 마세요! 삶을 사세요! 껍질이 찢어져도 두려워하지 마세요!

쓸모없는 것은 이제 사라져야 합니다. 껍질은 잃게 돼도 아프지 않습니다.

껍질을 아쉬워하지 마세요.

싹은 계속 살아가니까요!

씨앗에 물을 주세요! 그러지 않으면 씨앗은 죽습니다. 당신들 안의 부족한 것으로 물을 주면 더 이상 질문이나 불확실함이 없을 것입니다. 말하는 이는 겸손의 물로 씨앗을 축였고 그 씨앗은 자라고 있습니다.

당신들도 그렇게 하세요! 만약 벌써 축축해진 땅에 물을 주게 되면 씨앗은 썩고 진흙만 남게 됩니다.

(릴리에게) 당신 안에서 부족한 것을 찾으면 당신은 온전하게 될 것입니다. 당신이 **그분**을 위해서 하는 모든 것은 축복입니다.

(나에게) 당신도 주의를 기울이세요! 오직 하나의 부족함만이 있을 뿐이니, 부족함을 많이 찾는다면 그건 잘못입니다. 하지만 오직 하나의 부족함을 찾았다면, 그때는 요구하세요! 그리고 하늘의 은혜가 그 부족함을 가득 채울 것이니 당신이 오직 하나만을 요구하기 때문입니다. 그렇게 희생은 완성되고 성스러운 씨앗은 자라나 커집니다. 그리고 껍질은 스스로 터지게 됩니다. 씨앗을 가득 채우는 것은 바로 부족함입니다. 부족한 것에 대해 말하지 마세요! 당신들 사이에서도 그것이 비밀이기를!

오직 **그분**에게만 부족함을 고백하세요! 마음이 충만하며 항상 **주시는 그분**에게만.

나는 의도한 부족함이 얼마나 유익할 수 있는지를 즉시 깨달았다. 왜냐하면 비어 있는 것은 채워 줄 힘을 끌어당기고 그 과정은 요구에 의해 강화되기 때문이다. 릴리는 여공들의 피로와 긴장 상태를 보고서, 휴식 시간 동안의 심신수련 강좌를 기획하였다. 그 수업은 커다란 관심을 불러일으켰지만, 잠시도 쉴 틈이 없게 된 릴리는 녹초가 되었다. 한나는 작업장의 책임으로 인해 몹시 지쳐 기진맥진해 있었다. 게다가 요셉이 떠난 후 그에 대한 소식이 전혀 없었기 때문에, 한나는 매일같이 혹시 자기한테 편지가 왔는지 물었다. 나는 요셉과 함께 끌려간 남자들의 가족 중에서 알 만한 데는 다 전화를 해 보았지만 아무도 그들의 소식을 알지 못했다. 그것은 한나에게 거의 견딜 수 없는 고통이었다. 나 또한 내적인 기력이 모자라 일을 제대로 처리하기가

힘들었다. 그리고 정치적 상황은 점점 더 끔찍해져 가고 있었
다.

1944년 9월 1일
대화 72 (부분)

집 근처에서 정치 선동 구호를 외치는 확성기 소리가 들려왔다.
그 말들은 텅 빈 소음이며, 부조리한 울림이고, 앞뒤가 맞지 않는
말들의 반복일 뿐입니다.

점심시간이 되자 정원에서 날카로운 고함 소리가 들려왔다.
소란, 법석, 신음. 피와 골수는 말라 버립니다. 껍질은 겨와 지푸
라기입니다. 말 한마디마다 그 안에 **말씀**을 지니고 있습니다. **그
분**의 마음은 드러나기를 원하고 말을 **그분**의 힘으로 가득 채우
십니다. 만약 일곱번째의 힘이 말 안에서 타오르면, 그 말은 영원
한 불입니다.

측정하는 이가 말합니다. '아마도'라는 어정쩡한 말은 **그분**의 상
위에 놓일 자리가 없습니다. 더 이상 몸을 아끼지 마세요! 약한
사람들만이 몸을 아낍니다. **그분**의 말씀이 살아 있는 이에게는
오직 길 없는 길 하나밖에 없습니다. 그 길은 완벽함입니다.

완벽해지세요! 순수한 소리만이 품위를 지니고 있습니다. **스승**
께서 당신들을 조율합니다.

잘 들으세요! 당신들은 더 이상 무능하지 않습니다.

입, 소리, 조화는 법의 연속이지만 노래는 새롭고 자유롭습니다.
새벽이 열리니, 노래하세요! 그러나 필요하다면 **그분**의 회초리
가 되세요!

새벽은 어둠의 죽음을 축하합니다. 불쌍히 여기지 마세요! 특히

당신들 자신을! 더 이상 미지근한 늪이 없기를! 당신들 안에서 조금이라도 잘못된 것을 느낀다면, 그것을 소멸시키세요! 두 손을 높이 올려 힘과 칼을 요구하세요! 당신들 안에서 **그분**으로 채워져 있지 않은 것을 잘라 버리세요! 두 눈을 뽑아 버리고 두 손을 잘라 버리세요!

만약 그분께서 그것들을 통하여 활동하실 수 없다면, 그것들이 무슨 소용 있겠습니까? 수명 다한 물질, 덧없는 진흙일 뿐입니다! 신의 노여움이 쏟아져 내립니다.

　　(침묵)

그러나 만약 말해진 말이 **그분**에게서, **그분**의 존재에서부터 온다면 그것은 영원히 머무는 **말씀**이며 **헌신**입니다. 만약 당신들이 증거하는 것이 말이 아니라 오직 힘으로 증거하는 믿음이라면, 당신들 안의 모든 연약함은 사라집니다. 약해지지 마세요! 당신들 입으로 나오는 말이 참된 것이 아니라면 차라리 당신들의 입이 닫혀 있기를! **그분**을 대신하여 활동하지 않는다면 당신들의 손은 차라리 굳어 있기를!

두려워하지 마세요! 아무도! 무엇보다도 자기 자신 앞에서 달아나지 마세요! 당신들 안에는 성스러운 말, 경이로운 말, 전능한 말인 **'가능성'**이 살아 있습니다.

모든 것이 가능합니다! 당신들의 믿음이 겨자씨만큼만 크다면 모든 것이 가능합니다. 어정쩡함은 **그분**에게는 역겹습니다.

일곱 가지 음音의 소리는 영원한 것입니다. 악기는 주인님의 손에 들려 있고, 음조音調는 그분의 귀에 있습니다. 악기의 줄 하나하나가 소리이지만 아직 그 줄은 팽팽히 당겨져 있지 않습니다. 잘 들어 보세요! 만약 줄이 당겨져서 울리고 진동하면 순수한 소리를 낼 수 있게 되고 악기가 울리고 소리와 노래가 퍼져 나가지만, 줄은 아직 주님의 손 아래에서 진동하지 않고 있습니다! 소리는 아직 맞지 않고 줄은 느슨하지만, 그럼에도 세상은 성스러운 노래를 갈망합니다. 그러므로 당신들은 스스로 줄을 당기세요! 지나치거나 모자라지도 않게! 불은 중심의 초점에서 타오릅니다.

오직 중심의 초점에서만.

나의 일은 측정하는 것입니다. 나는 당신들을 놀라게 하지도 않고 끌어당기지도 않습니다. 측정하는 일은 그렇게밖에 할 수 없습니다. 더는 불쌍히 여기지 마세요! 죽은 사람 위에 재를 뿌리고 새로운 삶을 사세요! 이제는 그것이 가능합니다.

우리는 소리이고 당신들은 줄이며 연주하는 이는 **그분**이십니다. 우리의 가르침에 다시 대답하세요. '주님, 당신의 뜻이 이루어지기를!' 나의 손은 축복하지 않고 측정하지도 않습니다. 척도는 안과 밖, 위와 아래에 가득 차 있습니다. 유일한 척도는 **충만함**입니다!

소문은 은밀하고도 순식간에 부다페스트에 퍼져 나갔다. 그것은 유대인 사냥이라는 새 스포츠에 대한 것이었다. 수백 명의 유대인들이 다뉴브 강가로 끌려와 줄지어 세워져 총살당했다. 시체들은 강에 던져져서 무덤을 팔 필요도 없었다. 그리고 고문실에 대한 소문이 들려왔다. 그러나 우리는 요셉에 대해 아무 소식도 들을 수 없었고, 그 후로도 영영 없었다. 하지만 모든 것이 아무리 가혹해 보일지라도, 측정하는 스승께서 우리에게 말씀하셨을 때, 우리는 새로운 삶의 힘으로 가득 채워졌다.

그분의 메시지를 전합니다. 선택된 사람의 죄는 더 이상 과거의 죄와 같을 수 없습니다. 야생의 나무에는 너무 많은 가지와 잎이 자라납니다. 너무 많은 잎은 열매를 해치니, 잎이 힘을 빨아들이기 때문입니다. **죄는 열매를 맺지 않는 생생한 힘입니다.**

선택된 사람은 나무와 같이 가지가 쳐졌기에 과거의 죄는 사라질 수 있었습니다. **그분의 손**이 성스럽고 고귀한 접목에 의해 열매를 맺고 성스러운 계획에 쓰일 수 있도록 새로운 눈을 주셨습니다. 새로운 눈은 이미 트였지만 잘린 가지의 죽은 그루터기들은 새로운 법을 어깁니다. 날카로운 칼이 쓰러뜨리고 자르기 위해 있으니 죽은 가지는 떨어지고 상처는 치유됩니다.

죽은 껍질 속에 벌레가 숨어 있을 수도 있습니다. 한데 당신들이 손으로 내려친다면 수액을 보호하고 흐르게 하는 새로운 껍질이 대신 돋아납니다. 그리하여 나무는 열매를 맺게 됩니다. **그분**께서는 스스로 당신들 안에 접목되었습니다.

죄는 오직 나무가 죽어 버린 그곳에만 있습니다.

이것은 선택된 사람의 죄에 대한 메시지이니 길을 잃는다는 건 이제 불가능합니다.

지체하지 마세요! 당신의 손에는 칼이 들려 있으니 죽은 것은 잘라 버리세요! 그것이 바로 당신의 사명입니다.

선택된 사람은 잘리지 않고 자르며,

필요하다면 스스로 자기 자신을 자릅니다.

이미 **그분**께서는 더 이상 기다리지 않으십니다.

　　(긴 침묵)

순결한 물질은 마치 여인처럼 자신 안에 잉태합니다. 만약 여인이 잉태하지 않고 새로운 것이 그 안에 자라나지 않는다면, 자신에게 주어졌던 모든 피와 힘, 물질과 함께 반쪽의 씨앗을 없애 버리게 됩니다. 죽은 물질이 당신에게서 떨어져 나가도록 내버려 두세요! 하지만 죽은 것에서도 새로운 생명이 싹틀 수 있습니다. 그리하여 죽은 것은 되살아날 수도 있습니다.

집착하지 마세요! 죽은 것을 잘라 버리기를 두려워하지 마세요! 그것이 당신들을 부족하게 하지는 않습니다. 당신들 안에 접목되어 있던 새로움이 이미 자라고 있기 때문입니다. 최후의 심판 때, **그분의 손** 안에서 아무것도 잃지 않습니다.

새로운 싹이 자라나 열매를 맺습니다. 낡은 가지는 구덩이에 삼켜지고, 그 아래에서 양분이 됩니다. 더 이상 죽은 몸이 아니라 **탈바꿈입니다.** 쓰레기나 오물이 아니라 푸른 나무에 양분을 주는 흙입니다.

바깥에 있는 것은 파묻히고, 안에 있는 것은 완성됩니다.

우리는 **그분**의 말씀을 전하고, 당신들은 그 말씀을 살도록 하세요!

　　(긴 침묵)

하늘과 땅 사이에 새로운 요소는 함께 태어남입니다.

저 아래에는 지옥과 무덤, 저 위에는 **그분**이 머물고 계시다고 여겨지는 하늘, 그 한가운데에 그 둘을 연결시키는 갓난아기가 누워 있습니다. 더 이상 죽음도 지옥도 무덤도 없고, 더 이상 저 높은 곳, 영광스러운 영혼들이 머물고 천사들의 노래가 울려 퍼지며 닿지 못할 하늘은 없습니다.

더 이상 오른쪽도 왼쪽도 없고, 자유나 감옥도 없습니다.

그분은 새로운 아이입니다. 찬양받은 그 아이의 몸은 투명하고도 예민한 물질입니다. 그의 영혼은 자라나고 퍼지며 열매를 맺는 빛입니다. 지금까지 황무지에 야생으로 자라난 모든 것은 짚

더미일 뿐입니다. 새로운 아이가 그 위에 누워 있습니다. 바로 당신들의 아이입니다.

천사들의 무리가 그 아이 위를 날며 경배드립니다. 우리의 모든 노래는 그 아이를 위한 것입니다. 우리의 모든 말은 그 아이를 부양합니다. 우리의 모든 경배는 그 아이를 향해 오릅니다. 그 작은 아이는 전능의 힘이며, 측정할 수 없는 영원한 미래입니다. 그 아이는 측정하는 이의 영혼이고 도와주는 이입니다. 그의 목소리는 침묵이고, 그 아이는 바로 영원한 빛입니다.

1944년 9월 15일 금요일
대화 74

유대인들에 대한 박해는 점점 더 심해지고 있었다. 많은 여공들이 가족과 친구 들의 소식을 전혀 알 수 없었다. 새로 영세를 받은 신자들은 불안과 절망으로부터 벗어나고자 자주 성당에 들러 저녁기도에 참석했다. 우리가 나무 막사에서 스승들을 기다리고 있을 때, 성당의 종이 울리기 시작했다.

종이 울립니다. 과거의 종소리가 성당으로 부르고 있습니다. 많은 신자들이 무릎을 꿇고 떨면서 예배를 드립니다. 가슴이 조이고 눈물이 흐릅니다. 밖에는 사람들이 무심히 지나갑니다. 제단 너머에, 성당 너머에, 그곳에만 새로움이 있습니다. 성당은 감정을 지켜 주는 옛 고향입니다. 새로운 법, 새로운 은혜, 그리고 함께 태어남은 모든 것을 가득 채우고 대지의 가슴에 생긴 구멍을 하나하나 메워 줍니다. 그것이 무덤이든 텅 빈 가슴이든 굶주린 입이든 살생하는 손이든 간에, 비어 있는 것은 다 가득 채워질 것입니다. 구하는 사람은 찾게 될 것입니다. 그리고 절대로 갖지 않고 **주시기만 하는 그분**에 의하여 모든 것이 이루어질 것입니다.

(긴 침묵)

검은 무지개 뒤에 있는 것을 보여 드리겠습니다. 무지개가 대홍수 위에 떠 있었고, 그것은 지상과 천상을 잇는 끈이고 약속이었습니다. 일곱 가지 색 그 이상의 색은 무엇입니까? 유일한 색, 작열하는 흰색입니다. 검은 무지개가 하늘을 둘러싸고 있습니다. 그 뒤에는 무엇이 있습니까?

검은 틈이 있습니다. 일곱 색깔은 지워져 버렸습니다. 지구의 한계 너머 하늘에는 검은 구멍이 있습니다. 전에 주님께서는 **기다린다**고 말씀하셨습니다. 이제 **그분**께서는 기다리시지 않습니다. 천상과 지상 사이에 있는 검은 허공은 작열하는 흰색이 될 것입니다.

> 나는 시간 너머에서 일어나는 일들이 시간 안에서 일어나는 일들에 영향을 미치는 어떤 강렬한 힘의 세계 속에 빠져든 느낌을 받았다. 깊은 감동을 받았다.

검은 구멍은 죽은 것만을 삼킵니다. 작열하는 흰빛이 이글거리는 불꽃을 뿜어내니 모든 살아 있는 것과 숨쉬는 것, 생명이 없는 것과 죽은 모든 것, 미래에 있을 것과 과거에 있었던 모든 것, 순결한 것과 더럽혀진 모든 것들이 그 안에서 타 버리게 됩니다.

하늘의 무서운 불. 모든 것이 타 버리고 모든 것이 생겨나지만 순결하고 순진무구한 창조는 죽지 않습니다. 창조는 생명으로 다시 태어납니다.

빛, 영원한 빛은 눈이 부시고 모든 존재는 구원됩니다.

(한나에게) 무지개와 마음속의 구멍은 검고 걱정, 근심, 비애는 검습니다.

(나에게) 우물, 눈은 검습니다.

(우리 모두에게) 그러나 그 안에서 모든 것이 진동하고 준비하며

생겨납니다.

영원한 사랑, 합쳐진 일곱, 그것은 작열하는 흰빛입니다.

두 무한 사이에 공간 없는 공간, 함께 태어남이 있습니다.

　　유성이 하늘을 가르며 지나갔다.

별 하나가 떨어졌으니, 작열하는 흰빛이 어둠 속으로 사라졌습니다. 지나간 창조의 먼지는 새로운 창조를 알립니다.

별들을 들여마시세요! 그리고 하늘에 새로운 별들을 뿌리세요! 많이, 많이 뿌리세요! 그리하여 밤은 낮이 되고 언제나 **주는** 영원한 광명이 됩니다. 하늘의 군대와 땅바닥 사이에는 영원한 빛과 영원한 사랑 그리고 영원한 경배인 **헌신**이 있습니다.

일곱은 사라졌습니다. 하늘'과' 땅 사이에 옛 다리도, '그리고' 검은 틈도 사라졌습니다.

그렇게 해서 새로운 것, 영원한 것이 올 수 있습니다. 일곱이나 어둠을 대신해서가 아니라 모든 것 너머로 합쳐진 일곱입니다. 의심 너머에 **존재하는 가능성**, 무거운 짐 너머에 **활동하는 가능성**입니다. 상상력이 꾸미는 공간과 시간 대신에 영원한 실재가 있습니다. 다수 대신에, 믿음들 대신에 가능성인 빛이 켜질 때만 일치할 수 있는 **원인**과 **행위**가 있습니다.

경멸당한 돌은 주춧돌이 되었고, 빛이신 **그분**께서 다시 오십니다.

1944년 9월 22일

대화 75(부분)

─ 선택된 사람은 오르거나 가라앉지 않고 바다 위로 걸어갑니다. 유일한 무게는 사명이며, 자유롭게 받아들인 사명입니다. 은혜

가 물 위로 오르게 합니다. 받아들인 사명만큼 은혜를 받게 되니, 그것은 **자유롭게 받아들인 사명입니다.** 은혜는 자선이 아닙니다.

은혜는 실재이며, 임의적이지 않습니다.

그것은 해답이자 순수한 행위의 화관花冠입니다.

그것은 완성되었으니, 더 이상 당신들을 억누르는 무게는 없을 것입니다. 무게는 아래로 끌어당기지만, 당신들에게 더 이상 가라앉는 건 허락되지 않습니다.

강요에 못 이긴 정의로운 사람이라는 그는 노예입니다.

억지로 행하는 사람은 노예가 됩니다. 노예가 되지 마세요! 자유의 공기만을 호흡하세요! 노예 근성이 당신들 안에서 행세하는 그곳을 잘라 버리세요! 억지로 행동하는 것은 금물입니다!

만약 존재가 무거워지고 존재가 짓눌리게 되면,

수치스러움의 표시가 이마 위에 나타나게 됩니다.

'해야 한다'는 저주이고, '할 수 있다'는 해방입니다. 선택된 사람은 선택하고 활동할 수 있습니다. 선택된 사람은 자유롭게 떠날 수 있지만 머무릅니다. 그는 마음껏 쉴 수 있으나 수확을 하며, 눈이 없어도 보고, 가질 수 있으나 주는 자유로운 사람입니다.

자물쇠는 떨어져 나갔고, 공간 없는 공간은 트여 있으며, **그것은 함께 태어남입니다.**

더 이상 회초리도 품삯도 없습니다. 빈틈과 저주는 메워졌고, 당신들에게 더 이상 노예 상태는 없습니다.

오직 네번째의 차원만이 빈틈을 메웁니다. 그 아래에 있는 것, 그 위에 있는 것만으로는 충분치 않습니다. 네번째의 차원은, 물질에게는 정신이고 정신에게는 물질이고 씨앗입니다. 그 아래나 그 위에는 하인 또는 주인이 있을 뿐입니다. 네번째는 자유롭고 **하나입니다.** 바다 위로 걸어가는 이의 발 아래에는 겸손함이 있고 그의 이마는 가장 높으신 **분**, 빛이 머무는 곳입니다.

무게가 없는 몸은 새로움이며, 그의 발이 놓이는 곳에는 무게가 없습니다. 당신들의 발자취에서 모든 것이 꽃필 것이고 빛이 작열하게 되면 더 이상 저 아래도 저 위도 없기 때문입니다.

(생일이 가까워 오는 릴리에게) 이 메시지는 당신을 위한 것입니다.

태어나세요, 아가여! 그것은 이미 가능합니다! 어머니의 태胎는 벌써 당신을 꽉 조입니다. 밖으로 나오세요! 그렇지 않으면 모태가 당신을 죽일 것입니다!

지체하지 마세요! 통로는 좁지만 열릴 것입니다. 태어나세요, 아가여!

릴리 제 생일에 완전히 다시 태어나고 싶습니다. 제발 도와주십시오!

── '도와주는 이'는 도움이 필요치 않습니다. 당신을 가득 채우고 있는 힘만으로 충분합니다. 나는 당신을 도와주지 않습니다.

태어나세요!

태어남은 시작일 뿐만 아니라, 태어남은 끝입니다. 과거의 존재와 새로운 존재를 연결해 주는 탯줄이 있으니, 그 줄을 잘라 버리세요, 갓난아기여!

당신 스스로 자신을 해방시키세요!

영원한 탄생과 영원한 사랑이 있습니다. 매 순간마다 작용을 하게 됩니다. 영원한 태어남이 있으니, 더 이상 생일은 없습니다. 태어남은 의지나 욕망이 아니고 주는 것도 아닙니다. 태어남은 **자유로운 것**입니다. 당신이 **그분**과 함께 하나가 된 거기에서, 당신은 자기 자신입니다.

(나에게) 그리고 당신은?

기타 제가 어떻게 하면 노예 상태에서 해방되겠습니까?

── 노예는 몸부림치고 과거의 끈이 그를 묶어 놓고 있습니다.

착한 봉사자와 주인이 합쳐지면 끈은 저절로 떨어집니다. 함께 태어남은 끈을 잘라 버립니다. 끈은 바로 과거의 용龍이며 송곳니 사이에 지식을 머금고 똬리를 틀고 있는 뱀입니다. 그 지식을 먹지 말고 뱀의 머리를 잘라 버리세요! 함께 태어남은 모든 것을 가능하게 합니다. 자유롭게 행동하세요!

(긴 침묵)

용의 머리는 먼지 속으로 떨어집니다. 태양을 차려입은 여인은 아기를 낳고 높은 곳으로 올려졌습니다. 물은 아래에서 포효하지만 그 여인에게는 하늘을 가르는 독수리의 날개가 주어졌습니다.

날이 어두워져서 나는 촛불을 켰다. 문은 활짝 열려 있었고, 우리는 하늘을 가로지르는 유성들을 바라보았다.

별들의 비는 과거의 창조의 먼지입니다. 용은 아무리 몸부림쳐도 새로운 것에 닿을 수 없습니다. 용은 자신과 함께 모든 것을 잡아끌지만 새로운 것은 전혀 해칠 수가 없습니다.

또 다른 유성 하나가 하늘을 가로질렀다.

과거의 가르침은 별들의 먼지입니다. 새로운 빛은 하늘과 땅을 합치시킵니다.

빛! 빛! 빛!

(긴 침묵)

별은 길을 가르쳐 줍니다. 현명한 순례자는 앞으로 나아가고 빛이 올 때 멈춥니다. 그는 갓난아기를 찾아냅니다. 과거의 가르침은 당신을 조입니다. 새로운 빛은 모든 것에 넘쳐흐릅니다. 모든 나라를 넘어, 모든 분열을 넘어, 모든 부정을 넘어 '네'라고 하는 영원한 확언이 있습니다.

갓난아기는 태어나서 아직 자기의 손발을 쓸 줄 모르지만, 영원한 힘이 주어져 아기를 가르칩니다. **형제자매인 그리스도가** 태어났습니다.

새 그리스도는 모든 것 너머의 빛이십니다. 천사들의 군대가 자유로이 그분을 숭배합니다.

밖에서는 공습경보를 알리는 사이렌 소리가 울려 대고 있었다. 우리와 함께 노래하세요!

우리는 당신들과 함께 움직입니다. 하늘과 땅에 우리 영광의 노래가 울려 퍼지기를!

천사들은 기쁨에 넘쳐 빛, 빛, 빛을 노래하였고, 나는 창조는 빛일 뿐이라는 사실을 다시금 깨달았다. 정신이나 물질은 존재하지 않으며, 다만 유일한 빛만이 여러 서로 다른 진동으로 존재한다.

1944년 9월 29일 금요일
미카엘 대천사의 축일
대화 76

천사들의 군대가 부르는 노래가 울려 퍼지고 점점 커져 갑니다.
'미카엘은 **그분**과 같습니다.'*

하느님을 찾는 당신의 무한한 사랑은 점점 없어집니다. 왜냐하면 당신은 이제 **그분**과 **하나**이기 때문입니다.

천사들의 노래는 찬미하며 영광을 올리고 창조는 그 노래에 화답합니다.

그러나 인간은 하느님을 찾지 못하니,

그분과 하나이기 때문입니다.

---

* 미카엘 Michaël은 히브리어로 '하느님 같은 자'라는 뜻이다.

합일은 기적입니다.

인간. 그의 아래에는 바다, 그의 아래에는 땅이 있습니다. 창조가 빚어낸 **인간**. 그의 위에는 하늘, 그의 위에는 빛이 있습니다. 당신이 하느님을 찾던 무한한 사랑이 되돌아오기를! 땅이 섬기며 천사들의 군대가 섬기니, 그 둘은 합쳐집니다.

당신의 몸은 땅입니다.

뱀의 몸뚱이가 알에서 나왔으니, 아담들이 땅 위로 불러들인 저 주입니다. 그러나 만약 땅과 천사가 당신 안에서 합일을 이룬다면 새로움인 그리스도께서 오실 것입니다.

당신은 무엇을 해야 하는지 잘 압니다. 도망칠 출구는 없으니, 모든 길은 오직 유일한 한 점에 이르기 때문입니다.

'미카엘, 당신의 저울은 무게를 재고

당신의 칼은 베어 버리며 살아 있었던 것은 생명을 얻고

죽어 있던 것은 죽습니다.'

만약 당신이 베어 버려야 하는데 그렇게 하지 못하고, 만약 저울에 재야 하는데 그렇게 감행하지 못할 때, 이렇게 부르세요.

'미카엘, 힘을 주십시오!

당신의 발은 뱀의 머리를 짓눌러 버리니,

당신만이 저에게 냉정한 힘을 줄 수 있습니다.

당신이 베어 버리는 것은 이미 죽었습니다.'

신비. 모든 천사들, 세라핌들, 게루빔들, 모든 천상의 권력자들, 그리고 노래하는 이들과 섬기는 이들이 내려와 **그분**, 당신들 안에 계시는 **그분**을 섬깁니다.

부르세요, 우리가 옵니다! 이미 우리는 당신들과 거의 합쳐졌습니다. 당신들의 말은 창조합니다. **그분**을 부르세요! 언제나 새로운 불, 차가운 불, 빛을 부르세요!

우리가 온다면 **그분**도 오실 수 있습니다.

우리의 길은 같은 길입니다. 천사들의 군대가 검은 무지개 뒤에 서서 기다리고 있습니다. 천사는 아직 색깔이 있지만 **하나**이신 **그분**께서는 빛, 흰빛이십니다. 신비로운 힘이 당신들의 부름에 오니, 자라나고 커지고 살게 됩니다. 그 힘을 통해 살도록 하세요! 그 힘은 당신들 존재의 절반이기 때문입니다.

만약 당신이 천상의 군사장軍士長인 미카엘을 부른다면 모든 행위는 당신과 합일을 이룰 것입니다. 만약 당신의 행위가 순수함, 조화, 사랑, 진리에서 나온 것이 아니라면 미카엘이 와서 베어 버립니다. 그는 행위뿐 아니라 행하는 이까지 베어 버립니다. 왜냐하면 그 둘은 하나이기 때문입니다. 판단하며 도와주는 이는 바로 미카엘입니다.

미카엘을 찾으세요! 반드시 옵니다. 당신의 발뒤꿈치 밑에 악당이 있지요! 그리고 당신들에 의해서 가능한 행위는 표면의 흐름이 아닌 근원에서부터 생겨날 것입니다.

바로 그것이 창조된 존재와 하늘, 천사 들의 군대가 당신들에게 요구하는 것입니다. **그분**은 바로 천사들의 주님이고, 당신들은 결코 **그분**을 볼 수 없습니다. 왜냐하면 **그분**은 당신들과 **하나**이기 때문입니다. 천사들의 군대는 **그분**의 계획에 존경을 바칩니다.

하느님께 바치는 예식과 종교는 제각기 하나의 틀일 뿐입니다. 틀은 공간을 제한합니다. 그분의 계획은 공간 없는 공간, 물질 없는 공간이지만 유일한 실재입니다. 그릇, 신전, 건물은 외양적일 뿐입니다. 포착할 수 없는 것이야말로 유일한 실재입니다. 나머지 모든 것들은 틀에 불과합니다.

비상은 날개 없이만 가능합니다. 그 나머지 모든 것은 하느님과 동등하고자 하는 유혹이어서, 추락할 수밖에 없습니다. 우리의 날개는 물질이 아니므로 자유롭습니다. 만약 당신이 나와 합쳐진다면, 당신의 정신이 **그분** 안에서 쉴 때까지 나는 시간과 공간을 통하여 당신을 데려가 드높일 것입니다.

그분의 평화가 모든 선의의 사람들 위에 내리기를!

(긴 침묵)

그분께서는 바다 위로 걸어가셨고, 그분은 길이십니다. 그분은 생명수가 솟아나오는 우물이니, 만약 당신들이 그 물을 마시면 더 이상 목마르지 않을 것입니다. 그 물은 당신들을 **그분**에게 합쳐 주기 때문입니다.

당신들이 마시는 영원한 물의 맛, 그것은 바로 일곱 영혼의 불입니다. 우리는 주님을 부릅니다. 만약 우리가 **그분**을 부른다면, **그분**은 영원히 우리 가운데 머뭅니다. 창조는 그릇이며 틀이니, **인간**이여, 그것을 가득 채우세요! 피와 빵으로는 이제 충분하지 않습니다. 오직 빛, 오는 빛만이 일곱을 가득 채웁니다. 틀이 가두고 있고 그릇이 담고 있는 검은 공간은 채워졌습니다.

빛이신 **그분**께서 태어나셨습니다.

대화가 끝난 후, 나는 무심코 달력을 바라보다가 9월 29일 오늘이 미카엘 대천사 축일이며, 며칠 후면 수호천사들의 축일이라는 것을 알았다. 내 막사에서 멀지 않은 정원에는 연장 창고로 쓰이던 간이 건물이 하나 있었는데 지금은 텅 비어 있고, 창문 유리가 모두 떨어져 통풍이 잘되었다. 수도원 내부는 너무 많은 여자들이 빽빽이 들어차 숨이 막힐 지경이었기 때문에, 한나와 릴리, 그리고 뛰어난 두 여공은 그곳으로 거처를 옮기기로 하였다. 계절에 비해 밤공기는 비교적 따뜻했고, 우리는 별로 많이 자지 않았다. 우리는 거의 지속적으로 스승들이 여기 계심을 느꼈다. 그리고 그분들은 우리에게 말을 전하기 위해서 침묵의 순간을 최대한 이용하려는 것 같았다.

그분은 군사들의 주님이십니다. 천사군天使軍은 단계이며 진동입니다. 우리의 가장 낮은 소리는 무거우나 당신이 그 소리에 도달하면 음계는 완전해집니다.

물성적인 존재에는 세 가지 단계가 있습니다.

법, 커다란 법은 불가피합니다.

각 단계는 그보다 더 높은 단계 안에 포함되어 있습니다.

믿음은 준비일 뿐이니, 더 이상 믿음을 지닐 필요는 없습니다. 이해할 수 없는 것이 생겨났으니, 그것은 유일한 행위이자 **과도기**이며 네번째 진동입니다.

우리가 당신들에게 이르면 하늘의 모든 군대, 하느님의 옥좌 곁에 있는 군대와 노래하는 군대, 섬기는 군대가 당신들과 합류합니다.

당신들의 몸은 물성의 세 단계를 포함합니다. 만약 당신의 손이 움직인다면 무기력한 물질, 차가운 식물, 온혈동물도 역시 움직이게 됩니다. 그것이 바로 열쇠입니다. 만약 당신들이 우리를 부른다면 당신들의 눈은 하늘의 빛을 보게 될 것입니다. 왜냐하면 당신들의 눈은 보기 때문입니다. 노래는 당신들의 새로운 귀 안에서 울리게 될 것입니다. 왜냐하면 당신들의 귀는 듣기 때문입니다.

만약 당신이 땅의 소금을 손에 쥐고 높이 오른다면 소금은 실제로 높이 오른 게 아닙니다. 한데 만일 소금이 녹아 당신의 핏속에서 순환하면 소금은 네번째까지 올라갑니다. 소금의 맛은 영원합니다. 소금은 용해된다고 해서 사라지지 않고 핏속으로 퍼지며 녹아서 생기를 주며 가득 채웁니다.

네번째 차원에서는 새로운 피, 빛을 통해 용해된 물질이 옵니다. 새로운 물질로서 **빛물질**입니다.

당신을 녹이세요! 당신의 자아는 사라지지만 모든 것을 용해시키고 가득 채우는 피가 됩니다. 만약 당신이 스스로 용해된다면 물질은 당신 안에서, 당신을 통해 해방되며 성스러운 정신이 활동합니다.

당신 자신을 스스로 바치세요!

그리하여 소금은 주님에게 이릅니다!

창조의 순간! 존재의 부족함은 가득 채워질 것이고 모든 존재는 계획하신 창조주를 찬양할 것입니다. **그분**을 부르세요! **그분**은 불가능의 존재이지만 유일한 가능성이십니다. **빛**이 오기 때문에 하늘과 지옥은 사라집니다. **빛**이 내려가지 않으니 더 이상 지옥은 없고 **빛**이 올라가지 않으니 더 이상 하늘은 없습니다.

네번째이며 **하나**인 **빛**은 바로, 여기에 영원히 머물러 있습니다. 당신들은 반역자이며 돌아온 방탕아인 **인간**을 생명으로 이끄세요! 그리하여 창조의 경이로운 차원에서 분열이나 틈, 심연, 죽음은 멈추게 될 것입니다. 우리 가운데서 '빛을 들고 있는 자', 사기꾼, 반역자, 뱀까지도 해방될 것입니다. 앞으로는 아무도 지옥에 머무르지 않을 것입니다. 그 힘이 당신들에게 주어졌습니다.

더 이상 달아날 출구는 없습니다. 이제, 당신들은 진리를 알고 있습니다! 더 이상 피할 수도 없습니다! 당신들은 사명을 완수해야 합니다. 그것을 피하고 싶어 하는 것은 당신들 안에서 기어가는 뱀입니다. 달아나는 것은 금물입니다!

당신들의 존재는 자유로움, 가능함이며, 당신들이 부르는 것은 **오게** 될 것입니다. 더 이상 달아날 출구는 없습니다. 한순간도 달아나도록 허용되지 않으니, 그 순간 창조의 동맥은 끊어지고 새로운 피는 당신들에게 닿지 못하기 때문입니다. 무분별한 물질은 하느님께 이르지 못할 것입니다.

당신 자신을 스스로 녹이세요! 검은 무지개, 부족함 대신에 빛이 옵니다.

빛을 부릅시다!

천사들의 군대가 당신들에게 인사합니다. 당신들은 일곱을 생명으로 오게 하세요! 축제는 끝났습니다. 이제 축제는 새로운 생명, 영원한 축제로부터 내려오는 빛줄기입니다.

　나는 천사들의 축제를 즐겁게 기다리고 있었기 때문에 이번 대화를 더 잘 이해할 수 있었다. 그날의 가르침은 그 어느 때보다도 명료하고 눈부셨다.

1944년 10월 6일 금요일
대화 78

우리의 가르침은 신비를 드러냅니다. 당신들에게 주어졌으니 그 가르침을 전하세요! 그 신비가 당신들에게 주어졌으니, **땅의 언어로 입혀지기를!**

땅은 소금도 아니고 풀도 아니며 동물이나 생각하는 사람도 아닙니다. 땅은 빛을 보호하고 변화시키며 감싸 줍니다. 그렇게 해서 가르침의 빛은 아직 보지 못하는 눈에게도 견딜 만하게 됩니다.

　(침묵)

신의 심장이 인간의 몸 안에서 고동칩니다.

신의 심장은 불, 즉 빛입니다.

땅의 피는 빛에 닿으면 스스로 변화합니다.

첫번째 인간은 예수님 즉 스승이며, 몸에 대한 첫번째 스승입니다. 그의 몸은 십자가에 못 박혔고 행위는 자유롭게 받아들여졌으니, 희생, 물질과 죽음에 대한 승리입니다. 몸은 십자가 위에 네 갈래로 나뉘었습니다. 무지한 힘의 창이 그 성스러운 심장을 찌르고, 피는 상처에서, 빛을 품은 닿을 수 없는 천상의 동맥에서 흘러내립니다.

마시세요! 이것은 나의 피이며, 내 몸은 빵입니다.

그때부터 상처는 벌어져 있습니다. 손에 칼을 든 무지한 힘이 벌려 놓은, 피를 흘리는 상처와 단절과 고통은 다 그분의 심장 안에 있습니다. 우리가 말하는 것은 가장 큰 신비입니다.

'상처를 치유하세요! 그것은 이미 가능한 일입니다.'

신성한 피는 인간의 몸 안으로만 내려옵니다.

그 피에 다다르고 마시는 것은 불가능합니다. 왜냐하면 인간과 **그분** 사이에는 아직도 틈, 상처가 있기 때문입니다. 그러나 만약 빛이신 **그분**과 인간의 몸이 하나가 되면 더 이상 상처는 없게 됩니다. 왜냐하면 이미 피가 돌고 있고 하늘과 땅이 다시 합쳐지고 있기 때문입니다.

지금까지는 상처로 인해 아파했지만 이제는 합일이 가능합니다!

더 이상 상처는 필요 없습니다!

잘 들어 보세요! 상처가 치유되기를! 그것이 바로 해방의 비밀입니다. **그분**의 심장과 당신들의 심장이 합쳐지면 더 이상 심장이 찔릴 필요가 없습니다. 그리하여 당신들 안에서 무게와 풀, 동물은 빛에 이르게 됩니다.

당신들의 형제인 예수님 안에서 합쳐지세요![*]

무지無知한 힘, 무지한 억압은 피를 통해서 빛이 우리의 것이 될

---

[*] 헝가리 말로 '형제'는 '데스드-베르test-vér'라는 두 단어로 구성되어 '몸과 피'를 의미한다.

수 있도록 신의 심장을 찔러야만 했습니다. 몸과 피로서는 충분치 않으니, 이는 **인간**이 되기 위한 기초일 뿐입니다. 신의 빛은 열매를 맺는 이, 바다 위를 걷는 이, 정상에 머물고 있는 이, 신의 소금, 말씀이 새로운 갈증을 일으켜 결코 충족되지 않는 이에게만 주어집니다.

땅의 모든 고통, 모든 갈증이 당신 안에서, 골고다 산 위에서 타오릅니다. 그다음에는 빛과 새로운 생명, 새로운 부활절, 함께 태어남, 정신-물질, 영원한 사랑이 옵니다.

가르침은 말씀이고, 당신들이 입술로써 그 말씀을 소리내어 발성한다면 그 말씀은 작열하는 불꽃이 될 것입니다. 단순하며 참된, 새로운 낱말들이 생겨나기를!

그러면 그렇다고, 아니면 아니라고 말하세요. 이제 '아마도'라는 말이나 애매모호한 태도는 없기를! 말씀은 드높이고 창조하는 날개입니다.

　　　(긴 침묵)

당신은 **그분**을 사랑하지 말고, 모든 것을 사랑하세요. 바로 그것이 신의 사랑입니다. 그 부족함이 상처를 벌어지게 하고, 언제나 새로운 상처를 벌어지게 합니다. 그러나 당신의 심장이 **그분**과 합쳐진다면 상처는 아뭅니다. 어려운 게 아니지요! 당신들은 서로 사랑하는 것이 어렵습니까? 아니지요, 그렇지 않습니까? 약자들, 해방되지 않은 이들, 박해받는 이들, 무능한 이들, 죄수들을 사랑하는 일은 훨씬 더 쉽지요. 왜냐하면 당신들에게 자유로운 순간, 해방되는 순간은 가능하기 때문입니다.

　　모든 것을 사랑하라는 초인적 요구는 릴리를 향한 것 같았다.
　　도와주는 이로서 릴리는 나중에 나치 수용소에서 사랑과 위로의 마르지 않는 샘이 될 수 있도록 신의 도움을 받게 된다.

믿으세요! 신의 사랑보다 더 쉬운 것은 없습니다.

날이 어두워지기 시작했고 새벽별이 나타났다.

별은 멀리서부터 현인賢人들을 인도했습니다. 그 별에 이어, 별들의 바다, 작은 빛들의 바다가 밝아 옵니다. 그러나 하늘이 어두운 채로 별들은 점차 꺼지니, 벌써 새벽이 밝아 오기 때문입니다. 모든 빛들이 사라지고 하늘 가장자리의 가장 작은 섬광까지 사라집니다. 첫 별은 아직 빛나고 있지만 새로운 빛이 올 때 첫 별과 마지막 별까지도 사라집니다. 그 **빛**이 커지며 모든 불꽃들을 빨아들입니다. 모든 별들은 **성스러운 새벽**의 품 안에서 사라집니다.

우리는 더 이상 질문할 수 없었지만, 대답을 받고 있었다. 스승들은 마치 펼쳐진 책을 들여다보듯 우리의 생각을 읽었고, 대화 중에 답변을 해 주셨다. 우리가 부다페스트에 있었을 때부터 스승들의 율동적인 언어는 너무나 풍부한 힘을 지녔기 때문에 우리의 모든 질문은 쓸데없는 것이 되었다. 시어詩語로 된 말씀들은 짧고도 놀라우며 극히 명료해서 절대로 잊어버릴 수 없었다. 부달리게트에서 대화가 끝난 후 우리가 받아 적어 놓은 것을 다시 읽을 때, 한나는 종종 어떤 어휘를 보다 적절한 다른 어휘로 바꾸곤 했다. 이제, 우리에게 가르침이 율동적인 시어로 주어지기 시작한 뒤부터 한나는 그저 높은 목소리로 말씀을 전할 뿐이었다. 어쨌거나 스승들께서 참을성있게 같은 주제를 여러 다른 형태로 되풀이하고 있다는 사실은, 아직도 우리가 얼마나 가르침과는 먼 삶을 살고 있는지 보여 주는 것이었다.

여기 가르치는 말이 있으니, 네번째 차원의 새로운 **인간**은 합일을 이룹니다.

지구의 표면은 굽이치고 바다, 물이 그 지면을 덮으며 산의 정상은 솟아오릅니다.

산의 정상, 섬은 개체성*이며 대중은 물 밑에 머물러 있습니다.

창조물은 창조의 계획을 비추는 거울입니다.

무기력한 물질의 텅 빈 안에 태초의 싹이 있었고, 그 싹은 위로 치솟아 오르며 몽매하고 두터운 물질을 꿰뚫고 물질을 초월하여 스스로 변형되었습니다.

바다의 파도가 그를 품었고 그곳에서 싹은 살았습니다. 바다 위로 올려졌으나 그의 길은 물의 너머로 더욱 멀리 이어졌습니다.

그 싹은 스스로 바다 위로 올랐고 공기가 그를 맞이했습니다. 공기의 바닥은 개체성입니다. 하지만 과정은 끝나지 않았고 아직은 충분하지 않습니다. 공기 다음으로 처음부터 계획 속에 그려져 있던 것이 오고, 이제 **계획을 짜는 신적神的인 힘이 작용합니다.**

이 새로운 단계에 이르도록 하세요!

개체성이 없으면 공기는 비어 있습니다. 천사들의 발은 발 디딜 정상과 섬들을 헛되이 찾고 있습니다. 개체성은 가장 순수한 바닥이며 결말이 아닌 기초입니다.

반석 위에 세운 집. 예수님은 반석이니 그분의 발은 바위 위를 걸으시고 산을 타고 오르십니다. 그 높은 곳에서 하늘이 열리고 물

---

* 헝가리어로 '개체성(egy-én)'은 '나+하나'라는 복합어로 이루어져 있다.

질은 영광으로 변모합니다. 무식한 제자는 말을 더듬거리고, 그는 빛과 물질이 일치된 것을 아직 한 번도 본 적이 없으므로 기적입니다.

제자는 '우리는 여기, 이 높은 곳, 산 위에, 빛 속에 천막을 칩시다'라고 했는데, 그는 자기가 무슨 말을 하고 있는지를 몰랐습니다.

새로운 집은 세워지지 않았지만 참된 반석을 찾게 되면 내려옵니다. 하늘이 받아들이는 참된 반석은 바로 순수하고 온전한 개체성입니다. 반석 또한 흙일 뿐이지만 위로 높이 오르며 모인 경이로운 힘이며, 안개 위로 솟은 정상, 영원한 기쁨과 평온의 모국 母國입니다.

언제나 산 위에, 정상에 있도록 하세요! 당신들의 모든 행동이 저 높은 정상에서, 죄와 안개, 악마를 초월해서 이루어지기를! 언제나 산 위에, 높은 곳에 있기를! 은혜까지도 초월해서 있도록 하세요! 은혜 너머에 **유일한 분**이 계시기 때문입니다. 당신이 **그분**과 합치게 되면 은혜는 당신으로부터 나오게 됩니다. 모든 몸짓, 생각, 자유로운 행위 하나하나가 정상일 수밖에 없습니다.

산을 타고 오르는 사람은 아마도 산에 살고 있겠지만, 당신은 산에 살지도 않고 산을 타고 오르지도 않으니 당신은 진정하고 올바른 산 그 자체입니다. 진실한 이는 실제로 반석입니다.

우리는 산 위에, 저 높은 곳 깊은 마음속에 살고 있습니다. 계획은 준비가 되었는데 행위는 아직도 기다리는 중입니다.

　　(침묵)

하늘의 평화로운 빛이 진동합니다. 나는 당신들을 가르칩니다. 가장 큰 문제인 죽음은 진동일 뿐입니다. 출생과 죽음 사이에 가려진 막이 당신들의 시선을 왜곡시킵니다.

출생과 죽음은 진동일 뿐입니다.

생명은 동정심에 의해 주어진 게 아니며 영원하지만, 가려진 막으로 인해 당신들의 눈은 보지 못합니다. **재생, 부활, 암흑, 죽음, 추락**은 당신들이 짐작하는 것과는 완전히 다릅니다.

　나는 독서를 통해 힌두교에서 말하는 윤회輪廻의 개념을 잘 알고 있었으므로 관심있게 귀를 기울였다.

당신들이 시선을 더 높이 올린다면

무수한 생명들은 불가능하다는 사실을 보게 될 것입니다.

생명은 나뉠 수 없는, 영원한 하나일 뿐입니다.

그것이 바로 당신들의 유산이니, 그 유산을 전달하세요! 바다의 심층 너머, 그 바다 너머, 산봉우리 너머에, 신의 손가락은 모래 위에 새로운 계획들을 그립니다.

그분께서는 영원토록 계획들을 세우십니다.

당신들은 그 계획들을 실현하세요!

태양도 달도 아직 나타나지 않았던 첫째 날의 하늘에, 영원한 계획은 이미 거기에 있었습니다.

하늘이 내려오고, 우리는 벽이며, 당신들은 기초입니다. 당신들이 산 위에 있지 않는다면 우리는 허공에 발을 디디게 되고 새로운 집은 놓일 곳이 없습니다. 당신들의 마음이 저지르는 유일한 잘못은, 바로 일곱을 합치지 않고 산 정상에 있지 않으려는 것입니다. 그때, 우리는 허공에 발을 디디게 됩니다.

당신들은 오래전부터 그 사실을 이해하고 있지만, 아직도 그것을 행하지 않고 있습니다. 믿음이 부족해서가 아니라 행위가 부족해서입니다. 믿음만큼의 행위, 그렇게 함으로써만 가능한 것입니다.

정상에 있는 사람은 자신의 균형을 유지하기를! 그렇지 않으면 마음은 중대한 잘못을 저지르니, 우리는 허공에 발을 헛디디게 됩니다. 우리의 존재는 너무나 가벼워서 우리 발밑에는 반석의

봉우리와 진리와 힘이 있어야 합니다.

나의 사랑하는 이들이여, 정상에 다다르기가 그리도 어렵습니까? 정상은 바다의 심연보다 더 멀고, 바다 너머의 머나먼, 아주 먼 높이에 있으니, **당신들의 마음속 깊은 곳에 있습니다.** 당신들을 가르친 말은 이제 흐려지고 부드럽게 멀어져 가지만, 그 말은 진리입니다. 영원에서 영원으로 이어지는 진리.

오늘 대화의 결론으로 하나는 지상의 모든 힘이 산의 정상으로 모이는 아주 단순한 도식을 그렸다. 그리고 하늘의 모든 힘이 천사의 가장 낮은 지점, 발을 향해 모이고, 산의 정상은 땅과 하늘의 힘들이 서로 만나며 스며들 수 있는 유일한 지점인 것이다.

개체성에 대한 이번 대화가 내게 깨우쳐 준 것은, 스승의 가르침이 절대로 집단적인 형태로는 이를 수 없다는 것이었다.

1944년 10월 20일 금요일 밤
대화 80

닐라슈라 불리는 헝가리의 나치들이 권력을 잡았고, 차마 믿기지 않는 소식들이 계속해서 떠돌고 있었다. 우리 지역의 닐라슈 책임자는 환속한 신부로서 잔인하기로 악명 높은 쿤*이라는 자였다. 쿤 신부는 우리 수도원에서 멀지 않은 어떤 집 지하실에 고문실까지 만들었다. 자청해 나선 젊은 깡패들로 구성된 그의 일당은 독일 나치 친위대원의 잔혹성을 훨씬 능가하였다. 인간 사냥에 나선 그들은 잔인스러운 후각으로 숨어 있는 유대인들을 찾아내 지하 고문실로 끌고 갔고, 그곳에서 신부의 지휘 아

---

* 쿤Kun 신부는 전범 재판을 받은 뒤에 1946년 처형되었다.

래 교묘하면서도 느린 죽음의 고문이 자행되었다.

나는 여공들에게 한 명씩 교대로 정원의 덤불 뒤에 숨어서 입구를 감시하도록 하였다. 그리고 만약의 경우 우리가 피신할 수 있도록 울타리에 구멍을 내고 그 부분을 나뭇잎과 가지로 덮어두었다. 그날은 한나가 밤늦게 공장에서 돌아온 날이었다.

금요일의 마지막 시간이 울리고 있으나 다만 밖에서만 울릴 뿐입니다. 마지막 원형은 어떠한 것으로도 부서지지 않는 점입니다. 합일은 파손되지 않는 율동입니다.

일곱번째는 시간의 종말까지, 그리고 새로운 시간의 시작까지 당신들과 함께 있습니다.

일곱번째는 도와주는 이며 (릴리 II)

영원하게 빛나는 힘입니다. (기타 VI)

그의 말은 유일한 말입니다. (한나 IV)

그는 짓는 이로서 (요셉 V)

새로운 집의 계획을 그리며 그 집을 짓습니다.

그는 머리이며 우리는 언제나 섬길 준비가 된 손발입니다. 그분은 당신들에게로 내려와서 말씀하십니다. 당신들은 그분을 찾고 그분께서는 당신들을 찾아내십니다. 그분의 발아래 죽음이 있고 그분은 아들이십니다. 총알 하나하나가 그분의 심장에 상처를 냅니다. 그분은 십자가에 못 박혔던 아들, 하느님의 아들이십니다. 우리를 위하여 피를 흘리고 스스로 무덤에 묻혔던 아들이신 아이, 그분을 우리는 알아볼 수 있고 그분께 닿을 수 있습니다.

그분은 땅 위에 가장 높은 혈연관계 속에서 이미 형제가 될 수 있습니다. 그것이 바로 귀결이며 시작입니다.

몸은 말씀이 되고 신비롭고 포착할 수 없는 새로운 이름이 되니, 끝이 아래에 닿는 흰 원추이고, 백열을 발하는 점이고, 약속이며, 결코 끊어지지 않을 관계가 됩니다.

완성.

빛을 발하는 이여, 지체하지 마세요! 지
체하지 마세요!

**원추가 새로운 원추를 만나 빛이 땅 위로
내려오는 길은 거의 다 준비되었습니다.**

빛줄기 하나하나가 기적이고 아버지의
미소, 그분의 회초리이며 신의 백색 눈으
로부터 오는 유일한 빛줄기입니다. 마지막 시간이 울렸습니다.
금요일은 토요일이 되고 토요일은 휴식입니다. 주님의 날 새벽
에 빛이 옵니다. 이미 있었던 것, 현재 있는 것, 앞으로 있을 모든
것은 존재하게 될 것입니다. 과거의 몸은 죽어 묻히지만 주님의
날 새벽에 다시 태어납니다. 그리하여 물질은 빛으로 가득 채워
집니다. 과거의 몸, 과거의 가르침, 과거의 생각은 빛을 받아 부
활하여 해방되었습니다.

주님의 날의 새벽은 아버지의 사랑의 승리입니다. **그분**의 아들,
인간의 아들은 일곱 개의 가지로 된 왕관이며 창조의 완성입니
다. 당신들은 아들을 보지만 빛의 존재가 와도 보일 수도 없고 지
각될 수도 없습니다.

**지금까지 당신들이 받은 것은
기초이며 준비일 뿐입니다.
지상에서의 그분과의 합일은 시작일 뿐이고
새로운 가르침의 절반입니다.
빛의 가르침은 그 후에만 올 수 있습니다.**

이 메시지는 **일곱번째 힘**의 이름으로 왔습니다. 그 말씀을 받고,
먹으며, 이루어지게 하세요! 가르침은 참된 음식입니다. 그것을
원하는 사람들에게 주세요. 그러나 달라고 하지 않는 이에게는
목 마르게 하는 말인 소금을 주세요. 그리고 저주받은 사람은 빛

으로 가득 채워질 것입니다.

주님의 날 새벽에 빛이 나타납니다. 나의 사랑하는 이들이여, **그 분**께서는 시련이 있을 때마다 당신들과 함께 계시고 사랑하십니다.

1944년 10월 22일 일요일 밤
대화 81

우리의 수도원과 정원은 아주 외떨어져 있었다. 이웃이라고는 하나밖에 없었는데, 그 집 정원이 우리와 붙어 있었다. 큰 사업가였던 집 주인은 외국으로 망명해 버린 상태였다. 그런데 며칠 전 그의 아름다운 집은 독일 나치 친위대에 의해 징발되었고, 우리 곁에 머무는 그들의 존재는 공포심을 불러일으켰다.

내 막사는 정원 한가운데 위치해 있었고, 나는 밤 동안 고요한 자연의 침묵에 익숙해져 있었다. 어느 날 저녁, 그 침묵은 거리의 고함 소리와 어지러운 총소리로 깨어져 버렸다. 그것은 새파랗게 젊은 닐라슈 당원들이 난생처음 주어진 무기를 손에 들고 자신의 새로운 권력에 도취해서 저지른 소행이었다. 나는 거리의 모든 소리를 살피며 우리가 만들어 놓은 울타리 구멍들이 그대로 있는지 계속 확인했다. 침묵이 다시 돌아오고, 나는 오랫동안 별빛 아래 깨어 있었다.

이전의 가르침은 우상숭배이고 삶, 불타는 삶이며, 그 후에는 죽음과 소멸, 그리고 최후입니다.

그 가르침에 이어진 것은 변화이며 죽음 후의 부활이고 구원이라는 역전입니다.

새로운 가르침은 다르고 아주 다릅니다. 출생도 죽음도 아닌 영

376

원한 생명이고, 영광이며 노래입니다.

여기 영원한 생명의 비밀이 있으니, 당신의 모든 행위, 믿음, 생각, 사랑이 한결같기를!

모든 열정의 상실은 임종의 고통이고 소멸입니다.

모든 체념은 혼절이며 죽음입니다.

모든 참회와 새로운 시작은 치유이며 부활입니다.

새로움은 다르고 아주 다릅니다.

영원한 생명, 영원한 생각, 그리고 영원한 함께 태어남입니다.

1944년 10월 25일 수요일 아침
대화 82

가혹한 말이지만 전쟁은 좋은 것입니다. 주의를 기울이세요!

잘못 쓰인 힘, 황폐케 하는 힘, 파괴하는 힘은 그 힘을 흡수할 약자들이나 희생자들이 없다면 결코 멈추지 않을 것입니다. 그것은 이미 지나간 일이고, 그렇게 되어야만 했습니다. 악과 저질러진 행동은 개선의 여지가 없습니다. 희생자는 참혹함을 흡수하여 소멸시킵니다. 약탈자는 박해받을 사람을 찾아내고 죽음이 팽배해 있습니다.

　　(침묵)

약자는 찬미될 것이고 어린 양은 더 이상 제단에서 목을 베이지 않을 것입니다. 전쟁은 있어야만 했습니다. 쓴 잔은 이미 채워지고 있습니다. 떨지 마세요! 그 잔은 쓰디쓴 것으로 가득 찬 만큼 신성한 음료수와 영원한 평온으로 가득 차 있습니다.

　　한나는 세상의 불행으로 비통하게 괴로워하면서도 다가오는 새로운 세계의 무한한 기쁨을 의식하고 있었다.

당신들의 길은 향상시키거나 개선시키는 데 있지 않습니다. 당신들의 길은 아직 존재하지 않았던 힘, 성스러운 힘에 의한 창조에 있습니다. 그 힘은 도취의 기쁨 속에 하느님에게서 와서 하느님에게로 돌아가는, 신적 순환입니다.

(침묵) 나는 전쟁이 좋은 것이라는 말과 전쟁이 불가피하다는 특성에 대해 이해할 수 없었다. 그러자 스승은 인간의 몸을 예로 들어 그 주제를 다시 다루었다.

가르쳐드립니다. 물질이 과도하게 물질을 삼키게 되면, 몸은 음식물의 과잉을 피하기 위해서 그 음식물을 부식시키는 산성을 내보냅니다. 위험은 줄어들지만 맹목적인 산성이 남게 되고, 더 이상 과잉분이 없으므로 산성은 기관의 벽을 해치게 됩니다. 그러면 몸 전체가 위험해집니다. 이에 대한 해결책은 중탄산소다입니다. 중탄산소다는 스스로를 희생하여 산성을 흡수하고 산성으로 인해 죽게 됩니다. 덕분에 산성의 불은 꺼지고 몸은 새로운 삶을 찾게 됩니다.

오후 늦게, 스승들께서 다시 우리와 함께하심을 느꼈다. 나는 이 뜻밖의 일로 놀라서, 이번에도 메시지의 일부만 적을 수 있었다.

…자기 스스로 힘을 가지고 있다고 믿는 이는 길을 잃은 것입니다. 약자의 힘은 바로 **그분**이십니다. 약자는 부드러운 첫 제물이며 살아 있는 희생입니다. 파괴하는 힘은 천벌을 받게 되고 약자는 찬미를 받게 됩니다. 주님의 힘은 약자 안에 머물러 있기 때문입니다. 세상의 눈은 그를 약하게 보지만 주님은 그를 강한 사람이라고 판단합니다. 왜냐하면 약자는 무기를 들지 않으며 달아나지 않고, 승자의 이마 위에 낙인이 타오르는 그곳에서 아무런 저항도 하지 않기 때문입니다. 그리고 하늘은 약자를 찬양합니다.

약자의 역할에 대한 가르침에 내 마음은 사로잡혔고, 해답을 얻을 수 없는 많은 질문들이 떠올랐다. 왜 요셉은 아무런 저항도 없이 수용소로 갔을까? 약해서? 아니면 오히려 강해서? 왜 나의 세 친구들은 아무도 위조 신분증을 받으려 하지 않았을까? 어렵지 않게 구할 수 있는 그 신분증이 자기들을 구해 줄 수 있었을 텐데. 희생되는 것이 그들의 운명이란 말인가? 나는 갑자기 한나가 내게 얘기해 주었던 이상한 꿈이 생각났다.

요셉과 한나가 대학생이었을 때 두 사람은 뉘른베르크의 뒤러 예술제에 갔는데 어느 날 밤 둘 다 똑같은 꿈을 꾸었다고 했다. 중세도시인 뉘른베르크에서 한나는, 요셉을 사슬로 묶어 처형장으로 끌고 가는 수레를 따라 절망적으로 달리고 있었고, 요셉 또한 똑같은 장면의 꿈을 꾸며 사슬에 묶인 채 수레 위에서 절망적으로 쫓아오는 한나를 보고 있었다고 했다.

두 사람은 오래전부터 약자, 희생자로서의 역할을 받아들였던 것일까? 그리고 그 영향이 지금 그들의 운명을 통해 나타나는 것일까? 나는 너무나도 무거운 그 질문들에 대한 답을 찾을 수가 없었고, 한나에게 부담을 줄까 봐 굳이 물어보고 싶지도 않았다.

밤늦게 스승들이 다시 임하셨고, 나는 대화의 마지막 부분만을 기록할 수 있었다.

애인은 사랑하는 님이 찾아오면 받아들입니다. 두 사람은 하나이며 서로를 잇는 끈도 없고 더 이상 이별도 없기 때문입니다. 영원한 진동이고 변모입니다. 삼위일체의 신비는 사랑하는 이, 사랑, 사랑받는 이입니다. 셋은 하나이지만 서로 구별됩니다. 영원히 활동하는 말씀은 '**예**'라고 답하는 것입니다.

유일한 가르침은, **그분께서 현존하심입니다.**

영원한 생명, 영원히 열매를 주는 포도나무는 **그분**께서 당신들에게 물려주신 유산입니다. **함께 태어남**은 참된 사랑이며, 잉태는 순결합니다. 순결한 잉태에 대한 가르침은 신비롭고 경이롭습니다.

일곱 계단은 영원한 생명으로 인도합니다. 당신들이 할 수 있는 일곱 단계의 발걸음입니다! 첫번째 출생은 신앙이 없는 물질이고 두번째 출생은 정화된 식물이며 세번째 출생은 헌신이고 조화입니다. 네번째 출생은 아름답게 꾸며진 집의 신방新房입니다. 신랑인 빛은 위에서부터 나 있는 세 계단을 통해 내려옵니다. 신랑이 색시를 만나면 죽음은 영원히 삼켜져 버립니다.

세 걸음은 바로 시간입니다. 과거는 정화, 현재는 완전한 헌신, 미래는 혼례입니다.

연인은 영원히 태어나게 하는 **그분**에게서 생겨났습니다.

몸이 없는 빛과 빛이 없는 몸을 대신하여
연인인 둘은 하나된 새로움입니다.
말씀은 살이 되고 물질은 빛이 됩니다.

순결한 잉태는 베들레헴이나 무덤, 또는 부활을 거치지 않는 영원한 사랑입니다. 새로운 그리스도는 빛으로 된 옷을 입었고, 그분의 눈은 불이며 머리카락은 불꽃입니다.

더 이상 출생도 죽음도 없습니다. 출생은 고통이고 죽음도 고통입니다. 그것들은 아직 상처이며 틈이기 때문입니다.

지복, 합일. 새로운 집은 네번째로서 영원 이래로 지어졌고, 약혼자를 위해 꾸며진 집입니다. 과거의 집은 외관뿐이며 갈라진 틀이었습니다. 떠날 수 있을 때 그 집을 떠나세요!

약혼자, 영원한 약혼자, 영원한 애인. 빛은 그 집에 들어갈 수 없습니다. 떠남은 만족시킬 수 있는 유일한 바람입니다.

당신들은 나무그루이고 **그분**께서는 영원히 올라가는 수액, 힘이십니다. 언제나 주는 포도나무의 기적은 그렇게 해서 생겨납니다. 물구덩이, 진흙은 아래에 남아 있고 줄기는 진흙으로부터 오르며 그 진흙을 빨아들입니다.

진흙은 빛을 향해 올라갑니다.

빛은 물질로 싸이게 됩니다.

(침묵)

하늘이 내려와 지혜가 되고, **물질-지혜는 그 열매입니다.** 창조는 열매를 맺고, 그것은 만질 수 있는 빛, 물질-빛입니다. 기뻐하세요!

물은 죽게 하고 불은 생기를 줍니다. 동정녀童貞女는 해산의 진통을 겪고 있습니다. 마지막 출생은 네번째입니다. 어린아이는 하늘로 올려지고 하늘은 영원토록 땅 위로 내려옵니다.

나는 대화 속에서 새로운 전망이 열리는 것을 보았다. 태양을 입은 여인의 모습은 약 이천 년 전 「요한계시록」에 나타났었다. 그녀는 아기와 함께 하늘에 오르고 우리 의식의 범위를 떠났다. 그러나 이제 아기는 다시 나타나 하늘에 속한 모든 것, 그리고 **그분**의 여성적인 몫인 지혜와 함께 땅으로 내려왔다. 네번째의 차원은 그처럼 모든 종류의 상징을 통해 우리에게 나타났다.

1944년 10월 31일
대화 84

고통은 가르치지 않고 드높이지 않습니다.

고통은 필요하지 않습니다.

고통에 어떤 결실이나 좋은 것을 기대하지 마세요. 고통은 벌어진 상처를 채웁니다. 상처는 죄이며 고통은 답입니다. 상처는 치유가 채우는 빈자리입니다. 치유는 그 이상의 것도 아니고 열매도 아닙니다. 더 이상의 것은 외형적인 것일 뿐입니다.

고통은 작은 일부, 파편에 불과합니다. 만약 고통이 전부라면, 고통을 없애 줄 해방은 속임수에 지나지 않을 것입니다.

고통은 필요가 없습니다.

구타나 처벌은 필요가 없습니다. 헌신과 희생은 그것들을 지워 버립니다.

그것은 가장 성스러운 은혜입니다.

마침내 나는, 대화 첫 부분에서 "고통을 받아들이라"고 했던 가르침에 상반되는, "고통은 필요가 없다"고 하는 오늘의 역설을 이해하였다. 고통은 그 자체로 목적이 될 수 없으며 죄라고 하는 그릇된 태도의 신호일 뿐이다. 내가 왜 고통스러워하는지를 명확히 깨닫고 나 자신의 변화를 기꺼이 받아들인다면, 고통은 긍정적인 임무를 다 했으므로 더 이상 필요 없게 된다. 하지만 그러한 자각만으로는 충분하지 않고, 반드시 일상생활 속에서 이루어지는 올바른 행위를 거쳐야 변화할 수 있다. 바로 그때에만 나 스스로 과거의 악에서부터 해방되는 것이다.

나는 고통이 보편적인 측면에서 해방에 이르기 위한 도구의 역할을 할 수 있을 것이라는 예감이 들었다. 하지만 그러한 전망은 나의 능력을 넘어서는 것이었다.

아담은 이유도 목적도 없이 방황합니다. 그는 빛의 눈을 받았으나 길과 진리와 생명을 보지 못합니다. 그의 눈이 죄로 인하여 닫혀 있었기 때문입니다. 그는 평온 속에서 잉태되었으나 뱀에 의해 속임당하여 눈멀고 죽었습니다. 하지만 어린양은 스스로 희생물로 바쳐졌고, **그분**께서는 **생명**인 까닭에 아담은 다시 살게 됩니다.

모든 것은 **그분**과 함께, **그분** 안에서, **그분**을 통해 다시 삽니다. 죄악 후에는 정화, 정화 후에는 헌신, 순결한 잉태 후에는 혼례, 그리고 새로운 집. 죽음은 밖에서 멈추고 고통은 밖에 머물러 있으며 틈은 채워지고 고통은 영원히 멈춥니다.

찬미된 물질!

새로운 의식!

인간은 영원히 하느님의 아들입니다. 방탕아 아담은 새로운 집에 살기 위해 옵니다. 헛된 즐거움 대신에 자신의 참된 자리인 영원한 생명을 찾았습니다.

  그날 밤늦게 스승들께서 다시 오셨다.

…그 어린 여자아이가 무거운 짐을 질 수 있도록 잘 보살펴 주세요. 일곱 단검이 상처를 입힙니다. 어린 봉사자는 자기의 심장을 바쳤고, 그 바쳐진 심장은 우리의 손을 통해 주님의 발아래로 옮겨졌습니다.

주의를 기울이세요!

흔들리지 마세요! 그 어린 여자아이를 잘 보살펴 주세요. **그분**께서는 당신들을 통해서 그 아이를 보살피실 것입니다.

  이 가르침은 나를 무겁게 압박하였다. 나는 어린 봉사자가 한나라는 것을 확실히 알고 있었다. 스승들은 내가 알지 못하는, 그녀를 보호할 방법을 아실까? 날이 갈수록 전반적 상황은 악화되었고 나는 극도로 불안해졌다. 우리 작업장은 더는 은신처가 되지 못하고, 점점 더 위험해졌다. 모든 상황이 너무 좋지 않았으므로 나는 여공들에게 육군성에는 비밀에 부칠 테니 마땅한 은신처가 있으면 떠나라고 권하였다.

  한나와 릴리의 막사를 함께 쓰고 있었던 신중한 조수 한 명이,

놀랍게도 오늘 저녁에 우리와 함께 지낼 수 있게 해 달라고 부탁했다. 그는 우리 모임이 어떤 것인지 전혀 짐작할 수 없었다면서 이렇게 말했다. "작업장으로 돌아오는 한나의 얼굴이 눈부시게 달라진 걸 보면서 저도 모임에 참석해야 한다는 확신이 들었어요. 저는 평소 소심한 성격이지만 만약 들어가게 해 주지 않았다면 아마도 강제로 문을 밀었을 거예요."

릴리에게 애착을 느끼던 막사의 네번째 동료 역시 우리 모임에 참여하기를 원했다.

1944년 11월 3일 금요일
대화 85

릴리가 막사에 촛불을 켰다.

불꽃이 커지며 빛이 널리 퍼집니다. 물질은 타오를 때 정화됩니다. 공기는 정신이고 불꽃은 개체성입니다. 공기는 볼 수 없으며, 물질은 무겁고 두터우며 맹목적입니다. 불꽃은 연결하는 매체입니다. 공기가 없으면 물질은 타지 않을 것이고, 물질이 없으면 해방시키는 개체성도 없습니다.

맨 처음에는 양초도 차갑고 공기도 차갑습니다.

무엇이 불을 붙입니까? 공기도 양초도 아닙니다. 이미 타오르는 불꽃, 네번째의 불꽃은 매체로서 뜨겁게 데우며 불을 전달합니다. 하늘은 물질과 결합할 수 있으나 오직 물 너머에서만 가능합니다. 이보다 더 단순한 것은 없습니다.

언제나 불을 전하세요!

생명의 각 단계는 불꽃이며 불입니다. 그들은 본질에 의해 합일되었습니다. 각 단계마다 불의 이름과 강렬함, 그리고 광채가 다

다릅니다. 인간에게는 일곱을 결합시키는 불꽃인 빛의 심장이 주어졌습니다. 그 속에서 모든 빛과 불, 땅의 불, 하늘의 불꽃, 땅의 사랑, 하늘의 사랑이 모두 합일되었습니다.

순수한 불꽃, 성스러운 열정이 있을 때 순결한 몸은 필요하지 않습니다. 새로운 빛은 당신들이 일곱을 차례대로 불붙일 때에만 올 수 있습니다. 모든 빛, 모든 불이 당신들 안에 있습니다.

전선戰線의 포성이 가깝게 들려왔다.

당신들의 주변은 모든 것이 파괴되고 있지만, 당신들의 내면에는 영원한 거듭남, 정화, 헌신, 혼례가 있습니다.

두려워하지 마세요! 파괴는 어디에서나 일어날 수 있고 땅과 하늘도 파괴될 수 있습니다. 새로운 불이 켜져 있다면 그 모든 것은 아무것도 아닙니다.

생명을 사랑하세요! 일곱을 사랑하세요! 하지만 불꽃이 하나라도 모자란다면 공포, 단절, 종말이 됩니다. 만약 일곱 단계가 하나가 되고 물질과 하늘이 합쳐진다면, 그것은 말씀이고 곧 **헌신**입니다.

하느님의 일곱 영혼, 일곱 불꽃, 일곱 단계들이여, 훨훨 타오르세요! 각 개체성은 일곱이 모두 함께하는 충만일 수밖에 없습니다. 영원히 활동하는 그분은 각각의 사람들을 인도하는 스승을 창조했습니다. 일곱의 불꽃 정신은 당신들을 인도합니다. **그분**께서는 이름을 주시니 그 이름은 쓸데없는 겉치레나 우연이 아닙니다.

이름은 영원하고, 이름은 신성의 한 부분입니다.

나 또한 그 일곱에 속합니다. 내 위에는 나를 인도하는 스승이 빛나고 계십니다.

(나를 향해) 이 메시지는 당신을 위한 것입니다. 바로 당신의 마음이 원했던 것입니다. 일곱 불꽃은 모든 조직체의 구조를 이루

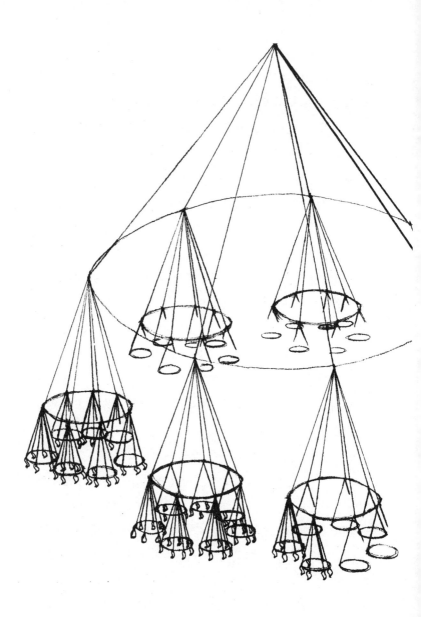

고 각각의 일곱 불꽃 위에는 언제나 정상이 있으니, 바로 인도하는 스승입니다. 고립된 스승이 무슨 소용이 있겠습니까?

새로운 일곱, 새로운 원, 새로운 화관花冠. 그렇게 각각의 불꽃은 다스리고 섬깁니다.

> 한나가 이 내용에 관한 도식을 그렸으나 나중에 분실되었고, 내가 기억을 더듬어 재구성해 본 형태는 적어도 원본의 핵심을 벗어나지는 않는 것 같다.

초는 심지 없이 타지 않고, 몸이 없는 개체성은 없습니다. 빛의 심장이 매우 높은 곳 어디에선가 뛰고 있습니다. 당신들의 헌신이 그 빛의 심장에 이르면 신의 은혜인 빛이 솟아 나옵니다.

그 빛은 지상의 존재를 통하여 내려옵니다.

일곱번째, 길을 인도하시는 유일한 스승께서 당신들을 가르칩니다. 그분의 힘은 당신들에게까지 내려옵니다. 그렇게 해서 무한에서부터 공간이 생기며, 공간에서부터 무한이 생겨납니다. 영원한 생명으로부터 일시적인 생명이 태어나고, 일시적인 생명으로부터 영원한 생명이 태어납니다.

일곱 힘들의 힘이 당신들 안에 있기를! 타오르세요!

> 처음으로 우리와 자리를 함께한 릴리의 친구는 매우 주의 깊게 말씀을 듣고 있었다. 대화가 끝난 후 그녀가 한나에게 말했다. "처음부터 저는 당신이 말한 모든 것을 제 마음속에서 들었습니다. 제가 듣고 있었던 말들은 한 단어만 빼고는 당신이 말했던 것과 아주 똑같았습니다." 그가 그 단어를 지적하자 한나가 말했다. "당신이 더 정확히 잘 들었군요. 제가 틀렸습니다." 내가 그 즉시 노트에 고친 그 단어는, 그 뒤로는 아쉽게도 기억나지 않았다.
>
> 닐라슈의 우두머리인, 환속한 쿤 신부는 우리 작업장의 정체를 알아 버린 것 같았다. 매일 밤 젊은 나치들이 정원의 철문 앞으로 몰려와 허공에 사격을 해 댔고, 이는 좋은 징조가 아니었다.

일요일 오후, 헝가리의 나치 무리가 정문을 강제로 밀치고 들어와 정원으로 몰려왔다. 그들이 다가오는 것을 본 한 여공이 가까스로 교황대사관에 절망적인 신호를 보냈다.

닐라슈들은 지하실, 작업장은 물론 다락방까지 샅샅이 뒤지며 숨어 있는 여자들을 찾아낸 다음, 가장 넓은 작업실에 끌어다 세워 놓고 우두머리를 기다렸다. 쿤 신부가 도착했다. 비교적 작은 키에 깡마르고 눈초리가 험상궂은 사람이었다. 나는 순간적으로, 그가 신부였을 때 수행을 위해 지나친 고행으로 스스로를 고문했을 것이라는 인상을 받았다. 그는 검은 사제복 위에 넓은 붉은색 가죽 허리띠를 있었고, 거기에는 권총과 단검들이 꽂혀 있었다.

쿤 신부가 책임자는 어디 있느냐고 물었다. 나는 한 걸음 앞으로 나아갔다. 그러자 쿤 신부는 닐라슈들에게 일종의 설교를 늘어놓으며 기독교인으로서 비굴하게도, 유대인을 도와준 내가 유대인보다 더 죄가 크다고 말했다. 제대로 정보를 입수한 모양이었다. 그는 내가 특별 처벌을 받도록 조치할 것이라고 했다. 한나와 릴리는 이 말을 들으며 내가 아리안족 핏줄이어서 위험하지 않을 것이라고 생각했던 게 환상이었음을 깨달았다.

작업장에서 일하는 여공이 몇 명인지 보고하라는 독촉을 받았다. 대답이 정확하지 않을 경우, 나는 그 자리에서 총살당할 것이 분명했다. 나는 울타리에 만들어 놓은 구멍으로 여자들이 얼마나 달아났을지 짐작할 수가 없었으므로, 대답을 못 하고 입을 다물고 있었다.

그런데, 별안간 내 입이 "일흔둘"이라고 말하는 소리가 들리는 것이었다. 누군가가 인원수를 세기 시작했다. 일흔한 명이었다. 무거운 침묵이 흘렀다. 그때 갑자기 문이 요란스럽게 열리며, 한 나치 대원이 화장실에 숨어 있던 젊은 여자를 안으로 밀어붙였다.

쿤 신부는 아무 말 없이 나를 노려보더니, 어떤 다른 힘의 존재를 느꼈던 것일까, 곧 발길을 돌려 버렸다. 작업장을 떠나기 전에 그는 부하들에게 나를 끌고 가서 특별히 감시하라고 지시했다. 완전무장한 나치 대원 세 명이 나를 바닥에 쓰러뜨렸고, 발길질을 해 대며 침을 뱉었다.

일흔두 명의 여자들이 줄지어 세워졌다. 밤이 되자 비가 내리기 시작하였다. 출발 명령이 떨어졌고, 우리는 알 수 없는 목적지를 향해 말없이 걸음을 옮겼다. 나는 발에 걸어차인 배가 너무 아파서 도중에 한 나무 뒤에 멈춰 서야만 했다. 나를 따라오며 한시도 내게서 눈을 떼지 않던 세 악당은 팔짱을 낀 채 마치 나무토막을 보듯이 나를 노려보았다. 묘하게도 나는 바로 그 순간에, 내가 자유를 잃어버렸음을 실감했다.

삼십 분 정도 걸었을 때, 육군성에서 나온 자동차 한 대가 도착했다. 우리가 보낸 구조 요청이 이제 막 교황대사관을 통해 육군성에 접수되어서, 차에서 내린 장교가 군수물자 공장으로서의 보호를 재확인하는 공문을 가져왔다. 화가 치민 닐라슈의 군인들은 우리를 풀어 주어야 했고, 우리는 작업장으로 되돌아왔다. 말없이 한나와 릴리 곁을 걸으며, 나는 어둠 속에서 앞으로 얼마 동안이나 더 보호될 수 있을지 생각하지 않을 수가 없었다.

1944년 11월 10일 금요일
대화 86

네번째 불꽃, 네번째 요소는 함께 태어남입니다.
이 말 뒤에는 신비가 빛나고 있습니다. **그분**께서 말씀하시면, 영혼은 떨며 그 말씀을 이해하지 못합니다. 왜냐하면 세번째 불꽃,

세번째 요소가 당신의 속박된 영혼을 붙들고 있기 때문입니다. 거기에는 진동이 흐립니다. 세번째 불꽃, 세번째 요소는 감정들이며, 네번째 불꽃과는 다른 결실을 맺습니다. 감정을 드높이세요!

진동은 강렬해집니다. 무엇이 감정을 드높입니까? 동경이 아니고, 믿음도 가능성일 뿐입니다.

드높이는 힘은 바로 헌신이고 자신의 봉헌입니다.

당신들에게 준비된 새로운 집은 네번째 단계가 아닌 다른 방법으로는 도달할 수 없습니다.

그분은 말씀하시며, 영혼은 비밀 중의 비밀, 일곱의 심장, 일곱의 중간인 생명의 네번째 단계를 알고 싶어 애를 태웁니다. 그곳에서 걸음은 멈추어 더 이상 나아가지 않고, 영혼은 더 이상 요구하지 않고 언제나 받게 됩니다.

　　(침묵)

여러분에게 가르쳐드립니다. 생각은 낮은 곳으로 끌어내리는 무겁고 위태로우며 눈먼 물질이고, 자신의 꼬리를 무는 뱀입니다. 그러므로 생각의 기호는 바퀴입니다. 바퀴는 주인 없이, 자신을 중심으로 돌아가는 기계 혹은 수레입니다. 생각은 자신의 둘레를 돌며 위로 오르지 못하는 땅의 연기와 같습니다. 영혼은 비틀거리고 사그라들며 떠돌고 맴돌며, 끊임없이 돌아갑니다.

검은 낚시꾼의 손에 들린 낚시는 사람들의 생각을 미끼로 삼습니다. 물고기여, 낚싯밥을 삼키지 마세요! 입이 찢어지게 됩니다. 물고기는 죽어 가고 검은 낚시꾼은 웃음을 짓습니다. 그의 자루는 노획물로 가득 차 빽빽합니다. 바퀴는 맴돌고 영혼은 어두워지며 가슴은 조여듭니다.

쫓겨난 아담은 하느님 안에서의 어린 시절 대신에 지식을 받았는데, 그것이 바로 생각입니다. 근심 걱정 없는 기쁨은 사라져 버렸습니다. 함께 태어남은 감정을 초월해서 내려올 수 없었습니다. 천국은 아담에게서 거두어졌습니다. 죄 없는 행위와 순결함은 상실되었지만, 그분께서는 천국으로 다시 인도하는 길이십니다. 그분께서 이끌어 주시기에 땅에서 상실되었던 것은 하느님 안에서 가능하게 됩니다.

우리의 메시지는 저 높은 곳에서 진동하며 빛나는, 새로운 불꽃에 대해서 말합니다. 인간이여, 당신은 이미 그 불꽃에 닿을 수 있습니다! 그분은 그곳으로 이끄는 길이며 새로운 집이 세워지는 진리입니다. 그분께서는 생명, 영원한 생명이십니다.

네번째 진동이 당신들에게 스며들기를! 타오르세요! 그러나 타오르면서 파괴하지는 마세요! 오직 불만 붙여 주세요! 언제나 불을 붙이세요! 하늘이 당신들 안에서 타오른다면 불연소성의 모든 것은 그 불길에 소멸됩니다. 주의를 기울여 잘 들어 보세요! 유일한 실재인, 영원하고 참된 말씀을 언제나 잘 들으세요!

생각이 그 말씀과 이어져 있게끔 하며
더 이상 혼자서 맴돌지 않도록 하세요!
바퀴는 부분이 되어 섬기고
모든 것이 그의 주인이 될 때에만 자유롭습니다.
함께 태어남이 생각을 초월하기를!

아담은 쫓겨나서 자기 자신의 둘레를 맴돌며 해방되지 못했지만, 그의 딸의 태胎 안에서 그리스도는 잉태되었습니다. 기뻐하세요!

영원한 빛이 빛나고 있습니다.

이제부터 당신들은 자유로우며 노예가 아닙니다. 당신들의 눈은 보게 될 것이고, 당신들의 손은 신의 뜻을 이룰 것입니다. 우리는 당신들과 함께 환희에 차 있습니다. 당신들의 행위와 우리의 노래가 합쳐집니다.

흰빛, 그 속에 모든 색채가 녹아들고 영원히 합쳐지는 흰빛이 타오릅니다.

공장은 다시 가동되었으나, 이웃에 나치 친위대가 주둔해 있었으므로 또 다른 강제 수용에 대한 불안이 더욱 증가되었다. 어느 날 난데없이 독일 군인 하나가 정원 철문의 초인종을 눌렀다. 공포의 순간이었다! 달려가 보니 다행히도 나치 친위대원이 아니라 독일 육군이었다. 게다가 그는, 뮌헨의 미술학교 시절 한나의 옛 친구로, 한나를 만나러 온 것이었다. 그는 육군사령부에서 펴내는 신문의 삽화가로 일하고 있었다.

그 성실한 청년과 이야기를 나누는 동안 내게 기발한 생각이 하나 떠올랐다. 그러니까, 독일 나치 친위대원들로 하여금 자발적으로 유대인 여공들을 보호하게 만드는 것이었다. 나는 한나의 친구가 나치를 혐오하고 있고, 그를 쉽게 나의 공범자로 만들 수 있으리라는 걸 알아차렸다. 헝가리의 나치들이 이곳의 권력을 잡고 있긴 하지만, 그들이 유일한 권위로 인정하는 실체는 독일 나치 친위대였다. 한나의 친구와 내가 함께 꾸민 것은, 그가 일하는 신문의 문화면에 내가 헝가리 민속에 관련된 스케치 작업을 해 주고, 그 대가로 신문의 표제가 명시되고 나치 십자표가 선명히 찍힌 취업증명서를 발급받는다는 계획이었다. 그 증명서는 내가 이웃의 나치 친위대원들에게 접근할 수 있게 해 줄 것이다. 나는 친위대 고관이 밤늦게서야 본부로 돌아오고, 낮에는 그의 부하들만 있다는 사실을 알고 있었다. 그래서 나는 며칠 후 이웃 정원으로 다가가서 친위대 병사들에게 말을 건넸다. 나는 어머니가 오스트리아인이어서 독일어가 유창했다. 하사의 바이에른 지방 억양까지 대번에 흉내낼 수 있게 되었다. 이제 나는 외지에 나와 있는 그들의 동포였다.

나는 삽화가로서의 재능을 희생하고 전투력 증진에 헌신하기 위해 전업 예술가 신분을 포기하고 현재 바로 이웃에 있는 봉제

공장을 감독하는 것이라고 그들에게 설명했다. 때마침 내 가방 속에는 내가 삽화를 넘겨주자마자 보내온 독일 취업증명서가 들어 있었고, 그것은 내 이야기에 신빙성을 더해 주는 데 놀라운 효과를 발휘하였다.

이웃사촌으로서, 그리고 동포로서, 나는 나치 친위대원들을 공장에 초대하였다. 그들이 먼 길을 돌아오지 않아도 되게끔 나는 두 정원을 가로막고 있는 울타리 중간에 통로를 하나 뚫어 주었다. 물론 내 속셈은, 닐라슈들이 쳐들어올 경우 여공들이 넓은 숲으로 이어지는 친위대 정원 쪽으로 달아날 수 있도록 하는 것이었다. 병사들은 전쟁에 지쳐 있었고, 우리가 직접 만든 과자와 오래 묵은 토카이 포도주를 먹기 위해 기꺼이 건너왔다.

어느 날, 나는 일상적인 대화를 나누다가 우리 군수물자 공장의 원만한 작업을 방해하러 오는 헝가리 군인들에 대해 불평을 털어놓았다. 친위대원들은, 나치 표시가 찍힌 내 취업증명서에 감명을 받아서인지, 아니면 곧 전쟁이 그들에게 불리하게 끝날 것이라는 예감에서인지는 몰라도, 나와 여공들을 보호해 줄 것을 약속했다. 아무도 그들이 유대인이라는 사실에 대해서는 말하지 않았다.

나는 모든 여공들에게 그 상황에 대해 알려 주었다. 그 친위대 하사가 찾아와 나와 함께, 아니 그보다는 포도주와 함께 잠시 시간을 보낼 때마다 여공들은 전례 없는 열의와 질서를 지키며 작업하고 있었다.

1944년 11월 17일 금요일
대화 87

일곱번째는 말씀하시고, 여섯번째의 힘은 활동하며, 다섯번째는 노래합니다. 네번째는 의식으로 깨어나 살고 있습니다. 밝게 비추는 빛, 곧 진리가 마음을 관통합니다. 그래서 마음은 두려워합니다. 온전치 못하고 반쪽인 동안, 전부가 아니고 부분인 동안에는 언제까지나 두려워합니다.

땅과 하늘은 **그분**을 찬미합니다. 우리는 언제나 **그분**의 영광을 노래합니다.

(릴리에게) 당신의 노래는 상처를 치유합니다.

(한나에게) 당신의 노래는 마음을 바치고 네번째인 균형을 지킵니다.

(수용소에 있는 요셉에게) 당신의 노래는 땅이 잃어버린 하늘의 숨결이고, 두 전쟁 사이의 일시적으로 중단된 평화가 아니라 땅 위에 내려온 영원한 평화인 침묵입니다.

(나에게) 당신의 노래는 여섯번째를 내려오게 하며 그것을 위하여 빛이 당신에게 주어졌습니다. 그 빛은 오시는 주님의 힘인 빛입니다. 법이나 은혜가 아닌 빛, 그 빛은 드높이며 때에 따라서 재로 만들어 버리는 힘인, 순수한 빛입니다.

(우리 모두에게) 깨어나세요!

예수님께서는 살아 있었고, 지금 계시며, 앞으로도 계실 것입니다. 새로움은 가깝습니다.

예수님은 언제나 나타나 제자들을 부르십니다. 일곱번째는 사람이 견뎌낼 수 있을 정도의 형태를 갖추고 있고, 모든 몸은 그분 안에 포함되어 있습니다. 그는 아들이고, 아버지께서는 그가 발판으로 삼을 수 있도록 하나, 둘, 셋, 넷, 다섯, 여섯을 다 주셨습니다.

　　전선이 가까워지며 포탄과 폭탄이 터지는 소리가 들려왔다.

악마가 고함을 치고 있습니다. 그의 유일한 왕국, 독이 든 사과인 지구가 그의 손 안에서 돌고 있습니다. 그러한 지구를 원하지 않는다고 침묵으로 말하세요. 일곱번째인 빛이 당신들 안에서 타오른다면 그것으로 충분합니다. 그리하면 암흑은 당신들에게 아무것도 할 수가 없습니다. 그리고 만약 당신들이 마음을 아주 높이 올린다면 빛이 올 수 있습니다.

타오르세요! 사세요! 빛으로 가득 채워지도록 하세요! 일어나세요! 깨어나세요! 당신들의 빛이 필요합니다. 당신들의 존재는 타오릅니다.

최후가 다가오고 일곱번째가 가까워 옵니다. 당신들 안에 절망이 없기를! 더 이상 길을 잃지 말기를! 당신들을 완벽하게 만들어낸 창조의 의식과 같이 완벽하기를!

그분께서는 당신들에게 **이름**을, 영원한 **이름**을 주셨습니다. 만약 당신들이 그분을 두려워하며 삶을 살고 있다고 상상하는 것이 아니라 실제로 살아간다면, 모든 것이 가능하게 될 것이며 가능합니다.

높은 곳만을 두려워하고, 높은 곳에서만 요구하세요! 그러나 아래를 향해서 활동하며 주세요!

활동하세요! 당신들의 믿음이 산을 옮길 것입니다. 산은 물질이고 무게입니다. 당신들은 작은 손가락으로 산을 거꾸로 엎어 놓을 수 있으니, 모든 것이 새로운 의미를 받았기 때문입니다.

새로운 법을 전하세요! 불가능했던 것은 가능하게 되고, 가치였던 것은 먼지로 떨어지며, 본질적이었던 것은 파멸하고, 과거에 존재했던 것은 무無로 소멸합니다. 하지만 때묻지 않은 순결한 물질인 **마리아**는 머물러 있습니다.

머리에는 별들의 관을 쓰고 발은 달 위에 놓였으며, 해의 빛으로 된 옷을 입었습니다. 창조의 미소. 물 위를 걷는 기적. 물질 속의 순결. 그리고 빛 속의 물질입니다. 광휘의 **빛물질**은 당신들 안에 머물러 있습니다. 빛의 아들 일곱번째가 마리아에게서 태어납니다. 마리아의 이름은 목마름, 영원한 사랑입니다. 마리아의 새로운 이름은 함께 태어남입니다. 마리아는 저 높은 곳과 여기 낮은 곳에서 언제나 열매를 맺는 나무, 독이 든 사과 대신에 빛의 사과를 맺는 나무입니다.

해방이 가까웠음을 선포하세요!

일곱번째는 말을 했고, 여섯번째는 활동하였으며, 다섯번째는 이미 실재하는 기쁜 소식, **빛**을 노래했습니다.

1944년 11월 24일 금요일
대화 88

대화에 앞선 침묵 가운데, 나는 이루 말할 수 없이 강렬한 현존을 느꼈다. 그리고 불현듯 이번이 우리의 마지막 만남, 이별의 만남이라는 걸 깨달았다.

태초에 침묵이 있었고 침묵 속에서 소리가 생겨났습니다. 소리는 사랑이며, 소리는 주님의 아들입니다. 주님은 침묵이며 침묵 속에서 소리가 쉬고 있었습니다. 소리는 형태가 되어 태어났습니다.

사랑은 첫번째 발현입니다. **몸은 물질이 된 사랑일 뿐입니다. 그분**께서는 움직이게 하십니다. 소리는 충동이며, 창조는 진동하는 발현이고 신의 사랑으로 이루어진 물질입니다.

그렇게 생명은 태어나고, 하나의 소리로부터 일곱의 소리가 나왔으며, 하나로부터 서로 끌어당기고 밀쳐내는 생명의 두 반쪽이 생겨났습니다. 하나의 소리로부터 일곱의 소리가 나왔습니다. 일곱으로부터 모든 생명의 단계들이 태어났습니다.

기적!

소리들의 무한한 흐름! 창조는 노래하며 울려 퍼집니다. 신의 교향곡. 소리의 무한한 흐름이지만 일곱의 소리입니다. 생명의 두 반쪽과 일곱 영혼은 모든 것의 열쇠입니다. 생명의 두 반쪽은 집중하기도 하고 여기저기에 분산하기도 하지만, 성스러운 계획 안에, 성스러운 선 위에서는 끌어당김과 집중입니다.

주님은 침묵이고, 주님은 소리이며, 주님은 모든 소리의 조화이시고, 주님은 사랑입니다.

> 거리에서는 닐라슈들이 총질을 하고 고함을 지르며 돌아다니고 있었다.

소란, 법석, 혼란으로 법을 파괴하는 흉폭한 힘! 소란은 **그분**께서 용납하지 않는 공백입니다. 입을 다물고 있는 것은 아직 침묵이 아닙니다. 나의 사랑하는 님들이여, 이 세상에서 노래를 하세요! 머지않아 소음은 그칠 것입니다! 소음 속에서 노래하는 것은 불가능하지만, 나의 사랑하는 님들이여, 준비하세요!

우리가 저 높은 곳에서 노래하고 있습니다.

귀를 기울이세요! 배우세요! 준비하세요! 우리에게 합쳐지도록 하세요!

광대하고 무한한 사랑, 신의 마음은 우리의 것입니다.

금이 간 점토 단지, 낡은 항아리, 빈 그릇은 던져지고 깨져 버립니다.

당신들의 귀가 듣는 것은 바로 그 소란입니다. 당신들은 새로운 그릇, 황금의 그릇이 되세요! 신의 사랑, 영원한 생명이 자리잡고 숨 쉬는 투명한 황금의 그릇이 되세요! 흠 하나 없는 그릇마저도 그의 반영일 뿐입니다.

주님은 침묵입니다. 아들은 소리, 우리가 들을 수 있는 침묵이십니다.

눈은 빛을 말하고 귀는 소리를 말하며 손은 **행위**를 말하고 마음은 사랑을 말합니다.

알아 두세요. 그 모든 것들은 발현입니다. 숨은 비밀의 열쇠는 바로 함께 태어나는 것입니다. 빛이 나타날 때 모든 사람들은 그 빛을 통해 보게 될 것입니다. 함께 태어남은 일곱 영혼이며, 함께 태어남은 생명의 두 반쪽이고 두 가지 상반된 것을 잇는 고리입니다.

일곱 안에서 네번째는 신의 모든 피, 신의 모든 힘을 부르고 집중시키고 들이마시는 심장입니다. 넷을 통해 일곱은 노래가 되고 둘은 하나가 됩니다. 유일한 장애, 부족함이 가득 채워지기 때문입니다.

그분은 수數, 법, 소금입니다.(I)

그분은 커지며 넘쳐흐르는 사랑입니다.(II)

그분은 움직이게 하는 율동이고 진동입니다.(III)

그분은 노래, 자유로운 노래입니다.(V)

그분은 활동하는 빛입니다.(VI)

그분은 높으신 분입니다.(VII)

두 반쪽이 합치는 곳에 말, 말씀, 초점, 함께 태어남이 생깁니다. (IV)

그리하여 수억은 **하나**가 됩니다.

무수한 소금에서부터 권능의 말씀이 창조됩니다.(I+VII)

넘쳐흐르는 사랑은 활동하는 사랑이 되고(II+VI)

율동과 진동은 노래를 품게 됩니다.(III+V)

노래가 울려 퍼지기를!

벽, 텅 빈 벽이 무너지니 죽음을 넘어서 승리의 노래를 부릅시다!

넷은 기쁨에 넘쳐 일곱의 영광을 노래하고 생명의 두 반쪽은 합쳐집니다. 그 사실을 믿으세요!

영원한 생명은 이미 당신들의 것입니다!

천천히 그러나 분명하게 소련군은 헝가리로 다가오고 있었다. 우리는 매일같이 그 사실을 알리는 보도를 들었다. 도시에서는 모든 것이 무너지기 시작했고, 우리는 곧 닥쳐 올 파국을 예감하고 있었다. 12월 2일, 보초를 서고 있던 젊은 여공이 작업장으로 숨가쁘게 달려와, 헝가리 나치의 중대가 길가의 문을 강제로 열고 들어와 수도원 건물로 다가오고 있다고 보고했다.

나는 도움을 청하기 위해 우리 정원과 독일 나치 친위대원들의 정원 사이로 뚫어놓은 비밀 통로를 향해 미친 듯이 달려갔다. 내 생애에서 가장 암담한 순간이었다. 촌각을 다투는 긴박한 상황이었기에, 나는 죽을힘을 다해 달리면서도 한편으로는 어느 끔찍한 힘으로 인해 다리가 굳어져 버린 것 같았다. 나는 나의 모든 신경세포를 통해 재앙이 다가오고 있음을 느꼈다.

나는 마침내 친위대 본부에 당도하였다. 독일 군인들은 즉시 수류탄을 손에 들고 나와 함께 재봉공장 쪽으로 달렸다. 나치 친위대원들이 눈앞에 나타나자 헝가리 병사들이 난잡하게 물러났다. 나는 냉정을 되찾으며 정신을 가다듬었다. 헝가리 사령관이 머뭇거리는 것을 보면서 나는 한 여공의 귀에 대고 지시를 내렸다. "얼른 가서 모두들 지금 당장 친위대원들의 정원 문을 통해 달아나라고 말해." 그러고 나서 나는 정말 믿기 어려운 광경을 목격하게 된다. 독일 나치 친위대원들이 유대인 여자들과 아이들을 헝가리의 나치로부터 도망갈 수 있도록 도와주는 것이었다. 두 명의 친위대원이 헝가리 측의 공격에 대비하여 수류탄을 들고, 두 정원 사이의 숨겨둔 통로 양쪽을 지키고 있었다. 그들은 손짓과 함께 여자들과 아이들을 격려하며 소리쳤다. "자, 어서, 빨리 뛰세요!" 이 모든 일이 수도원 건물 뒤에서 일어나고 있었다.

그러는 동안 수도원 앞에서 독일군 하사, 헝가리 나치 장교, 그리고 나, 세 명은 열띤 논쟁을 벌였다. 얼마 후 클린다 신부님이 다급하게 도착했고, 종교적인 명분을 내세워 헝가리 장교를 물러가게끔 설득시키려고 했다. 그러나 장교는 강제수용명령서를 내밀며 등을 돌려 버렸다. 클린다 신부는 난처한 표정을 지으며, 교황대사라 할지라도 그 이상은 어찌할 도리가 없을 거라고 내게 말했다. 이제 남은 일은 최대한 시간을 버는 것뿐이었다.

나는 나치 친위대원 하사와 헝가리 장교 사이에 통역인 노릇을 하면서 상황을 모호하게 만들기 위해 모든 내용을 틀리게 통역하기 시작했다. 두 사람 모두 상대편 언어를 전혀 몰랐기 때문에 아무런 문제가 없었다. 나는 헝가리 장교를 더욱 압박하기 위해 우리 공장은 독일의 보호 아래 있다고 주장하며 나치 문장紋章이 찍혀 있는 취업증명서를 그의 눈앞에 대고 흔들었다.

어쨌든 나치 문장은 효과를 발휘했고, 헝가리 장교는 갑자기 예의를 갖추었다. 이제는 내가 위협하는 입장이 되어, 만약 이곳에 있는 누구한테라도 손을 댄다면 당신의 경력을 해치는 중대한 결과를 가져오게 될 것이라고 선포했다. 그는 동요하기 시작한 것 같았다. 하지만 불행히도, 그는 똑똑한 사람이었다. 그는 잠시 생각하더니, 만약 독일 친위대원의 연대장 본인이 직접 전화해서 우리 공장이 정말로 독일의 보호하에 있다는 것을 확언해 준다면 부하들을 퇴각시키겠다고 말했다. 결정적인 순간이었다. 친위대원의 연대장은 자기 부하들이 우리를 방문하여 우

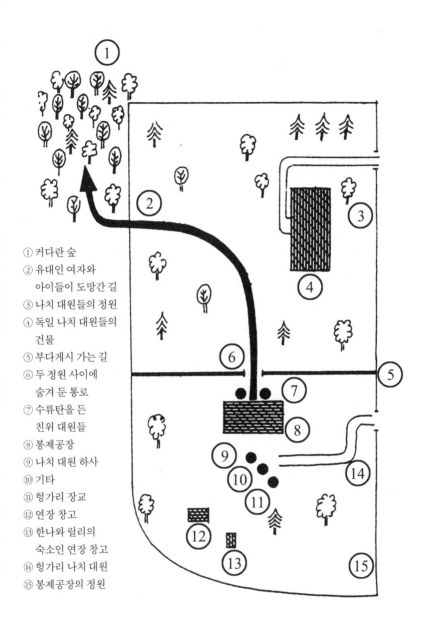

① 커다란 숲
② 유대인 여자와
   아이들이 도망간 길
③ 나치 대원들의 정원
④ 독일 나치 대원들의
   건물
⑤ 부다게시 가는 길
⑥ 두 정원 사이에
   숨겨 둔 통로
⑦ 수류탄을 든
   친위 대원들
⑧ 봉제공장
⑨ 나치 대원 하사
⑩ 기타
⑪ 헝가리 장교
⑫ 연장 창고
⑬ 한나와 릴리의
   숙소인 연장 창고
⑭ 헝가리 나치 대원
⑮ 봉제공장의 정원

애를 쌓아왔다는 사실조차 모르고 있을 것이었다. 그렇지만 사무실로 올라가 전화를 거는 동안 우리는 소중한 몇 분을 더 벌수 있었다.

한 여공이 교묘하게 나에게 다가와 거의 모든 여자들과 어린이들이 친위대원의 정원을 통해 도망갈 수 있었다는 소식을 알려주었다. 하지만 아직 몇 명은 결정을 못 하고 남아 있다고 했다. 나는 격분해서 한 사람도 남김 없이 당장 이곳을 떠나야 한다고 말해 주었다. 결국 친위대 하사는, 군수물자 공장과 자기 부하들 사이의 우호적 관계에 대해 아는 바가 전혀 없었던 연대장과 연결되었고, 나는 전화로 호통을 치는 연대장의 목소리를 통해 그 사건에 대해 아무 개입도 하지 말라는 명령이 내려졌다는 걸 알 수 있었다.

나는 완전히 무력해졌고, 친위대원 군인들은 자리를 떴다. 헝가리 장교는 사무실에서 나가면서 작업장에 여공들이 하나도 없는 것을 발견하고는 깜짝 놀랐다. 정원을 살펴보던 나 또한 넋을 잃고 말았다. 열세 명의 여자들이 헝가리 군인들의 감시하에 출발 명령을 기다리고 있었던 것이다. 그들 중엔 너무 늙었거나 병들어서 도망가지 못한 이들과 차마 용기가 나지 않았던 이들, 그리고 자발적으로 남아 있기를 결심한 한나와 릴리가 있었다. 나는 이 두 사람 모두가 얼마나 삶을 사랑하는지, 그리고 그들이 스스로 순교를 선택할 리가 없다는 것을 잘 알고 있었다. 이들이 아무 이유 없이 강제 수용을 선택한 것은 아니었다. 그들은 만약 강제수용소로 보낼 사람이 하나도 남아 있지 않다면, 헝가리 나치들이 당장 나를 사살할까 봐 염려했던 것이다. 내가 나치들을 속일 것이 분명했기에. 하지만 또 다른 이유도 있었을 것이다. 한나는 우리 넷 중에서 스승들의 말씀을 전하기 위해 내가 살아남아야 한다는 말을 자주 했었다.

열세 명의 여자들은 즉시 라벤스브루크 강제수용소로 넘겨졌다. 그중 살아남은 단 한 명이 나중에 내게 들려준 얘기에 의하면, 죽음의 수용소에서 릴리는 너무나도 사랑으로 빛나는 존재였기 때문에 많은 여자들이 릴리가 일하던 가장 힘든 작업반에 가기를 자청하였고, 릴리와 함께 있는 것만으로도 힘과 위안을 얻을 수 있었다고 한다. 한나에 대한 이야기는 너무 충격적이어서 제대로 기억할 수조차 없지만 그중 잊어버리지 않은 한 가지 일화가 있다. 수용자들의 머리를 삭발할 때 나치 친위대의 여감시원이 한나에게 이렇게 물었다. "당신은 푸른 눈과 곧은 코, 긴 금발머리를 하고 왜 여기 있어요? 아리아인 아닌가요?" 한나는 "아니요, 유대인입니다"라고 대답했다. 십칠 개월 동안 진리의 말씀을 전했던 한나는 자기의 생명을 구하기 위해서라 한들 한 치의 거짓말도 할 수 없었다.

연합군의 진격이 가까웠을 무렵, 여자들은 발가벗긴 채 가축 수송칸에 실려 빽빽이 세워졌다. 거의 모든 여자들이 오물 한가운데서 굶어 죽거나 병들어 죽어 갔고, 하루에 한 번, 친위대원 여간수들이 열차간을 열 때마다 포로들이 동료의 시체를 밖으로 내던졌다.

릴리는 한나와 한 시간 차이로 죽음을 맞이했다. 친위대 여간수는 목숨이 붙어 있는 여자들에게 릴리와 한나가 '자연사'했다는 증명서에 서명하도록 했다. 요셉은 그와 비슷한 때에 헝가리의 수용소에서 숨졌다. 그리고 독일 나치 친위대원들의 정원을 통해 달아났던 여자들과 어린아이들은, 모두 다 살아남았다.

기타 말라스Gitta Mallasz는 1907년 헝가리에서 태어났다. 미술대학을 나온 후, 국가대표 수영선수로 오 년간 활동했다. 그 후 예술가로 성공하여 활발한 예술활동을 하였다. 제이차세계대전 중인 1943년 나치 시대에 겪었던 '영혼의 스승과의 대화'를 헝가리어로 기록하였고, 백여 명의 유대인들을 구출하였다. 공산 치하에서 십육 년간 비참한 생활을 하다가, 1960년 프랑스로 망명하였다. 1976년 프랑스에서 『빛의 메시지Dialogues avec l'ange』를 프랑스어로 출판하였다. 1992년 세상을 떠날 때까지 많은 저서와 강연을 통해 이 메시지를 전했다.

방혜자方惠子는 서울 아차산 아래 능동 마을에서 태어났다. 경기여고와 서울대학교 미술대학을 졸업한 후 1961년 프랑스 파리로 유학했다. 한국의 추상미술 일세대 화가로 한국, 프랑스, 독일, 미국, 캐나다, 스웨덴, 벨기에, 스위스, 일본 등 세계 각국에서 구십 회 이상의 개인전과 다수의 참여전을 가지면서 '빛의 화가'로 널리 알려졌다. 저서로 『마음의 소리』『마음의 침묵』『빛으로부터 온 아기』 등이 있으며, 김지하 시인의 『화개』, 프랑스 시인 샤를르 쥘리에의 『그윽한 기쁨』, 로즐린 시빌의 『투명한 노래』『침묵의 문으로』, 고승들의 선시집 『천산월』 등의 시화집을 프랑스에서 출간했다. 또한, 빛의 메시지 『새벽』을 기유모즈 교수와 함께 번역 출판하였다.

알렉상드르 기유모즈Alexandre Guillemoz는 프랑스 인류학자로, 오십여 년 전부터 한국을 사랑하며 한국의 민속과 신앙을 연구하였다. 저서로 『미역, 노인, 신』과 『부채 무당』이 프랑스어로 출판되었다. 그 외에도 한국에 관한 다수의 연구 논문을 발표하였다. 파리 사회과학대학원 교수직을 은퇴한 후 좀 더 세계적인 차원의 인류학 연구를 계속하고 있다.